幼儿园 STEAM教育的本土化实践

叶生 吴傲冰 王萍 ◎著

海峡出版发行集团 | 福建教育出版社

图书在版编目（CIP）数据

幼儿园 STEAM 教育的本土化实践/叶生，吴傲冰，王萍著．－福州：福建教育出版社，2022.4（2024.6 重印）
ISBN 978-7-5334-9216-8

Ⅰ．①幼… Ⅱ．①叶… ②吴… ③王… Ⅲ．①科学知识－学前教育－教学参考资料 Ⅳ．①G613.3

中国版本图书馆 CIP 数据核字（2021）第 219282 号

You'eryuan STEAM Jiaoyu De Bentuhua Shijian
幼儿园 STEAM 教育的本土化实践
叶生　吴傲冰　王萍　著

出版发行	福建教育出版社
	（福州市梦山路 27 号　邮编：350025　网址：www.fep.com.cn
	编辑部电话：0591-83726908
	发行部电话：0591-83721876　87115073　010-62024258）
出 版 人	江金辉
印　　刷	福州凯达印务有限公司
	（福州市仓山区建新镇红江路 2 号浦上工业区 B 区 47 号楼）
开　　本	710 毫米×1000 毫米　1/16
印　　张	17.25
字　　数	255 千字
插　　页	1
版　　次	2022 年 4 月第 1 版　2024 年 6 月第 5 次印刷
书　　号	ISBN 978-7-5334-9216-8
定　　价	39.80 元

如发现本书印装质量问题，请向本社出版科（电话：0591-83726019）调换。

前言

21世纪以来，互联网成了改变世界运作的关键力量，物联网、人工智能、智能制造等新兴技术不断涌现，飞速发展的科学成果正在不断地改变人们的生活方式和交往方式。科学技术越来越成为参与国际竞争、促进经济发展的核心因素，各国也纷纷把培养创新型科技人才提升到国家战略层面。

中国要想在激烈的国际竞争中保持良好的竞争力，就必须以科技创新为核心驱动力，加快建设创新型国家。习近平主席强调，建设创新型国家就要培养科技创新型人才，人才是第一资源，创新是第一动力，而创新型人才则需要通过教育来培养。STEAM教育是全世界公认培养创新型人才的先进教育模式，在全球已形成了一股引领科技发展和创新型人才培养的新潮流。

2016年我国教育部在《教育信息化"十三五"规划》中表明要积极探索STEAM教育、创客教育等新模式，STEAM教育迅速在我国掀起了热潮。不少省市逐渐将STEAM教育列入地方教育的工作重点。中国教育科学研究院和STEM研究中心联合发布的《2017中国STEM教育白皮书》中也明确了新定位：国家科技战略政策融入STEM教育理念，科学教育政策重视STEM教育，教育信息化政策明确了STEM教育发展任务。由此可见，STEAM教育在我国得到了高度重视。

虽然STEAM教育在我国发展得如火如荼，但大多停留在中小学阶段，在学前教育3—6岁阶段的发展还不成熟，仍处于起步阶段。这有三方面原因造成：一是国家虽然已经出台了许多鼓励STEAM教育发展的政策，但绝大多数都是针对中小学阶段，较少有明确提出要在学前阶段开展STEAM教育的细则说明。二是从理论来讲，现在市场上的书籍大部分都是针对中小学阶段的，针对幼儿园STEAM教育的书籍十分缺乏，现有的大多数都是从国外引进的翻译书。但是国外的教育和我国国情有较大区别，直接引用国外的翻译书籍并不适合我国的幼儿园教学特点，缺乏理论和实践相结合的专业论述。三是从实践上来说，目前我国学前教育对 STEAM 教育认识大部分仍停留在简单的概念层面，仅有少数的幼儿园尝试进行了 STEAM 教育的探索，但还处于起步阶段，缺少成熟的经验。

基于以上原因，本书将我们数百家合作园所在 STEAM 课程、STEAM 教育空间、STEAM 科技节、STEAM 课题研究等方面探索的经验，再加上我们的理论研究成果，摸索出了一套基于中国本土实践的学前 STEAM 教育理论体系，我们决定以这套理论体系为基础，编写一本以中国学前 STEAM 教育为主题的书籍。

经过两年的准备，我们在华南师范大学、广东第二师范学院等多位专家的指导下，结合多所省一级幼儿园的实践，不断修改优化，终于在 2021 年 4 月完成了本书，在此一并对他们表示衷心的感谢。

本书分为理论编与案例编两大部分，既有理论高度，又有实际操作案例。在理论编，我们总结了我国 STEAM 教育的相关政策、STEAM 教育的相关理论、STEAM 教育在中国幼儿园的发展现状等，提出了在幼儿园开展 STEAM 教育的方法途径（包括 STEAM 课程、STEAM 教育空间、STEAM 科技节、STEAM 课题研究等）以及 STEAM 教育与园本课程的结合途径。我们采用简单易懂的语言进行观点的阐述，大量地融入了表格、思维导图、结构关系图、真实案例等，尽量做到浅显易懂，让幼儿园老师们能够较容易学习，并能将其运用到幼儿园 STEAM 教育的实际教学中去。在案例编，我们根据在数百家合作幼儿园进行 STEAM 课程实践后总结出来的经验，编写了 30 个适合在幼儿园开展的 STEAM 课程，小中大班每个年段各 10 节课程。本书所收录的案例均选自一线幼儿园进行的 STEAM 教育实践成果，如广州市东方红幼儿园、广州市第二幼儿园、广东省公安厅幼儿院、广州市南沙区第一幼儿园等，具有很强的实践性。

书中提出了许多创新性的见解，包括：

①幼儿园教师如何在中国教育名家的思想指导下进行 STEAM 教育实践

（以陶行知先生、陈鹤琴先生为例）。

②教师如何转变教学思维和方式，将幼儿园的日常教学转化为随时随地都可进行的STEAM课程（以滑滑梯课程、积木课程、DIY小风扇课程为例）。

③幼儿园进行STEAM教育的途径和方法有哪些（以STEAM课程、STEAM教育空间、STEAM科技节、STEAM课题研究为例）。

④幼儿园将STEAM教育与园本课程相结合的方法和途径（以南沙区东涌镇中心幼儿园、东莞市莞城中心幼儿园，西安航天幼儿园为例）。

⑤原创了适合我国幼儿园学习的STEAM课程，课程均是利用身边环保、简易材料等低结构材料制成，具有取材方便、操作简单等优点。

本书具有原创性、体系化、实操性、代表性四大特点：

原创性：本书的理论观点和案例均是我们根据在幼儿园进行STEAM教育实践总结出来的，具有一定的原创性，有独到的见解。

体系化：本书涵盖了政策、理论、课程、科技节、创客空间、课题研究、实践案例等，构建了一套系统的针对中国学前STEAM教育的完整体系。

操作性：本书中编写的30个课程案例均经过省一级幼儿园实践，经过实际操作的验证，具有较高的操作性。

代表性：无论是理论还是实践，都以高校专家的理论指导和省一级幼儿园的实践经验为基础，具有一定的代表性。如广州市东方红幼儿园举办结合水池和沙池特色的STEAM科技节、广州市第二幼儿园根据二十四节气园本课程进行STEAM教育与园本课程相结合的实践探索、佛山市南海区丹灶中心幼儿园根据狮艺园所特色打造的STEAM艺术教育空间、广州市南沙区第一幼儿园开展STEAM艺术创客课程。

虽然我们做了充足的准备，但受种种客观原因的制约，本书仍有许多需要提升改正的地方：一是因为截至出版之际，国内针对学前STEAM教育的相关政策还不够完善，政府、幼教行业、园所、高校学前教育学院等各界对学前STEAM教育的重视不够，导致幼儿园开展STEAM教育的相关案例不够多，覆盖面不广，具有一定的空白；二是因为STEAM教育在幼儿园落地实践的时间比较短，实践案例仍有不足之处，实践与理论相结合部分也不够完善。

我自 2005 年出版第七本专著以来，至今已有 16 年。在这期间因忙于事业，一直都没有时间静下心再出新书。2015 年我因为对儿童教育怀着浓厚的兴趣和责任感，创立广州孩教圈信息科技股份有限公司，正式进入儿童教育领域。对儿童教育接触得越多，我越意识到创新教育对儿童的重要性，STEAM 教育就是培养儿童创新能力的一种重要教育模式，因此孩教圈也定位为儿童创新教育领先品牌，业务聚焦于 STEAM 教育、创新教育、人工智能教育等领域。2020 年初我萌发了出版一本有关中国学前 STEAM 教育的书籍，希望这本书能把来自国外的 STEAM 教育与我国教育相结合，让我国更多的幼儿能够从小接触 STEAM 教育，培养其良好的创新能力和科技素养，为中国科技强国培养创新型的人才。

希望本书的出版，可以引发社会各界对学前 STEAM 教育的关注，吸引更多的同行、学者、幼教工作者、科研机构投身到中国学前 STEAM 教育的探索实践中来，涌现更多有关学前 STEAM 教育的论文著作，共同推进中国学前 STEAM 教育的发展。

叶生
2021 年 6 月 20 日

目 录

上编　理论编

第一章　STEAM 教育概述 ……………………………………… 3
- 第一节　STEM 和 STEAM 教育 ……………………………… 3
- 第二节　STEM 和 STEAM 教育在各国的发展 ……………… 6
- 第三节　STEAM 教育的内涵 ………………………………… 9
- 第四节　STEAM 教育的理论依据 …………………………… 11
- 第五节　STEAM 教育的特征 ………………………………… 16
- 第六节　STEAM 教育的细分 ………………………………… 18
- 第七节　STEAM 教育和创客教育 …………………………… 19

第二章　幼儿园为什么要开展 STEAM 教育 …………………… 26
- 第一节　STEAM 教育在中国的发展 ………………………… 26
- 第二节　中国 STEM 教育 2029 行动计划 …………………… 29
- 第三节　中国为什么大力鼓励 STEAM 教育 ………………… 32
- 第四节　幼儿园开展 STEAM 教育的可能性 ………………… 35

第三章　幼儿园开展 STEAM 教育的模式和途径 ……………… 40
- 第一节　幼儿园开展 STEAM 教育存在的问题 ……………… 40
- 第二节　幼儿园开展 STEAM 教育的一般模式 ……………… 41

  第三节 幼儿园开展 STEAM 教育的三大模式 …………………… 41

  第四节 幼儿园开展"STEAM＋园本课程"的教学方法 …………… 42

  第五节 幼儿园 STEAM 教育的常规教学模式 …………………… 59

  第六节 幼儿园实施 STEAM 教育的途径 ………………………… 62

第四章 幼儿园 STEAM 课程 …………………………………… 64

  第一节 什么是幼儿园 STEAM 课程 ……………………………… 64

  第二节 STEAM 课程和其他课程的区别 ………………………… 65

  第三节 幼儿园 STEAM 科技课程 ………………………………… 69

  第四节 幼儿园 STEAM 艺术课程 ………………………………… 75

  第五节 幼儿园编程课程 …………………………………………… 78

第五章 幼儿园 STEAM 空间 …………………………………… 84

  第一节 幼儿园如何打造 STEAM 空间 …………………………… 84

  第二节 幼儿 STEAM 功能室 ……………………………………… 86

  第三节 幼儿园 STEAM 公共区域 ………………………………… 98

  第四节 幼儿园 STEAM 区角 ……………………………………… 101

  第五节 幼儿园 STEAM 户外游戏 ………………………………… 103

  第六节 其他类型的幼儿园 STEAM 空间 ……………………… 109

  第七节 高等院校学前教育专业如何打造 STEAM 空间 ………… 111

第六章 幼儿园 STEAM 科技节 ………………………………… 114

  第一节 幼儿园如何打造 STEAM 科技节 ………………………… 114

  第二节 STEAM 科技节的不同主题 ……………………………… 117

第七章 幼儿园如何开展 STEAM 教育相关课题研究 …………… 134

  第一节 STEAM 课题研究 ………………………………………… 134

  第二节 幼儿园如何申报 STEAM 相关课题 ……………………… 136

第三节　幼儿园如何开展 STEAM 课题研究 ………… 137

下编　案例编

第八章　幼儿园 STEAM 创客课程案例 ………… 147

小班

衣夹投射器 ………… 147
DIY 摇摇乐 ………… 150
泡泡画 ………… 154
回形针收纳器 ………… 159
DIY 响板 ………… 162
湿不了的纸巾 ………… 164
DIY 香皂纸 ………… 168
水中探宝 ………… 172
跳舞的小蛇 ………… 175
转身小人 ………… 179

中班

小手要干净 ………… 183
自制日晷 ………… 186
气球不倒翁 ………… 190
古筝 ………… 194
星空小夜灯 ………… 198
青蛙游得快 ………… 202
节日小礼炮 ………… 206
可爱的蚕宝宝 ………… 210
悬浮的小球 ………… 214
炫染花 ………… 218

大班

爱心转转卡 …………………………………… 222
古代弓箭 ……………………………………… 226
皮影戏 ………………………………………… 231
自制仿生手 …………………………………… 234
画画机器人 …………………………………… 239
幻彩水母 ……………………………………… 246
全息投影仪 …………………………………… 249
万花筒 ………………………………………… 253
海洋动物魔术画 ……………………………… 258
制作污水净化器 ……………………………… 261

上编　理论编

STEAM 教育起源于美国。近年来我国高度重视 STEAM 教育，教育部相继出台了一系列鼓励 STEAM 教育发展的文件。虽然国内引进 STEAM 教育已有一段时间，也开始在幼儿园应用，但是如何正确理解 STEAM 教育？什么样的 STEAM 教育才是真正适合幼儿园孩子学习？在幼儿园开展 STEAM 教育的途径和方法是什么？STEAM 教育能不能和园本课程相结合？目前这些幼儿园老师最关注的问题在幼教领域还不是很明确，甚至不少人将 STEAM 教育简单地等同于普通的科学教育。在此背景下，为了帮助幼儿园能够清晰地认识在幼儿园开展 STEAM 教育的内容、方法和途径，本书将通过对 STEAM 教育理念的界定、案例分析、STEAM 教育与园本课程的结合途径、STEAM 活动的组织等内容的阐述，将源自国外的 STEAM 教育规范化、标准化、本土化，探索出一套适合中国幼儿园的 STEAM 教育方法和经验，使 STEAM 教育适用于我国不同层次的幼儿园。希望中国的幼儿园能够积极地开展 STEAM 教育，让中国的孩子从小就能接触到 STEAM 教育，培养孩子们良好的创新能力和科技素养，为中国培养创造型的人才。

第一章 STEAM 教育概述

第一节 STEM 和 STEAM 教育

众所周知，随着科技的进步，每一年都会有很多科技发明应用到生产和生活中，越来越多的传统工作将会被机器取代，从互联网、物联网、人工智能到智能制造的蓬勃发展，所有这一切都在昭示着科技在不断进步，对人才的需求也在不断地改变。在这日新月异的科技时代，世界各国之间的竞争必然是创新性人才的竞争，各个国家要想在激烈的国际化竞争中脱颖而出，保持其在全球科技创新领域的核心位置，则需要培养一流的科技人才和创新型人才。

随着社会发展的智能化，如何培养能积极适应新的社会要求、引领未来世界的幼儿成为教育者关注的焦点，STEM 教育为我们提供了先进的方式。[1] 儿童对科学、技术、工程、数学和艺术等方面的理解有着共同的概念基础，它们整合在一起，共同组成了 STEM 教育。[2] 目前，STEM 教育被公认为是培养科技人才和创新意识的最佳途径之一。STEM 是科学（Science）、技术（Technology）、工程（Engineering）、数学（Math）四门学科的首字母组合，起源于美国，最早在 20 世纪 50 年代美国科学教育者提出科学素养概念，并得到其他国家科学教育学者的普遍认同。随后美国国家科学委员会（National

---

[1] 汪秀宏，王微丽，霍力岩. 支架儿童的主动探究——STEM 与个别化学习 [M]. 北京：北京大学师范大学出版社，2019：7.

[2] [美] 罗莎琳德·查尔斯沃思. 幼儿数学与科学教育 [M]. 盛朝琪等译. 北京：北京师范大学出版社，2019：7.

Science Board）在1986年发表的《尼尔报告》中提出了"科学、数学、工程和技术集成（SMET集成）"的纲领性建议，被视为STEM教育的开端。直到21世纪初，SMET这一缩写被美国国家科学基金会（National Science Foundation）改为STEM。

随着STEM教育的深入研究和广泛应用，人们逐渐意识到在完整的教育体系中，艺术人文学科是不可或缺的，并将其加入STEM教育中，STEAM教育应运而生[1]，也就是科学、技术、工程、数学及艺术（Art）五门学科的首字母组合。2011年美国国家科学委员会正式将STEM变成STEAM。即使STEAM教育中融入艺术学科，但是在很多研究中还是会被忽略掉。不少学者认为艺术只是一门单纯的美学，它和科学并没有什么关系，所以它的存在也是无足轻重的，但这种想法明显是偏颇的。

STEAM本身就需要艺术元素，如在产品的设计中，技术很重要，但是外观也是不容忽视的问题。在相同技术、相同功能的情况下，人们会更乐意选择外形美观的产品，而外观设计则需要用到我们上述提到的艺术学科，这说明艺术和科学并不是完全独立的关系，它们可以是相辅相成的。

举个例子，在手机刚开始进入市场时，人们更多追求的是可以利用它来解决远距离沟通的问题，外观好不好看、具不具备个性化并不是他们当时所关心的重点，所以当时的发明者更加关注的是利用哪种科学技术可以实现远距离沟通。例如以前大哥大手机的体积大，携带非常不便，手感也不好，外观更谈不上好不好看了。但是随着时代的进步，当手机能够远距离沟通成为普遍现象后，人们就会开始关注它的体积大小、外形特点、外壳颜色等，也就是对手机开始有了审美的要求。面对消费者越来越多元的需求，手机制造商要想在激烈的竞争中脱颖而出，除了不断进行新技术的开发外，也逐渐将更多的精力放在手机的外观设计上，也就是我们现在所说的美学。我们会发现，现在的手机已经由一开始的多个按键，逐渐简化为1个home键，再到不需要任何按键了，体积也由庞大、质量重、手感不佳到现在的简约化、轻薄

---

[1] 邹月明. 基于STEAM教育理念的幼儿活动组织策略探索[J]. 宁波教育学院学报，2018（6）.

化，同一款手机也会提供多种颜色供消费者选择，越来越符合人们的使用需要和审美要求，这些正是在产品设计中运用了艺术学科的知识。

STEAM中的艺术学科泛指艺术、音乐、人文等，但通常更侧重于艺术（美学）。对于3—6岁的孩子来说，科学、技术等知识对于他们来说有点复杂和抽象，但是艺术就不一样，艺术形式多样，简单有趣，更加符合幼儿园孩子的学习特点和心理特征，也更容易被孩子接受。所以在幼儿园开展STEAM教育，艺术就成为非常关键的一环，更容易激发孩子的探索兴趣和学习热情。

STEAM教育在STEM教育的基础上加入了艺术课程。艺术教育为学生提供了很多做中学的机会。许多伟大的科学家和数学家在创造性艺术方面具有天赋。比如，雕刻、绘画、建筑设计、作曲、演奏都蕴含了数学和科学的基本概念[1]。就像《底特律新闻报》专栏作者Robert Buchsbaum说的："仅在科学和数学上的长时间积累，不会启发聪明的孩子成为创新者，毕业都成问题的学生更不用说，他们都没有动力从高中毕业。所以基础是重要的，但引入艺术教育是激励孩子们学习和刺激他们好奇心的有效途径。"Buchsbaum坚信艺术和STEM教育的结合更适合孩子的学习，使STEAM课程内容变得更丰富化和趣味化，而且相信计算机绘图、工业设计、产品设计等所有技术技能都能通过艺术手段进行培养提升。[2]

由此可见，艺术是STEAM教育中不可或缺的一部分。不过由于各国专家、学者等对STEM教育与STEAM教育二者的表述有所差异，亦未对二者进行绝对区分，且各个国家出台的政策对二者的侧重点也不同，大多数时候均是采用二者并存的方式。因此，本书以下行文不对二者做具体区分。

---

[1] ［美］罗莎琳德·查尔斯沃思. 幼儿数学与科学教育［M］. 盛朝琪等译. 北京：北京师范大学出版社，2019：8.

[2] 为什么中国的STEAM教育越来越受重视［EB/OL］. https://www.sohu.com/a/299605372_100205212.

第二节　STEM 和 STEAM 教育在各国的发展

2006 年美国致力于推行 STEM 教育。2006 年美国总统小布什在发布的《美国竞争力计划》中就提倡学生主修科学、技术、工程和数学课程等，并提出了培养具有 STEM 素养的人才是知识经济时代教育目标之一。2009 年奥巴马颁布一项"竞争卓越"的全国性教育计划，由政府拨款资助 STEM 教育。奥巴马在 2010 年的一次演讲中强调 STEM 教育在保持美国国家领导力与同经济快速增长的亚洲国家成功竞争方面的重要作用。2011 年，美国国家科学委员会发布了《成功的 K-12 阶段 STEM 教育：确认科学、技术、工程和数学的有效途径》报告。美国全国州长协会在 2011 年 12 月针对 STEM 教育行动发布了《制定科学、技术、工程和数学教育议程：州级行动之更新》报告，分析了该协会 2007 年提出的行动议程中的弱势之处，重新提出"实施州级 STEM 议程"的各项具体措施。[①] 2014 年奥巴马政府签署《2015 年 STEM 教育预算》，继续加大财政支持，发展美国的 STEM 教育，2015 年 12 月正式颁布了 STEM 教育法案，从教师培训、社会协助、校内外相结合等角度详细规划了 STEM 教育的新动向。2017 年 9 月 25 日，特朗普总统签署了一份总统备忘录，提出每年要向 STEM 教育和计算机科学教育至少拨款 2 亿美元，尤其注重计算机科学和编程方面的学校教育。2018 年 12 月，美国白宫发布了 STEM 教育下一个五年战略计划——《制定成功之路：美国 STEM 教育战略》（又叫"北极星计划"）。该计划提出了三个目标：为 STEM 的普及建立强大的基础；在 STEM 教育中增进多样性、公平性和包容性；为未来的 STEM 人力资源做好储备。计划明确了 STEM 教育下一个五年计划的愿景、目标、行动、途径以及跨部门合作战略，希望让所有的美国公民都终身受益于高质量的 STEM 教育，而美国将成为 STEM 扫盲、创新和就业的全球领导者。[②]

[①] 赵中建. 为了创新而教育 [N]. 中国教育报，2012－06－15 (7).
[②] 王素、李正福. STEM 教育这样做 [M]. 北京：教育科学出版社，2019：8.

美国 STEM 教育的发展历程

时间	内容
20世纪50年代	美国科学教育者提出科学素养概念。
1986年	美国国家科学委员会（Nationa Science Board，NSB）发表《尼尔报告》，报告中提出"科学、数学、工程和技术集成（SMET集成）"的纲领性建议。
21世纪初	NSF将SMET这一缩写改为STEM，分别代表了科学、技术、工程和数学。
2009年	奥巴马总统颁布一项"竞争卓越"的全国性教育计划，由政府拨款资助STEM教育。
2011年	美国国家科学委员会发布了《成功的K-12阶段STEM教育：确认科学、技术、工程和数学的有效途径》报告。
2014年	奥巴马政府签署《2015年STEM教育预算》，继续加大财政支持，发展美国的STEM教育。
2015年	正式颁布了STEM教育法案，从教师培训、社会协助、校内外相结合等角度详细规划了STEM教育的新动向。
2017年	特朗普总统签署了一份总统备忘录，提出每年要向STEM教育和计算机科学教育至少拨款2亿美元。
2018年	美国白宫发布STEM教育下一个五年战略计划——《制定成功之路：美国STEM教育战略》。

STEM教育在美国受到大力推广后，开始引起了其他国家的高度重视。如英国在2002年发布了《为了成功的科学工程技术》报告，也称"罗伯特报告"，报告指出，目前英国学习科学、工程、数学和技术的年轻人数量不足，启动了一项为研究生和博士后研究人员的技能培养提供1.2亿英镑新政府资金的政策倡议，第一次将SET引入英国政策词典，同时强调了数学技能对创新经济的重要性。随后在2004年，英国政府颁布了《2004—2014年科学与创新投资框架》，该报告第一次在政府文件中引入了缩略词STEM，报告内容涉

及各个部门，其中当时的教育与技能部确定的 STEM 计划超过 470 个。[①]

韩国为增强国家科技竞争力而引入了整合型人才教育的概念，从中小学时期就对学生进行 STEAM 素养的教育，培养中小学生的知识整合应用能力与科技创新能力，进而为提升国家竞争力奠定青少年人才基础。2011 年韩国教育部颁布《搞活整合型人才教育（STEAM）方案》，提出实施要以数学和科学为中心，实现与工程技术相结合的 STEAM 课程，培养适应社会的具有 STEAM 素养的综合型人才，方案同时归纳了四类 STEAM 课程实施方案，为各中小学实施 STEAM 课程提供指导。韩国政府指定和扶持整合型人才教育示范学校，也是推动开展整合型人才教育的重要手段。

澳大利亚政府在 2018 年 3 月 26 日正式启动"澳大利亚早期学习 STEM"项目。德国 2008 年制定了《德累斯顿决议》，将 STEAM 教育列为教育发展重要目标，同时德国政府希望将 STEAM 教育与终身教育相结合，创造一种可持续发展的 STEAM 教育，以此促进 STEAM 教育链的发展成为其教育目标之一。

2016 年，我国教育部印发《教育信息化"十三五"规划》，强调推进"众创空间"建设，探索 STEAM 教育、创客教育等新教育模式。

STEAM 教育在中国的发展历程

时间	内容
2015 年	《教育部办公厅关于征求对〈关于"十三五"期间全面深入推进教育信息化工作的指导意见（征求意见稿）〉意见》强调推进信息技术在日常教学中的深入、广泛应用，有条件的地区要积极探索新技术手段在教学过程中的日常应用，有效利用信息技术推进"众创空间"建设，探索 STEAM 教育、创客教育等新教育模式。
2016 年	《教育信息化"十三五"规划》，强调推进"众创空间"建设，探索 STEAM 教育、创客教育等新教育模式。

---

① 王素、李正福. STEM 教育这样做 [M]. 北京：教育科学出版社，2019：9.

续表

时间	内容
2017年	《教育部教育装备研究与发展中心2017年工作要点》中说明持续关注STEM教育和创客等对中小学教育、课程发展的影响,开展移动学习、虚拟现实、3D打印等技术在教育教学中的实践应用研究。
2018年	《教育部教育装备研究与发展中心2018年工作要点》文件表明积极探索新理念新方式,持续关注STEM教育和创客等对中小学教育、课程发展的影响,开展移动学习、虚拟现实、3D打印等技术在教育教学中的实践应用研究。
2019年	教育部公布的《2019年教育信息化和网络安全工作要点》透露,今年将启动中小学生信息素养测评,并推动在中小学阶段设置人工智能相关课程,逐步推广编程教育。
2020年	中国教育科学院发布《关于持续推进"中国STEM教育2029行动计划"实施的通知》,倡议成立学前STEM教育专业委员会。

第三节　STEAM教育的内涵

STEAM教育理念的首要特征就是充分强调学科的跨越性和融合性。[①] 它是区别于传统的单学科重书本知识的教育方式,它倡导的是将五个不同学科间的知识通过综合的课程结合起来,加强不同学科间的相互配合学习,从而培养孩子的全方位能力。

STEAM教育的本质不是加一个或几个学科,而是密切整合了五门不同学科的跨学科学习,而这种跨科学的学习方法之所以可行,是因为这五门学

---

① 施晓莉. 基于STEAM教育理念的幼儿活动组织策略探索［J］. 教育信息化论坛,2020（05）.

科都有着相同的学习过程，即"发现问题—提出解决问题思路—解决问题"。问题可能是艺术创作中需要思考的问题，如"什么样的构图、什么样的配色会使得这个作品更好看"，也可能是生活中遇到且可以运用科学知识来解决的难题，如"在需要出远门时，如何设计一个会自动灌溉的浇花器来解决植物长时间没有人浇水的问题"，或有可能是最平常不过的数学问题了，如"幼儿园班上有25个小朋友，如果每个孩子都要分到2颗糖果，那么一共需要准备多少颗糖果"。上面的例子都有一个共同点，它们的核心都是最终需要解决一个问题。

STEAM教育强调科学、技术、工程、数学、艺术多门学科跨学科融合学习，通过跨学科教学方式，能够使幼儿学到更为全面的内容。幼儿园的教育课程强调五大领域的教育内容相互融合进行教学，基于STEAM教育跨学科的理念，把幼儿园五大领域的教育内容相互融合，根据不同年龄阶段幼儿的身心特点，选择合适的主题，进行有深度和广度的辐射和教学。[①]

STEAM教育强调跨学科学习，是以科学为基础，以科技为手段，融合工程、数学、艺术等多学科的创新教育模式，这五个学科之间有着紧密的内在联系。但是很多学校在进行STEAM教育时，往往忽视了它们的内在联系，将它们分开成五个不同的学科来学习，如科学小实验单纯学习化学、物理学等科学知识，积木构建单纯学习工程构建思维，数学就单纯学习数学思维，艺术单纯学习绘画、美术、手工技能，但这恰恰违背了STEAM教育的真正内涵。因为这五个学科的学习并不是简单的相加，更不是分学科独立学习的方式，它们是整合的、融于一体的教育方式。

单一独立学科学习和跨学科学的关系就像我们常见的沙拉和奶昔的关系一样。沙拉和奶昔都是由多种水果或其他材料混合在一起的食物，我们可以通过肉眼或口感清晰地知道沙拉里面加了哪几种水果或材料，但是奶昔就不一样，我们并不能通过肉眼或是口感就能很清晰地分辨出里面到底加了哪几种材料，因为它们已经是彼此融合在一起了。STEAM教育所强调的跨学科

---

① 徐小媛. 基于STEAM教育理念的幼儿园课堂教学设计研究［J］. 信息与电脑（理论版），2020，32（10）.

学习就像奶昔一样，它是将五个学科融于一体的。我们在进行 STEAM 教育的时候不能将它们拆分成五个学科进行独立学习，只有在相互融合中，才能实现深层次的跨学科学习，才能真正地培养孩子各个方面的技能和认识。

第四节　STEAM 教育的理论依据

一、国外理论依据

1. 建构主义学习理论

建构主义认为，知识不是通过教师传授得到，而是学习者在一定的情境即社会文化背景下，借助其他人（包括教师和学习伙伴）的帮助，利用必要的学习资料，通过意义建构的方式而获得。建构主义学习理论认为"情境""协作""会话"和"意义建构"是学习环境中的四大要素或四大属性。STEAM 课程学习与建构主义学习理论有一定相同之处，均强调学生在真实情景，利用自己所掌握的跨学科知识和生活经验解决实际问题，并在现实的实践中重新构建自己的知识体系。

2. 发现学习理论

发现学习理论是美国著名教育家布鲁纳提出的。他认为，在教学过程中，学生不是被动地接受知识，而是由学生自己去探索、发现知识。这点与 STEAM 教育所强调的发现问题和解决问题学习过程是一致的。在 STEAM 课程学习中，会由教师与学生共同商讨，提出问题并确立项目，再围绕项目进行资料的收集、分析，实验探究、方案设计等，并在测试与反思中不断地调整优化方案，最后得出相应结论。

3. 实用主义理论

杜威的实用主义强调"以儿童为中心""以活动为中心""以经验为中心"。杜威认为，传统教育往往忽略学生的主体地位，导致许多学生潜在能力不能很好发展。STEAM 课程正是强调以学生为中心，给予孩子充分的动手实践机会，在实践中挖掘孩子的内在潜能。杜威认为"教育即生活"，学生要获得知识与经验，其最主要的途径来源于自己的生活。这点与 STEAM 教育也是一脉相承的，STEAM课程强调孩子在真实的情景中，利用所学的知识与经验，解决生活中的问题。

二、国内理论依据

STEAM教育作为一种从国外引进的教育模式，目前在中国幼儿园的发展仍然处于起步阶段。如何将STEAM教育本土化，使它能够适合中国学前教育的特点，是当前幼教工作者非常关注的问题。作为风靡全球的STEAM教育，在中国有没有与其相通的教育理论呢？经研究分析，我国著名教育家陶行知先生和陈鹤琴先生的很多教育理论和主张就与STEAM教育有着相通之处。

（一）陶行知教育理论[①]

1. 陶行知"生活即教育"与STEAM教育的情境性特征追求一致

STEAM教育的情境性特征强调让孩子将所学知识运用于解决生活问题的能力，它强调教育应面向生活，走进生活，要为学生提供更多的动手和动脑的机会，善于在生活中发现问题，提出问题，最后运用所学的知识来解决生活中的实际问题。

这和陶行知先生的"生活即教育"理论是一致的，都强调教育要以生活的实际需要为出发点，不能脱离实际生活，同时要积极引导孩子善于发现实际生活中的问题，提出问题，最后解决问题。这样，孩子在通过自主探索解决实际问题的过程中，不仅能掌握相关的跨学科知识，还能提高创新能力、科技素养和解决实际问题的能力。所以说，在教育应面向生活，走进生活的特点上，STEAM教育和陶行知先生的追求是一致的。

2. 陶行知"教学做合一"与STEAM教育强调实践相通

STEAM教育强调在课堂上给予学生充分动手实践的机会，让孩子在动手实践过程中自主探索，培养全方位的实践能力。在这点上，STEAM教育和陶行知先生提出的"教学做合一"的追求是一致的。

陶行知先生提出了"教学做合一"的教学理论。其涵义是：教的方法要

---

① 叶生. 陶行知教育思想在幼儿园STEAM教育中的实践研究［J］. 中国教师，2020（20）.

根据学的方法,学的方法要根据做的方法。事怎样做就怎样学,怎样学就怎样做,教与学都以做为中心。① 他认为,教与学都是以做为基础的。但这里的"做"不能简单地理解为动手,因为它是一个既需要动手也需要动脑的过程,是需要发挥自己的智慧通过动手做来解决生活中问题的过程,说通俗点就是我们常说的行动或是实践。"教学做合一"强调不能沿用原来以老师为主,以灌输知识为目的的教育方法,而是应该以学生为主,引导他们在实践中探索外部世界,在动手实践的过程中发挥手脑并用的优势,不仅能够培养孩子的动手能力,还能发挥孩子的自主创造力,提高他们的创新能力,这和STEAM教育的初衷是基本一致的。

陶行知先生强调在实践中得真知的理论正是与STEAM教育理念不谋而合。我们都知道,在实施STEAM教育中最重要的就是让孩子动手去做,它不以灌输知识为主,而是老师在课堂上尽可能地为孩子创造动手实践的机会,在这个过程中,孩子需要自己开动脑筋,思考问题,然后发挥手脑并用的优势提出解决问题的方法。

3. 陶行知"创造教育"与STEAM教育培养创造力相通

创造教育是陶行知先生最具特色的思想,他一生都在致力为受教育者提供一个能够最大程度发挥创造力的环境。很多孩子在小的时候都会有许多天马行空的想法,我们要做的是将想象力转变为创造力,因为只有创造才有意义。陶行知先生认为儿童是有创造力的,认识了儿童有创造力,就须进一步把儿童的创造力解放出来。怎样才能让孩子通过手脑并用来释放他们的创造力,陶行知先生提出六个解放:一是解放眼睛,二是解放双手,三是解放头脑,四是解放嘴,五是解放空间,六是解放时间。而这六个解放正是可以通过STEAM教育来锻炼实现,它可以很好地培养孩子的创造力。

STEAM教育之所以风靡全球,主要原因就是它以培养人才的创造力为核心,许多国家都把它作为培养科技人才的主要教育模式。STEAM教育强调跨学科学习、强调动手实践、强调创造,这些都是和陶行知先生的创造教育理念一致的。在STEAM教育中,不是老师教什么孩子学什么,也不是老

---

① 陈云恺. 应当重新认识和评价"教学做合一"[J]. 江西教育科研,1998 (1).

师替代孩子思考想办法，更不是限制孩子的想象力，而是帮助孩子将想象力变成创造力，在老师的协助引导下，结合孩子的生活经验，找出解决问题的方法，利用不同的素材进行加工创作，把天马行空的想法和创意变成现实，这和陶行知先生提供一个能够最大程度发挥孩子创造力的环境的教育理念是相通的。

（二）陈鹤琴"活教育"理论指导下的幼儿园 STEAM 教育[①]

1. 陈鹤琴"活教育"中的方法论和 STEAM 教育都强调以"做"为中心

陈鹤琴先生"活教育"思想中的方法论强调"做中教、做中学、做中求进步，做是儿童获得真知的基本途径，也是儿童学习的真谛"。陈鹤琴说："儿童的世界，是儿童自己去探讨，去发现的。他自己所求来的知识，才是真知识，他自己所发现的世界，才是他的真世界。"他认为，如果限制孩子去做他能做的事，限制孩子去想他所能想的事，反而会阻碍孩子自主探索精神的培养，不利于孩子的身心健康发展。活教育所主张的"做"，并不能简单地等同于动手、游戏、劳动或学习，不是没有目的地去尝试，而是把动手与动脑结合起来的"做"，是劳心和劳力相结合的过程。正如陈鹤琴先生所说："一切教学，不仅仅在做上打基础，也应当在思想上做功夫。"

"活教育"中的方法论启发我们在对儿童进行教育时要注重理论和实践的结合，在学习中不仅要通过课程的学习掌握理论知识，更要将所学的知识应用到生活实践中，通过实践加深对知识的理解和应用，而不是"读死书、死读书"。正如陈鹤琴先生所说的"凡儿童自己能够做的，应当让他自己做"。充分给予孩子自主探索、自主动手的机会，可以让孩子在实践中探索真知，将所学的知识进行巩固，提高学习效率。

基于幼儿园孩子学习特点开展的 STEAM 教育课程，也强调了以"做"为中心，以孩子为主角。在 STEAM 课堂上，由老师引导孩子将所学的知识应用到实践中，积极探索外部世界，在实践中通过动手动脑解决问题，不断地尝试或探究，在实践中加强对理论知识的掌握和应用，培养良好的问题解

[①] 叶生，吴傲冰. 陈鹤琴"活教育"理论指导下的幼儿园 STEAM 教育实践［J］. 基础教育论坛，2021（18）.

决能力、自主创造力等，在这个过程中，孩子始终是核心，老师发挥的是引导启发作用。

2. 陈鹤琴"活教育"教学原则中的教学游戏化与幼儿园 STEAM 教育教学游戏化特点相同

陈鹤琴"活教育"思想的十七条教学原则中，有一条强调了幼儿的教学要游戏化。教学游戏化原则是基于 3—6 岁年龄段的孩子喜欢游戏的心理特点提出的。对于 3—6 岁孩子来说，相对于直接教学法，在游戏中学习更易于被他们接受和吸收。教学游戏化能激发孩子的学习热情和兴趣，促进他们的快速进步，达到最佳的教学效果。利用孩子喜欢游戏的心理特点，老师在课堂上将教学游戏化，鼓励孩子在课堂上做游戏，不仅可以将枯燥无味的学习转化为趣味性十足的游戏活动，活跃课堂气氛，还可以让孩子在做游戏的过程中潜移默化地掌握其中所蕴含的知识。但要注意的是，在进行教学游戏化的过程中，老师要注意教学方法和教学目的的相互配合，这是集体的活动，要给多数人活动的机会，尽可能让每个孩子都能参与到活动中来，而不是单单以某个孩子为主角，而忽略了其他孩子的参与机会。

教学游戏化是幼儿园 STEAM 教育的核心要素之一，所以在提倡教学要游戏化这点上，陈鹤琴先生的主张和 STEAM 教育有着异曲同工之妙。基于这一教学特点，在 STEAM 课堂上，老师要尽可能利用可利用的资源，为孩子们创造良好的游戏化教学环境，在教学时以游戏化、情境化、趣味化、故事化等多种形式开展，将教学过程转化为孩子喜闻乐见的游戏，让孩子在游戏活动中学习教具的操作、玩法和科学原理等。这一教学特点有利于激发孩子探索科学的兴趣和热情，将复杂晦涩的科学原理简单化、趣味化，进而转化为 3—6 岁孩子能够理解和掌握的知识。

3. 陈鹤琴"活教育"目的论中的培养创造力和 STEAM 教育培养创造力的教学目标一致

陈鹤琴先生在"活教育"目的论对"做人"的要求中提出一定要有创造能力。陈鹤琴先生认为，儿童有着巨大的创造潜力，只要加以适当的训练，就不难将这一创造潜力激发出来。而培养这种创造力的方法，就是用科学武装儿童的头脑，让他们从做中学，做中求创造，以手脑并用的方式去做，去创造。

STEAM 教育目前被认为是培养孩子创新思维和自主创造力的最佳教育模式之一。换言之，陈鹤琴先生所强调的人一定要具备的创造力可通过 STEAM 教育来实现，STEAM 教育可以激发幼儿潜在的创造力因子，使其创造力得到有效提高。

因此陈鹤琴先生"活教育"目的论中提出的培养儿童创造能力的理论，可以给我国学前教育界引入 STEAM 教育提供很好的启示作用。

4. 陈鹤琴"活教育"教学原则中的"利用环境"与 STEAM 教育中的"STEAM 教育空间"相互贯通

陈鹤琴"活教育"思想的十七条教学原则中的第十七条强调了要注意环境、利用环境。这条原则是根据 3—6 岁孩子喜欢玩耍，喜欢游戏的心理提出的。陈鹤琴先生说："环境中有许许多多的东西，初看看与你所教的没有关系，仔细研究研究看，也可以变成很好的教材，很好的教具。"孩子是喜欢玩耍、喜欢玩具、喜欢游戏的，幼儿园老师应学会利用身边的环境，善于在大自然中找到孩子喜欢、适合他们学习和玩耍的活教具、活教材。

这一原则不仅可以启发幼儿园课程开发或环境创设等方面，同时启示我们，幼儿园 STEAM 学习可以从环境和氛围的创设入手，以起到事半功倍的效果。老师积极创设让幼儿积极、主动参与和体验 STEAM 活动的学习环境和创新氛围，以游戏化、情境化、趣味化、创新性的学习环境激发孩子的探索兴趣和学习热情，萌发幼儿自主科学探索的求知欲望。陈鹤琴先生在《怎样做幼稚园教师》一书中提出："我们需要布置环境来给幼儿创设审美的环境和科学的环境。"这意味着创设良好的环境是幼儿有效进行 STEAM 教育的重要保障之一。

第五节　STEAM 教育的特征

STEAM 教育具备以下六大特征：跨学科、艺术性、体验性、情境性、合作性、设计性。

1. 跨学科

传统的教学模式是将知识按学科进行划分，更有利于科学研究和将知识划分为易于教学的模块，但不能充分反映生活的真实性和趣味性。因此，分科教学（如物理、化学、工程）在科学、技术和工程高度发达的今天已显现出较大的弊端。针对这一问题，理工科教育出现取消分科而进行整合教育的趋势。STEAM 教育因此应运而生，跨学科是它最重要的核心特征。

2. 艺术性

STEAM 中的"A"狭义上指美术、音乐等，广义上则包括美术、音乐、社会、语言等人文艺术，实际代表了 STEAM 强调的艺术与人文属性。STEAM 教育的艺术性强调在科学教学中增加孩子对人文科学和社会科学的关注与重视。例如教师可以在教学中增加和科学、技术、工程等相关的发展历史的小故事，激发孩子的兴趣，帮助孩子增加对 STEAM 与生活联系的理解。幼儿园孩子对美术和手工天生就有特别的爱好，所以教师在对孩子设计作品的评价中，可以加入艺术审美维度的评价，从而提高孩子对作品的艺术性和美感的兴趣。

3. 体验性

STEAM 教育不仅主张通过学习而获得抽象的知识，更强调孩子要动手、动脑，参与学习过程。STEAM 教育侧重为孩子提供动手实践的学习体验，孩子应用所学的知识去分析现实中的问题，创造、设计、建构、发现、合作、解决问题。因此，STEAM 教育具有体验性特征。孩子在参与、体验获得知识的过程中，不仅获得结果性知识，还习得蕴含在项目问题解决过程中的过程性知识。

4. 情境性

STEAM 教育具有情境性特征，强调让孩子获得将知识进行情境化应用的能力，同时能够理解和辨识不同情境的知识表现。STEAM 教育强调知识是孩子通过学习环境互动建构的产物，而非来自于外部的灌输。教师在设计 STEAM 教育项目时，项目的问题一方面要基于真实的生活情景，另一方面又要蕴含着所要教的知识。特别是在幼儿园阶段的孩子，他们需要具体的情境来帮助理解，具体和趣味性的情境能够帮孩子增加对问题的理解，从而激发他们对知识的兴趣。

5. 合作性

STEAM 教育强调孩子在集体合作中相互帮助、相互启发，进行集体性知识学习。孩子在完成任务的过程中，需要与他人交流和讨论，一方面培养了与他人合作的能力，一方面也锻炼自己的表达能力。

6. 设计性

STEAM 教育要求孩子在学习过程中以设计和创作作品为导向，让孩子通过 DIY 一个玩具或手工作品，将所需要学习的知识在创作过程中融会贯通。孩子们设计作品的过程是获得成就感的重要方式，也是维持和激发他们学习动力、保持好奇心的重要途径。

第六节　STEAM 教育的细分

随着中国国家层面的高度重视和文件的相继出台，很多学校和教育机构都纷纷开始 STEAM 教育的探索，形式也是多种多样的。STEAM 教育中的五个学科并不是单一的知识，它们随着应用逐渐深入，都可以延伸出不同的学科知识。例如，技术一开始可能更侧重于技术和方法，但是随着研究的深入，逐渐延伸出编程、人工智能等新兴技术；工程除了空间构建、积木搭建之外，也逐渐延伸出机器人等技术；数学则更侧重于数量、计算、重量、长度、数学思维、空间方位、结构等知识。所以 STEAM 教育的种类就目前来说也是细分为好几大类，如幼儿园机器人课程、幼儿园编程课程、幼儿园积木课程、幼儿园科学小实验课程，我们可以简单地来了解一下几种幼儿园经常应用的 STEAM 课程。

幼儿园机器人课程：幼儿园机器人课程集趣味、科学、机械、设计、编程、数学、逻辑等为一体，让孩子们在动手操作的过程中通过大脑勾勒方案来完成老师交代的任务，通过这个过程可以充分培养孩子的逻辑思维和创新能力。

幼儿园编程课程：幼儿园编程课程是指通过编程游戏启蒙、可视化图形编程等课程，培养孩子的编程思维和编程能力的课程，通过学习编程课程可以让孩子的思维更活跃、更严谨，可以提高其逻辑思维能力和创新能力。

幼儿园积木课程：幼儿园积木课程是指老师通过鼓励孩子用简单的积木发挥自己天马行空的想象力搭建出一个个立体的作品。在这个过程中，孩子们的空间想象力和工程构建能力都能得到很好的提高。

幼儿园科学小实验课程：幼儿园科学小实验课程是指在科学课上，老师引导孩子像科学家一样思考问题，指引孩子完成指定的科学小实验，可以激发孩子探索科学的兴趣和欲望。

在这里我们重点分析一下很容易被大家混淆的积木构建和积木机器人课程，这两者最大的区别是：传统积木是以拼接、构建、空间想象为主，着重培养孩子的空间想象力和工程构建能力，科学和技术等知识的应用不是其重点。而积木机器人是在传统积木基础上进行升级，它在传统积木基础上融入电机和控制器等动力系统，以及杠杆、弹力、传感器等物理学科知识。严格地讲，积木机器人课程更加符合STEAM教育的跨学科学习理念。

第七节 STEAM教育和创客教育

一、什么是创客教育

"创客"起源于美国，来源于英文单词"Maker"，是指出于兴趣与爱好，努力把各种创意转变为现实的人。创客教育的精髓是在帮助孩子进行创客活动的过程中，培育孩子提出问题、探究问题、解决问题、动手创作的综合能力，初步融合了科学研究、技术制作、艺术创作的全过程。

总体而言，创客包括三要素：一是人，即创客；二是物，即创客空间；三是事，即创客活动。目前校园创客主要指小学、中学、大学的校园创客，幼儿园创客是正在探讨的概念，还没有成熟的定义。我们认为，幼儿园创客包含三个要素：第一要素是在幼儿园里从事创客教育的人，就是幼儿园的创客导师，具体指老师和园长，还有幼儿园的创客学生，也就是幼儿；第二要素是幼儿园创客空间，是人事物中"物"的因素，通常指的是幼儿园的创客室；第三要素是幼儿园创客活动的开展，对应的是人事物中"事"的因素，一般包括幼儿园科技节、创客游戏、创客比赛等。

二、STEAM教育和创客教育的异同

STEAM教育是一种教育模式，它为创客教育提供理论基础，而创客则是STEAM教育的主要实践方式。简单地说就是STEAM教育涉及五大学科知识，它通过创客转化为实践，最终创作出作品出来。

（一）两者的相似之处

1. STEAM教育与创客教育都强调跨学科学习，需要将原本孤立的学科进行有机整合，通过跨学科学习方式让孩子巩固多学科知识，培养创新思维和科技素养。

2. STEAM教育与创客教育都强调实践，鼓励孩子运用所学的知识动手进行实践，通过实际操作培养孩子良好的动手能力和解决问题能力。

3. STEAM教育和创客教育都有基于PBL项目式的学习方法和相同的教学模式。STEAM教育和创客教育都鼓励孩子自主探索，他们需要从一个项目或问题出发，通过自主探索或和团队合作寻找完成项目或解决问题的方法，并通过不断的实践，最终找到完成项目或解决问题的方法。

4. STEAM教育和创客教育都强调情境性，提出的问题都是真实情境中的问题，要联系生活，区别于传统的理论教学。

（二）两者的不同之处

1. STEAM教育是一种强调用跨学科知识开展探究的教育模式，关注孩子动手实践的过程，不强调一定要有最终的成品。而创客的核心要义是创造，在创造的过程中可以借用不同的工具和理论知识，强调要有最终成品，所以它是以结果为导向的教育。

2. STEAM教育和创客教育在强调真实情境时有不同之处。STEAM教育一般是老师设定好一个情境问题，鼓励孩子利用不同学科知识去分析问题，解决问题。而创客教育则鼓励孩子留意身边的生活，由他们自主提出在生活

中遇到的问题，确定问题后，就开始利用不同的工具和不同学科知识去实现这个目标，创作出一个作品。

当下，STEAM教育与创客教育正在深度融合，两者相辅相成，相互促进。总的来说，STEAM教育是创客教育的知识基础，创客教育是STEAM教育的实践方式。所以要做好创客教育须先做好STEAM教育。

幼儿园要想做好STEAM教育，应先通过STEAM教育培养孩子和老师的创新思维和巩固各学科的知识，然后通过创客空间为孩子和老师提供动手操作和科技创作的空间和氛围，再通过创客活动鼓励孩子主动动手操作，在游戏化的科技活动中提高动手能力、创新思维和科技素养等，最后通过创客比赛将所学的知识运用到解决生活中的问题或创作一个作品。有条件的幼儿园也可通过开展STEAM创客教育的相关课题研究，进一步提高所在园开展STEAM教育方面的理论水平。

三、国内幼儿园创客教育示例

广东佛山市南海区丹灶中心幼儿园是广东省一级幼儿园，园所一直致力探索将传统文化融入幼儿园日常教学中，在探究过程中发现狮艺文化是我国民间优秀传统文化，它分为北狮和南狮，南狮作为岭南文化代表深受群众的喜爱，每逢节庆或有重大活动时，必有醒狮助兴，历代相传。作为南狮起源地的佛山，醒狮文化具有深厚的群众基础。佛山丹灶中心幼儿园从幼儿的兴趣和需求出发，对狮艺文化进行园本开发，形成课程理念并落实于教学中，利用"狮艺月"开展狮艺五大领域的渗透学习，创编了"彩童狮艺操"，组建"快乐醒狮"社团。

在科技时代，如何将狮艺文化与STEAM教育相结合是该园一直在重点考虑的问题。2019年，佛山丹灶中心幼儿园与孩教圈共同打造了STEAM艺术创客空间。艺术创客空间创新性地将木工、3D打印、科技创客三者相结合，是以STEAM教育理念为基础的多功能创客空间。艺术创客空间以木工为工程基础，以3D打印为艺术形式，以科技创客为创新动力，让孩子在科技感十足的创客活动中发挥工匠精神，激发艺术创造力，培养创新精神。将前沿的STEAM教育带给孩子的同时，佛山丹灶中心幼儿园也积极探讨如何将

STEAM 创客教育和狮艺文化相结合，目前已经取得初步成果，下面举例说明。

1. 3D 打印笔创作醒狮

事先设计好醒狮图案，然后让孩子利用 3D 打印笔临摹模板下的醒狮图案，打印出一个个形态各异、栩栩如生的醒狮，通过 3D 打印笔将孩子心中的创意和想法创作出来，培养孩子良好的艺术创造力、创新能力、动手能力和专注力等。

2. 3D 打印机打印醒狮灯

老师先带领孩子利用 3D 打印机的资源库进行建模，然后通过 3D 打印机逐层打印出一个三维立体的醒狮模型，最后在打印好的立体醒狮模型上装上电灯，一个会发光的立体醒狮灯就完成了。观察 3D 打印机打印立体醒狮，可以让孩子感受二维平面图案转变为三维立体模型的过程，同时初步了解简单的建模知识。

3. 佛山醒狮舞台

在一节 STEAM 和醒狮文化的课程学习中，老师引导孩子利用 3D 打印技术、木工、绘画、折纸等多元艺术形式进行创作，并且融入"连杆原理"科技元素创作一个广东醒狮舞台。广东醒狮 STEAM 作品利用木板搭建一个醒狮舞台，然后利用木板在舞台中间做成一个连杆装置，最后利用红色厚板纸粘贴在醒狮舞台的四周，完成了一个充满喜庆气氛的舞台结构。接下来，孩子们便利用 3D 打印笔创作了醒狮、舞龙、人偶等，并将其固定在木棒条上后插入舞台中部的连杆上，这样一个融入STEAM教育的广东醒狮舞台作品便完成了。用手在两边同时拉动木棍，台上的狮子就会转动起来，形成舞狮一样的效果。通过作品的创作，让孩子体验了3D打印、木工、科技等不同创作方式结合的乐趣，不但能够有效地提高孩子的艺术创造力、动手能力和创新能力，而且还让孩子掌握了广东醒狮舞台利用"连杆原理"的科学知识，加强对醒狮传统文化的了解。

四、西方主要国家的创客教育特色

在欧美国家，创客教育已经渗透在日常教育中，很多学校都设置有专门的创客课程，并开设创客空间，给学生实现"让想象落地"的平台。特别是一些西方国家，创客教育早已成为基础教育的一部分，成为国家的重要事项之一。但因为国情不同，表现出来的形式也不尽相同。

（一）美国：培养学生的STEM素养

在美国，从幼儿园开始便让孩子自己使用木块、积木类的东西来"造物"，并一直持续到二年级。美国一向非常重视STEM教育，国家在教育改革的过程中也非常重视对学生创造力和实践动手能力的培养。最大的体现便是STEM学校的成立。美国的STEM学校主要包括精英学校、全纳学校和职业技术学校三大类。美国人把创客教育当成推动教育改革和培养科技创新人才的重要手段。近几年,美国高校开始致力于构建各类创客空间、创客实验室、创客图书馆等,用于创客项目的实践和学习。美国社会各界对创客教育也非常看好,众多大型企业如谷歌、英特尔等都对创客教育的发展提供了资金和技术支持。此外,美国每年都会举办各种大型的创客活动,鼓励全民参与创造,旨在营造一种创客氛围。

(二)英国:每个城市至少有一个创客空间

英国发展创客教育的方式就是把创客教育纳入基础教育中去。英国的学生从小学开始就必须学艺术与设计、公民、计算、设计与技术、外语(课程)、地理、历史、音乐和体育九门基础课。学生在上这些课时不仅仅是在自己课室里面听老师讲,他们会根据年龄和所在地区的不同被分配到各种博物馆、社区、企业等进行学习。学生要通过动手实践来学习相关概念、了解机械、建筑等多方面的基础材料,掌握艺术设计的基本方法,通过这样的学习方式,学生可以学习到多个领域的相关知识。而英国政府也大力扶持STEM教育,在近几年,英国开展了一系列项目、计划、行动,为创客教育的研究提供了广阔的平台,将社会各界联合起来,致力于推动社会对创造力培养的意识。

(三)日本:倾向于传统教育的创新以及国际合作

日本开展创客教育的方式就是对传统教育进行改造。教育部给全国中小学设定一个STEM教育目标,然后让学校通过改进传统教育的方式来达到目标。改进主要包括修改课程大纲以增强科学教育、设立STEM精英教育专项基金、加快STEM教育的教师队伍建设、鼓励女性投身于STEM教育。此外,日本的机器人产业水平在世界遥遥领先。因此,机器人教育也成为日本发展创客教育的一个手段。日本的学生在小学时就要开始学习机器人相关内容,在大学时也会有机器人研究专业,并设立机器人研究协会,定期举办各种比赛和活动,鼓励和促进机器人产业的发展。

(四)加拿大:把创客教育融入日常生活

加拿大没有全国统一的教育制度,所以要通过制定计划来推行创客教育是比较难实现的。因此加拿大人会把STEM相关的知识融入与生活相关的问题中,让学生在解决现实问题的同时了解 STEM 教育。而家长也会与学校配合,让孩子在日常生活中更多的体验学习 STEM 的相关技能。现在加拿大有大约 50 个创客空间,这些创客空间大部分是在大学、图书馆和工艺品商店。①

---

① 叶生. 中国当前幼儿阶段的创客现状与发展趋势 [J]. 现代育儿,2017 (3).

第二章　幼儿园为什么要开展 STEAM 教育

第一节　STEAM 教育在中国的发展

一、STEM 教育被纳入国家发展政策

我国将 STEAM 教育纳入国家发展政策中。2006 年《国务院关于实施〈国家中长期科学和技术发展规划纲要（2006—2020 年）〉若干配套政策的通知》中指出："大力倡导启发式教学，注重培养学生动手能力，从小养成独立思考、追求新知、敢于创新、敢于实践的习惯。切实加强科技教育。"这与 STEAM 教育所倡导的给予孩子充分的动手实践的机会，培养孩子动手能力、创新能力的理念是一致的。

2015 年，教育部在《关于"十三五"期间全面深入推进教育信息化工作的指导意见（征求意见稿）》中首次提出要"探索 STEM 教育、创客教育等新教育模式"。

2016 年，教育部在《教育信息化"十三五"规划》中进一步要求："有条件的地区要积极探索信息技术在众创空间、跨学科学习（STEM 教育）、创客教育等新的教育模式中的应用，着力提升学生的信息素养、创新意识和创新能力，养成数字化学习习惯，促进学生的全面发展，发挥信息化面向未来培养高素质人才的支撑引领作用。"

2016 年国务院发布的《全民科学素养行动计划纲要实施方案（2016—2020 年）》提出，在义务教育阶段要基于学生发展核心素养框架，完善中小学科学课程体系。研究提出中小学科学学科素养，更新中小学科技教育内容，加强对探究性学习的指导；在高中阶段要鼓励探索开展科学创新与技术实践的跨学科探究活动，同时规范学生综合素质评价机制，促进学生创新精神和实践能力的发展。

2017年，在由中国教育科学院、电子科技大学主办，中国教育科学研究院未来学校实验室、华东师范大学青少年发展研究中心、电子科技大学实验中学承办的第一届中国STEM教育发展大会上，发布了由中国教育科学研究院和STEM研究中心联合起草的关于探索和推进中国STEM教育的指导手册——《2017中国STEM教育白皮书》，同时还决定启动中国STEM教育2029创新行动计划。在《2017中国STEM教育白皮书》中有这样的表述：国家科技战略政策融入STEM教育理念，科学教育政策重视STEM教育，教育信息化政策明确了STEM教育发展任务，大致反映目前STEM教育在我国的基本定位。①

2017年，教育部《义务教育小学科学课程标准》规定：原则上要按照小学一、二年级每周不少于1课时安排课程，三至六年级的课时数保持不变。同时明确了STEAM中的"T"和"E"的重要性，即技术与工程，不仅仅强调科学技术在现实上的应用，还新增了科学技术对伦理、环境、生活影响的思考，让学生关注周围技术世界的发展，体验科学技术对个人生活、对社会发展的影响。

二、各地学前教育的STEAM政策

随着STEAM教育的推广及普及，我国各地纷纷开始出台不少有关推进学前STEAM教育发展的相关政策。

2017年9月江苏省印发了《江苏省STEM教育项目学校建设指导意见（试行）》，并公布了243所STEM教育项目试点学校（其中幼儿园32所、小学122所、初中47所、高中42所）。

2018年11月，为落实《广东省全面科学素质行动计划纲要实施方案（2016—2020年）》，发展广东省科学和STEM教育成果，广东省教育研究院根据省教育厅工作部署，启动了"新时代广东省中小学、幼儿园科创和

---

① 郑思晨等. STEM+课程的系统解读——基于本土化实践的探索[M]. 上海：上海教育出版社，2018：30.

STEM教育课程教材构建与实施"教改实验，并开展了广东省中小学、幼儿园科创和STEM教育课程教材构建研讨暨优秀成果展示交流活动。

2019年，由中国教育科学研究院指导、陕西省教育科学研究院、陕西教育报刊社主办的"陕西省STEM教育工作现场推进会"上发布了《陕西STEM教育2029行动计划》，并进行了STEM领航学校（幼儿园）经验分享以及STEM领航学校（幼儿园）、种子学校（幼儿园）、实验基地授牌等系列活动。

2020年4月，由广东省教育厅组织开展的《新课程》科学保教示范项目中，鼓励幼儿园积极开展实施STEM教育的内容、材料和方法，并明确提出了三大研究要求，一是STEM教育案例研究；二是STEM教育案例须适合幼儿年龄特点；三是STEM的教育案例要因地制宜、就地取材。

2020年10月，由中国教育科学研究院STEM研究中心组织实施"中国STEM教育2029行动计划"开展了首批STEM领航及种子幼儿园的遴选工作，鼓励号召全国各地的幼儿园开展STEM领航及种子幼儿园的申报工作。

2020年，为了进一步推进温州市STEM教育课程建设，总结提炼学校STEM教育项目样态，探索STEM教育的温州模式，温州市教育教学研究院举行了2020年温州市初中、小学、幼儿园STEM教育案例征集评比活动。

2020年，义乌市教育研修院主办了"义创杯"义乌市中小学、幼儿园STEM（创客）教育大赛（2020－2021赛季），进一步推进义乌市中小学、幼儿园STEM（创客）教育，倡导科学、技术、工程、艺术、数学等跨学科融合，激发学生创新精神，培养学生创新思维、创新技能及实践能力。经过几年的培育，义乌市中小学、幼儿园STEM（创客）教育大赛已成为检验、展示义乌市STEM（创客）教育教学成果的重要窗口。

第二节　中国 STEM 教育 2029 行动计划

一、提出中国 STEM 教育 2029 行动计划的背景

为推动我国 STEM 教育的健康持续发展，加强教育改革与国家创新驱动发展战略的结合，充分发挥国家教育智库的前瞻智慧与广泛影响，中国教育科学院协同各方有志者和有识者，提出"中国 STEM 教育 2029 行动计划"，该计划的提出对 STEM 教育普及具有非常明确的指向性，也将提供具体实例来帮助行动组成员应对目前 STEM 教育存在的挑战。①

从 1995 年科教兴国战略的提出开始，教育的功能性再一次被提到一个全新的高度，培养一大批能够掌握和驾驭高新技术的高素质科技人才势在必行。经过 20 年的努力，中国经济迅猛发展，产业结构、经济业态发生重大变革，2015 年提出了"中国制造 2025"，即 2025 年达到制造业强国，在 2035 年达到世界制造阵营中的中等水平，到 2049 年，新中国成立百年的时候进入综合实力世界制造强国。这些战略的实现都需要人才的支撑，从中国目前的人才情况来看，创新型人才、高水平技能的人才会成为我们经济转型的瓶颈。

"中国 STEM 教育 2029 行动计划"的启动就是为了解决这个问题，把中国的 STEM 教育纳入国家创新人才培养战略，培养面向未来的创新型人才，提高学生的科学探究能力、创新意识和解决复杂问题的能力，也成为我们撬动科教强国杠杆所关注的重点。

为什么定在 2029 年？中国 STEM 教育创新中心主任王素说："因为 2049 年是建国百年，建国百年的时候中国要建成世界创新型国家，为了实现这一目标，人才的培养需要有提前度。我们希望从现在行动起来，在 2029 年的时候我们已经能够培养出一批创新型的人才。我们希望通过未来十几年的努力，能够让中国涌现出更多的具有国际竞争力的 STEM 方面的创新人才。"②

---

① 王素、李正福. STEM 教育这样做［M］. 北京：教育科学出版社，2019：35.
② 中国 STEM 教育 2029 行动计划启动［EB/OL］. https://www.sohu.com/a/231671640_105067.

二、成立学前 STEM 教育专业委员会

为发挥 STEM 教育在促进科技创新和提高国家竞争力中的基础性和先导性作用，进一步加强对相关 STEM 项目学校的指导，持续深入地推进"中国 STEM 教育 2029 行动计划"的实施，中国教育科学研究院 STEM 研究中心就 2020 年相关工作做了 7 项安排，其中一项便是成立学前 STEM 教育专业委员会。

为进一步促进 STEM 教育在 K-12 全学段有序开展，中国教育科学研究院 STEM 研究中心研究决定，成立"中国 STEM 教育 2029 行动计划"学前 STEM 教育专业委员会。委员会将从学前 STEM 教育理论、空间建设、课程研发、活动方案等方面开展教育科研工作，并负责指导 STEM 领航幼儿园、STEM 种子幼儿园开展课题研究，鼓励各地 STEM 教育协同创新中心为专委会推荐专家，各地名额 2—3 名。

三、主要内容

1. 促进 STEM 教育政策顶层设计

STEM 教育是培养创新人才的一个重要途径，对国家未来发展具有不可忽视的重要作用，因此在国家层面进行相应的顶层设计甚为关键。目前创新驱动已经成为我国的一个重大战略。

2. 实施 STEM 人才培养畅通计划

科技创新人才培养是一项系统性、长期性的工程，需要根据国情整体布局，促进各学段教育连贯一致、各类型学校相互配合，突出重点、抓住关键、有序推进。构建起良好的 STEM 人才培养体系，才能真正实现国家人才建设的可持续发展。注重培养中小学生学习 STEM 的兴趣，奠定必要的基础；引导职业学校学生树立工匠精神，强化 STEM 技能技术训练；鼓励大学生积极投身 STEM 领域，提高科技创新能力和就业创业能力。完善 STEM 教育课程教学体系，促进各学段 STEM 教育的有效衔接，打通学生成长关节，疏通学生学习渠道，融通学生学习内容。进一步优化 STEM 教育活动，提高相关活动的吸引力、科学性和教育质量，为每一位学生参与 STEM 活动提供保障。

3. 建设资源整合和师资培养平台

STEM 教育更提倡用跨学科方法解决真实世界的具有挑战性的问题，要打破学科之间的壁垒，让学生获得多学科解决问题的教育经验。为了实现这一目标，需要加强具有跨学科背景的师资力量的培养，尤其是针对 STEM 教育相对落后地区和群体的师资培训，帮助教师们获得多学科 STEM 学习经验，提高关于科学、数学和技术的本质认识和科学素养，并提倡教师们将 STEM 教育融入课堂教学中。

4. 建设 STEM 课程标准与评价体系

在课程方面，STEM 教育代表了课程组织方式的重大变革。目前中小学最广泛采用的课程模式是分科教学。STEM 教育的课程设计应该使用"整合的（integrated）课程设计模式"，即将科学、技术、工程和数学等整合在一起，强调对知识的应用和对学科之间关系的关注。在 STEM 教育中，学生需要不断地评估自身的兴趣点、经验和才能，通过基于现实的项目，在深度和广度上应用跨学科的知识和技能。

5. 打造一体化 STEM 创新生态系统

对 STEM 教育的经济投入、媒体宣传和多方参与是其可持续发展的基础，也是吸引学生参与的重要方式。与各种社会力量协作，建立基于地区特色的 STEM 实践社区。同时，倡议博物馆、青少年宫、科技馆、数字媒介等社会机构积极开放空间，成为 STEM 教育非正式学习的组成部分。倡议媒体加强 STEM 教育的宣传报道，推动形成全社会重视的 STEM 育人环境，构建一体化 STEM 创新生态系统。

6. 打造服务经济的教育与人才战略高地

STEM 教育的核心目标正是为国家培养高素质的劳动力，服务于经济发展。企业是经济发展中最具活力的单元，对科技创新人才具有强烈的敏感性、自主性和迫切需求性，故而正确引导企业积极参与教育改革，加强企业与 STEM 教育的联合，发挥企业界对教育发展的支持作用，打造人才战略规划高地，发布 STEM 各行业人才报告。

7. 推广 STEM 教育成功模式

STEM 教育对于一个国家的国际竞争力、经济发展水平以及国民素质都有着重要的意义，这一切都需要靠 STEM 教育的正确开展来完成，所以 STEM 教育成功模式的推广具有广泛的应用前景。①

第三节　中国为什么大力鼓励 STEAM 教育

党的十八大以来，习近平总书记高度重视科技创新，把创新摆在国家发展全局的核心位置。党的十九大报告明确提出，坚定实施科教兴国战略、人才强国战略。习近平总书记指出："进入 21 世纪以来，全球科技创新进入空前密集活跃的时期，新一轮科技革命和产业变革正在重构全球创新版图，重塑全球经济结构。科学技术从来没有像今天这样深刻地影响着国家前途命运，从来没有像今天这样深刻影响着人民生活福祉。"②

青少年作为祖国和民族未来科技创新的希望，科学素养是青少年全面发展的核心素养之一。国务院在颁布的《"十三五"国家科技创新规划》中要求，以增强科学兴趣、创新意识和学习实践能力为主，完善基础教育阶段的科学教育。由此可见，培养创新型人才已上升到国家战略层面。

人是科技创新最关键的因素，人才是创新的第一资源③，坚持创新驱动实质是人才驱动，而 STEAM 教育正是科技创新教育的有效形态，可以很好地培养创新型的人才。

STEAM 教育强调的是跨学科的整合学习，尤其是强调通过以科技为核心的创作来解决生活中的问题，它有以下四大特点：一是以解决问题为导向，培养孩子自主解决问题的能力；二是鼓励孩子发挥想象力，培养孩子的创新能力；三是以动手创造为导向，提高孩子的动手实践能力；四是以跨学科教育模式为主，培养孩子的综合能力，而这些恰好是符合未来创新型人才的培

---

① 《中国 STEM 教育 2029 创新行动计划》解读［EB/OL］. https：//baijiahao. baidu. com/s? id＝16405046495984040046&wfr＝spider&for＝pc.

② 《中国 STEM 教育 2029 创新行动计划》解读［EB/OL］. https：//baijiahao. baidu. com/s? id＝16405046495984040046&wfr＝spider&for＝pc.

③ 习近平：人才是创新的第一资源［EB/OL］. https：//china. huanqiu. com/article/9CaKrnJUgR1.

养需要。

进入21世纪以来，科技正在发生着飞速的变化，各种高科技的发明层出不穷。而科技的飞速发展，同时也给我们的教育带来了巨大的挑战，信息化、全球化、知识多元化、科技的进步和普及，这些都在极大地影响我们的生活……我们不得不思考，什么样的人才才是未来社会所需要的，什么样的人才才能在激烈的国际化竞争中仍保持着强有力的竞争力。答案很明显，在未来，只有具有良好创新思维的人才才能在激烈的社会竞争中脱颖而出。就像我们熟知的比尔·盖茨、扎克伯格、乔布斯这些IT大咖们，他们都有一个共同点就是小时候就开始学习科学，有着优于常人的创新能力。

在创新型人才需求越来越旺盛的今天，我们不得不开始反思，我们现在的教育真的能顺应科技时代的发展要求吗？它需要做出改变吗？它能够满足现在创新型人才培养的要求吗？众所周知，过去的传统课堂最大的特点就是以老师为主，注重学科知识的灌输，一般都是老师在课堂上讲，学生在下面听，在这个过程中，学生自主思考和探索机会不足。在这样的教育方式下培养出来的人才缺乏创新能力和解决问题的能力，这不符合科技时代对人才的需求。

而STEAM教育不一样，它强调的是通过跨学科、PBL（Problem-Based Learning）问题式学习方法、探索式的学习方式，来帮助孩子培养出全方位的软实力。PBL教学法是一套设计学习情境的教学方法，是指问题式学习或者项目式学习的教学方法。这是一种以问题或项目为导向，基于现实世界的以学生为中心的教育方式。

PBL问题式学习方法强调以学生的主动学习为主，而不是传统教学中以教师讲授为主。PBL将学习与问题挂钩，使学习者投入问题中；它设计真实性的任务，强调把学习设置到复杂的、有意义的问题情景中，通过学习者的自主探究和合作来解决问题，从而学习隐含在问题背后的科学知识，形成解决问题的技能和自主学习的能力。在这个过程中，处于主体地位的始终是学生，而老师则是起到引导者、组织者、合作者的作用。

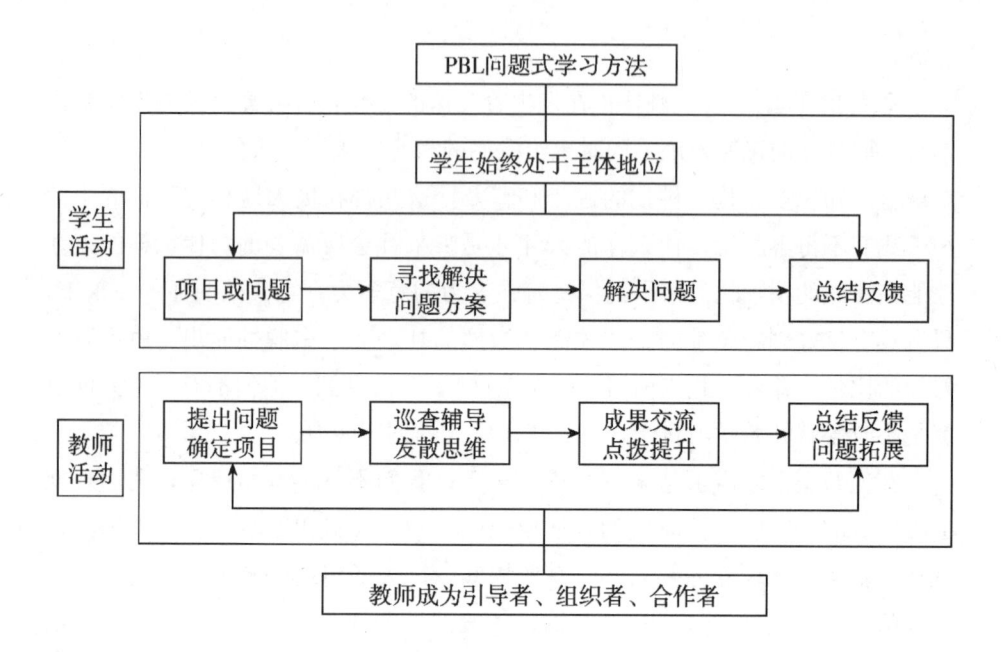

```
                    ┌─────────────────────┐
                    │  PBL问题式学习方法  │
                    └──────────┬──────────┘
                               │
                    ┌──────────▼──────────┐
                    │  学生始终处于主体地位 │
                    └──────────┬──────────┘
         ┌──────────┬──────────┼──────────┬──────────┐
┌────┐ ┌─▼────┐ ┌──▼───┐  ┌───▼──┐  ┌───▼──┐
│学生│ │项目或│ │寻找解决│ │解决问题│ │总结反馈│
│活动│ │问题  │ │问题方案│ │       │ │       │
└────┘ └──────┘ └───────┘ └───────┘ └───────┘

┌────┐ ┌──────┐ ┌───────┐ ┌───────┐ ┌───────┐
│教师│ │提出问题│ │巡查辅导│ │成果交流│ │总结反馈│
│活动│ │确定项目│ │发散思维│ │点拨提升│ │问题拓展│
└────┘ └──────┘ └───────┘ └───────┘ └───────┘

        ┌──────────────────────────────────┐
        │  教师成为引导者、组织者、合作者  │
        └──────────────────────────────────┘
```

3—6岁的幼儿富有好奇心，正处于对什么都好奇的阶段，他们的好奇心会引导他们提出各种有关STEAM的问题，而这些问题都是平时生活中非常常见的，如："怎样才能让我们搭建的大楼又稳又不会倒下呢？""为什么装上电池后，小风扇就能工作产生风呢？""为什么把石头扔进水里会沉下去，而树叶就不会呢？"问题导向的主题探究式学习可以充分地调动孩子的主动探索兴趣，让他们通过动手的方式来寻求答案。在基于问题式的学习方式中，孩子可以主动寻求教师和同伴的合作，从而寻找途径解决问题。在这个过程中，教师也要善于观察幼儿在活动中的表现，适时地给予孩子一定的指导和帮助，在他们遇到问题时，恰当地引导他们进行下一步探索和学习。在教师的引导下，通过问题将教学目标融入孩子所处的学习环境中。

在STEAM课堂上，我们会发现通常是老师先提出一个问题，然后鼓励孩子去发现问题，解决问题。在整个实施的过程中，一般会由多个孩子组成一个探究小组来开展研究。在这个研究的过程中，孩子要运用STEAM中的五大学科知识去思考、去探索，然后搜集资料、分析数据、确定选材。在此基础上设计一个解决方案，反复去验证修改，然后与同伴交流研究成果，最终确定一个最佳的解决方案，这个解决方案正是通过创作来解决老师先前提出的问题。通过这样的学习环境和学习过程，孩子将会逐步形成良好的STEAM素养。同时在这个过程中，孩子的创新能力、批判性思维、科技素养、问题解决能力都将得到很好的提升，也是对五大学科知识的一种应用和积累，这正是未来创新型人才所需要的能力。

第四节　幼儿园开展 STEAM 教育的可能性

STEAM 教育的本质是促进儿童的全面发展，通过实践培养其创新能力、动手能力和问题解决能力等。在越来越重视孩子全面发展和素质教育、批判应试教育的时代背景下，中国将 STEAM 教育明确地写入了国家课程标准中。2017 年，教育部颁布《义务教育小学科学课程标准》中倡导 STEAM 教育和跨学科的学习方式。随着国家各项鼓励政策的颁发，越来越多的中小学开始引入 STEAM 教育课程。

但是如何在幼儿园开展 STEAM 教育仍面临着种种难题，一是有许多幼儿教师认为自己并不能很好地组织科学类、工程类的教学活动，因此不能胜任 STEAM 课程的教学；二是幼儿教师对 STEAM 教育存在一个误区，认为幼儿园的孩子年龄太小，不适合进行 STEAM 学习。而众多的学者却认为幼儿是能够进行 STEAM 探究活动的："如果能得到有经验且具备相关知识的教师的指导，幼儿是能够进行正式的 STEM 探究活动的。然而，很多老师缺乏足够的 STEM 内容知识，并表示尚未准备好教授 STEM 内容。"[①]

我们认为 3—6 岁的孩子正是进行 STEAM 教育的最佳时期，这个年龄段的孩子还没有任何学科概念，不会有固定的思维模式，正处于喜欢动手、充满好奇、勇于探索以及有各种创意想法的时期，这时候给孩子开展 STEAM 教育，正可以给予孩子充分动手的机会，鼓励孩子通过实践将自己的创意想法变成现实，挖掘孩子的内在潜能，同时培养创新能力和科技素养。因此，

---

① ［美］谢莉·林恩·康塞尔等. 与幼儿一起学习 STEM［M］. 徐晶晶译. 南京：南京师范大学出版社，2019：6—7.

越早让幼儿学习 STEAM 教育，就越容易培养创新思维和动手能力，满足孩子对世界的探索欲望。

研究发现，在儿童早期让其进行 STEAM 活动有利于促进儿童今后学业能力的发展。工程思维的习惯包括创造力、问题解决能力和分析能力，不仅在工程方面有价值，而且对生活各个方面都有帮助，这种思维习惯在幼儿时期是很容易培养起来的。STEAM 教育恰恰是培养幼儿这种工程思维习惯的有效方式之一。[①]

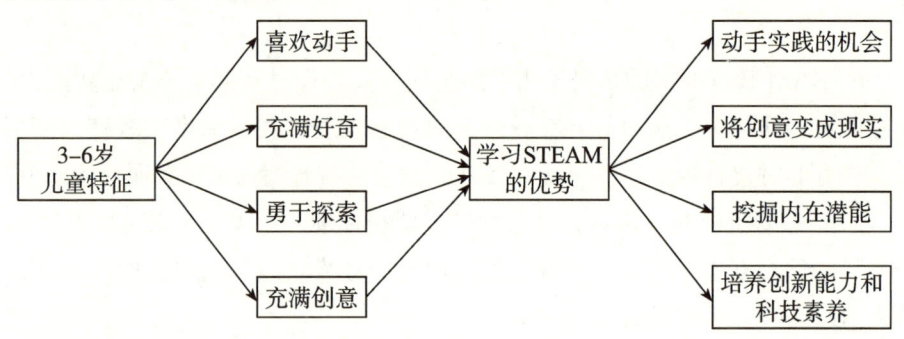

```
                 ┌→ 喜欢动手 ┐                    ┌→ 动手实践的机会
                 │           │                    │
  ┌─────────┐   │→ 充满好奇 │   ┌─────────┐     │→ 将创意变成现实
  │ 3—6岁   │───┤           ├──→│ 学习STEAM │─────┤
  │ 儿童特征 │   │→ 勇于探索 │   │ 的优势    │     │→ 挖掘内在潜能
  └─────────┘   │           │   └─────────┘     │
                 └→ 充满创意 ┘                    └→ 培养创新能力和
                                                     科技素养
```

美国天文学家卡尔·萨根曾经说过："每个人在幼年的时候都是科学家，因为每个孩子都像科学家一样，对自然界的奇观满怀着好奇和敬畏。"法国著名儿童心理学家皮亚杰也认为孩子天生就像科学家，他们对世界充满了好奇，对于生活周遭的事物皆表达了其高度的兴趣，喜欢亲自动手操弄、观察事物的变化。其实每个孩子都充满着好奇心和求知欲，只要加以引导，他们便会发现科学无处不在，乐意去探索、去动手、去创造，STEAM 教育就是要让孩子终身保持探索热情，满足孩子的好奇心。

我们在前面说过，STEAM 教育的关键在于跨学科学习，也就是整合性问题。如何在一个活动中同时融入科学、工程、技术、艺术、数学等五大学科是很多老师认为比较难的问题。数学和艺术是幼儿园老师比较熟悉的科目，在一个活动中融入数学和艺术是非常容易的。老师在日常数学教学中经常会

---

① [美]谢莉·林恩·康塞尔等.与幼儿一起学习 STEM [M].徐晶晶译.南京：南京师范大学出版社，2019：6—7.

用到的教学方式有数数，比较物体的大小、轻重、长度、形状的差异等。艺术教学形式更是多种多样，例如绘画、涂鸦、描线、折纸、剪纸、黏土，这些都是孩子在日常生活中经常接触到的。但是要想同时融入科学、技术、工程则有一定难度，也是很多老师对 STEAM 课程望而止步的原因。其实只要找对方法，在幼儿园的活动中同时融入这五大学科也并非难事，我们来简单列举一节课，看完这节课后，相信老师们对如何在幼儿园开展 STEAM 课程将会有清晰的了解，同时自信心也会增强。

比如在夏天，天气非常炎热。老师就可以提问孩子，有什么方式可以降温，孩子会开始思考降温的方式，降温的方式有很多种，如吹风扇、扇扇子、吃西瓜……我们可以从中选择自制一个小风扇来降温。

当确定课程主题是自制小风扇后，老师就要开始引导孩子思考这个问题了：要想让风扇动起来，我们需要用到什么动力系统（马达、扇叶、电池等），这涉及到科学学科知识了。而扇叶大小的选择、电池大小的选择、马达大小的选择，都会直接影响到制作出来的风扇风力大小，这个大小对比的过程涉及到的是数学学科的知识，孩子们需要根据实际需要通过比较选择出最佳的方案，这个过程也是孩子数学思维提升的一个过程。我们在前面说过，一个产品的设计除了技术之外，外观的设计也同样重要，这涉及的是艺术学科。所以在这个过程中老师也可以引导孩子思考通过什么艺术形式可以让我们制作出来的风扇更加好看、美观，例如我们可以采用常见的绘画、黏土等形式在风扇的外观上进行点缀，使风扇看起来更加好看。那么问题来了，工程又是怎样体现的呢？简单来说制作一个风扇，我们要考虑它的内部构造，零件与零件之间的方位怎么放置才能使风扇保持平衡，这就是工程学科的知识了。如果往复杂一点想，就是需要考虑这个风扇是要固定在哪里，想要放在桌上或是挂在墙上，还是其他地方，这涉及到的方位构建都是不一样的，孩子需要根据自己的实际需要去调整它的内部构建，这需要的都是工程构建的思维。而孩子们在制作风扇时所使用到的一切工具，如螺丝刀、剪刀、螺丝钉等体现的则是技术学科知识。所以在幼儿园开展 STEAM 课程并不会很难，机会也很多。

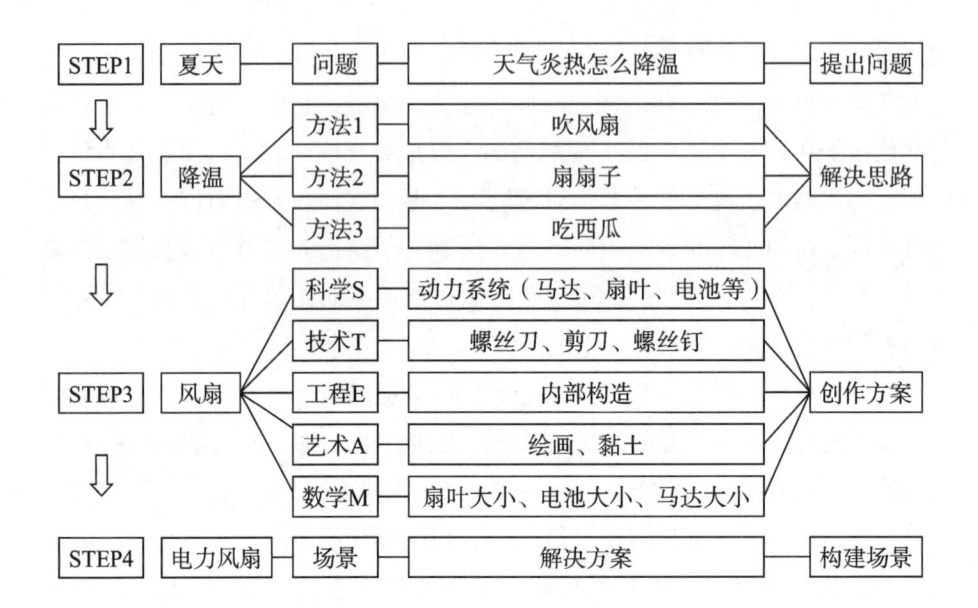

```
STEP1 ─ 夏天 ─── 问题 ─── 天气炎热怎么降温 ─── 提出问题
  ⇩
         ┌── 方法1 ─── 吹风扇 ──┐
STEP2 ─ 降温 ── 方法2 ─── 扇扇子 ──┼── 解决思路
         └── 方法3 ─── 吃西瓜 ──┘
  ⇩
         ┌── 科学S ─── 动力系统（马达、扇叶、电池等）─┐
         ├── 技术T ─── 螺丝刀、剪刀、螺丝钉 ────┤
STEP3 ─ 风扇 ─ 工程E ─── 内部构造 ──────────┼── 创作方案
         ├── 艺术A ─── 绘画、黏土 ──────────┤
         └── 数学M ─── 扇叶大小、电池大小、马达大小 ─┘
  ⇩
STEP4 ─ 电力风扇 ─ 场景 ─── 解决方案 ─── 构建场景
```

可见，对幼儿园孩子进行 STEAM 教育的关键在于老师有没有用 STEAM 的思维方式去引导孩子进行思考，有没有用 STEAM 的思路去重新思考我们熟悉的教学活动。近年来美国幼儿教育主张"有目的地教"，让幼儿教师在头脑中记住有相关领域的目标，有意识地通过环境和互动来影响幼儿的学习与发展。[①] 因此在 STEAM 教育中，教师要十分熟悉 STEAM 教育的教学目标、内容以及方法途径等，这样才能在日常幼儿园教学中为孩子找到尽可能多的能够开展 STEAM 活动的机会，这一点也是很多幼儿园老师所欠缺的，所以幼儿园老师如果需要提高 STEAM 教育能力，应要具备以下六大素养：

• 项目设计素养：老师要有项目思维，通过设计一个项目主题模拟真实情景，引导幼儿在情景中去思考、去设计、去计划，从而找出问题及尝试找到解决问题的方法，并进行反复的验证优化，直至找出能够真正解决问题的方案。

---

① ［美］莎莉·穆莫. 早教 STEM 教学：科学、技术、工程与数学的整合教学活动 [M]. 李正清译. 南京：南京师范大学出版社，2017：序一.

• 跨学科学习素养：老师在日常教学活动中，要有一双善于发现STEAM课程的慧眼，善于将科学探索、技术能力、数学认知、工程搭建及艺术创作等有机整合起来，在两个以上学科中，为孩子提供进行STEAM学习的机会。

• 科学探究素养：科学探究是STEAM教育的基础，老师需要具备良好的科学探究素养，要善于利用科学思维去探究幼儿园的STEAM活动，在此基础上再融入其他学科知识，形成跨学科的STEAM学习模式。

• 创客教育素养：创客教育强调创作作品思维，它强调结果导向。老师在平时开展STEAM活动中，可以引导孩子思考可不可以通过创作一个作品来解决问题。例如当我们需要移动人力不能移动的重物时，可以通过创作什么作品来移动它。

• PBL问题式学习素养：在日常教学中，老师要多引导幼儿从解决生活中的实际问题出发，根据要解决的问题有计划地去提出解决问题的方案，而不仅仅是为了验证而探索，要重点培养孩子解决问题的能力。

• 动手实践素养：老师在孩子STEAM学习过程中，要多引导孩子利用生活中常见的材料、技术及工具，培养幼儿动手操作能力和对各种工具使用技巧的掌握。

第三章　幼儿园开展 STEAM 教育的模式和途径

第一节　幼儿园开展 STEAM 教育存在的问题

STEAM 教育理念自从被引进中国后，逐渐被应用到学校教育中，但主要停留在中小学阶段，在幼儿园的落地并不快速，甚至可以说相对滞后。STEAM 教育目前在中国幼儿园的开展主要面临着几大问题。

1. 缺乏优质的课程体系。因为在国内起步比较晚，所以大部分 STEAM 教育品牌的课程体系、教研体系都处于非常初级的阶段，不够完善系统，缺乏科学系统的理论支撑。

2. 师资力量不足。STEAM 教育跨学科注重应用的属性对教师能力提出了更高的要求，但是由于大部分的幼师都是非理科专业毕业，且又是女老师比较多，所以现在很多幼儿园想要独立开展 STEAM 教育课程时往往受限于创客师资薄弱。

3. 符合教学实践的教学内容缺少。曾有不少 STEAM 教育企业将 STEAM 课程内容带入幼儿园，但又逐步从幼儿园退出，反映了现在市场上提供的 STEAM 教育课程方案不能贴合实际的幼儿园教学要求。

4. 针对儿童的 STEAM 课程缺乏。虽然现在很多公司和学校都开启了 STEAM 创客教育的探索，但是绝大部分的 STEAM 课程都是针对初中高中阶段的，针对儿童的创客课程为数不多，尤其是针对 3—6 岁幼儿的更是少之又少。

5. 缺乏独立研发课程的能力。很多幼儿园都曾尝试独立研发 STEAM 课程，但因经验不足，对 STEAM 教育认识不足，再加上幼儿园 STEAM 师资不足，往往以失败告终，现在大部分幼儿园都还不具备独立开展 STEAM 课程的能力。

6. 对 STEAM 教育的认识理解不足。虽然有部分的幼儿园在园内开展了 STEAM 课程，但是他们往往是将 STEAM 课程的五大学科分开来学习，将 STEAM 课程等同于科学实验课程、艺术课程或是积木构建课程等，对 STEAM 课程的理解片面。

第二节　幼儿园开展 STEAM 教育的一般模式

在国家政策的鼓励下，很多幼儿园也纷纷开始对 STEAM 教育的探索，但是因对 STEAM 跨学科学习认识仍存在一定误区，很多幼儿园在开展 STEAM 课程时大多侧重在某一学科，缺乏跨学科学习方式。大多集中在手工、科学小实验、机器人、积木等单学科学习上，例如幼儿园开展的手工类课程，停留在单纯美术或手工创作层面，缺少科学、技术、工程等学科知识，侧重于动手操作能力和艺术能力的培养；科学小实验侧重化学小实验的操作和科学知识的普及，一般是由老师带领孩子进行一个科学小实验的操作，停留在化学实验层面上，缺少孩子独立思考和创作的过程。机器人侧重于动力系统的学习和逻辑思维的培养，停留在技术层面，缺少艺术、数学等跨学科的学习。而积木侧重于空间的构建，着重培养孩子的工程构建思维和动手能力，缺乏技术、艺术和科学等学科知识。幼儿园现开展的这些 STEAM 课程都是单一学科或能力的培养，并不符合 STEAM 教育跨学科学习、全方位能力培养的学习目标。所以现大多数的幼儿园仍然对 STEAM 教育课程存在着一定误解，需要进一步的学习和改进。

第三节　幼儿园开展 STEAM 教育的三大模式

中国学前教育引进 STEAM 教育模式时间较短，缺乏专业课程和师资，大多数幼儿园在独立开展 STEAM 课程方面仍存在着一定误区和短板，我们认为当前幼儿园引进 STEAM 教育有三种主要模式：在当前短时间内最好的方式是引进 STEAM 特色课程，以此培养师资和打实基础；如有较好教研能力，可以尝试将 STEAM 融入园本课程，打造特色园本课程；未来逐渐将 STEAM 融入日常教学模式中，打造园本特色幼儿园。

1. 特色课程

对于刚开始接触 STEAM 教育的园所，一般不具备自主研发的基础，师资较弱，可通过特色班或兴趣班的方式引进 STEAM 课程，借助外来力量打造园所特色，同时借此机会培养 STEAM 师资力量，为接下来自主开发 STEAM 课程打下坚实基础。

2. STEAM＋园本课程

对于自主研发能力和师资都较强，同时又有自己园本课程的园所，可根据 STEAM 教育的理念和方法，将其融入到园本课程中，借助 STEAM 教育将园本课程进行创新，形成独具特色的 STEAM＋园本课程。

3. 常规教学模式

对于已经有 STEAM 教育经验，自主研发能力和师资较强，同时又对 STEAM 教育理念有着深入了解的园所，可考虑将 STEAM 教育融入到园所的日常教学模式中，如园本课程与 STEAM 教育的融合，户外活动和 STEAM 教育的融合，区角活动和 STEAM 教育的融合等，为孩子营造一个富有 STEAM 教育气氛的学习环境。

第四节 幼儿园开展"STEAM＋园本课程"的教学方法

未来幼儿园 STEAM 教育的发展趋势是园本课程化和本土化的，很多幼儿园都尝试将园本课程与 STEAM 教育相结合，但大多数幼儿园都没能找到正确的方法和途径。针对我国幼儿园孩子的心理特征和学习能力，我们探索了一套适合在幼儿园开展"STEAM 教育＋园本课程"的教学方法，分为四大步骤。

1. 明确主题

开始 STEAM+园本课程开发时，首先要明确课程的主题。幼儿园可根据园本课程来确定课程主题，如 STEAM+二十四节气、STEAM+创意插花、STEAM+东涌水乡文化、STEAM+东莞非遗文化等。

2. 教师研讨

幼儿园邀请专家入园对教师进行专题培训，初步掌握 STEAM+园本课程开发的途径和方法，然后根据所学到的方法进行相关作品创作。在创作作品时采用四步分析法。

四步分析法以 PBL 问题式教学方法为主，通过提出问题、思考解决思路、利用 STEAM 跨学科学习方式创作方案、构建场景，最终创作出一个能够真正解决问题的作品。例如在前面提到的风扇主题课程中，首先提出的问题就是夏天时天气很炎热，用什么方式可以降温呢？孩子带着这个问题开始思考解决思路，如吹风扇、扇扇子、吃西瓜等。最后经过思考对比选择了自制风扇来降温后，就开始利用 STEAM 中五大学科的知识来创作解决方案，当制定好解决方案后，就开始构建场景来进行创作。

3. 教师组织孩子获取经验

在孩子作品创作前，教师需通过访谈、实地考察、绘本阅读多种方式组织孩子了解 STEAM+园本课程的相关资源及经验，获取相关信息，从而为接下来的作品创作积累相关资源。

4. 孩子作品创作

孩子对开展 STEAM+园本课程的方法和技巧有了一定了解后，接下来便由教师组织孩子进行相关作品的创作，作品可以是孩子作品，也可以是师生共创作品或亲子共创作品。

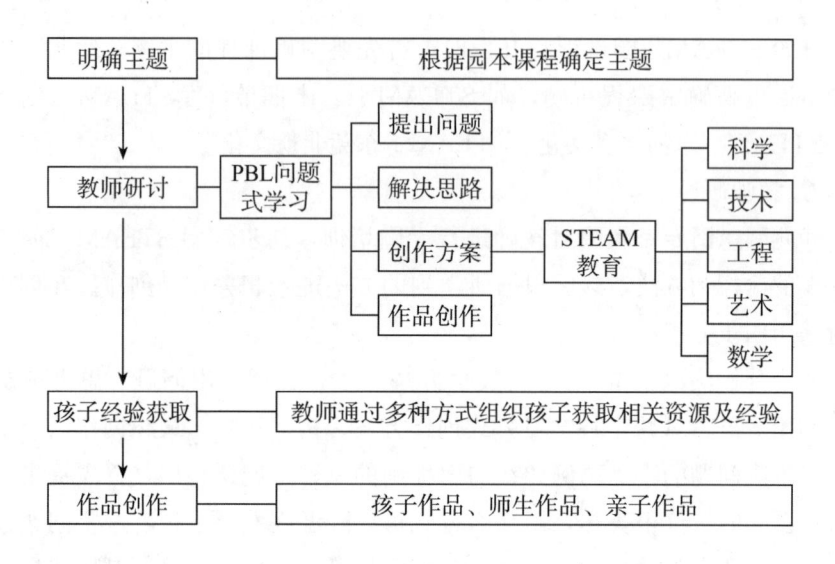

```
┌────────┐    ┌──────────────────────┐
│明确主题│───▶│根据园本课程确定主题  │
└────────┘    └──────────────────────┘
     │
     ▼
┌────────┐   ┌──────┐   ┌────────┐              ┌────┐
│教师研讨│──▶│PBL   │──▶│提出问题│              │科学│
└────────┘   │问题  │   ├────────┤              ├────┤
             │式学习│──▶│解决思路│              │技术│
             │      │   ├────────┤  ┌──────┐   ├────┤
             │      │──▶│创作方案│─▶│STEAM │──▶│工程│
             │      │   ├────────┤  │教育  │   ├────┤
             │      │──▶│作品创作│  └──────┘   │艺术│
             └──────┘   └────────┘              ├────┤
                                                │数学│
                                                └────┘
     │
     ▼
┌──────────────┐  ┌──────────────────────────────────┐
│孩子经验获取  │─▶│教师通过多种方式组织孩子获取相关资源及经验│
└──────────────┘  └──────────────────────────────────┘
     │
     ▼
┌────────┐   ┌────────────────────────────┐
│作品创作│──▶│孩子作品、师生作品、亲子作品│
└────────┘   └────────────────────────────┘
```

案例一　广州市第二幼儿园"STEAM＋二十四节气"园本课程[①][②]

（一）二十四节气与 STEAM 教育相结合的背景

二十四节气是古人在探索大自然的过程中总结出来的特定节令，浓缩了华夏五千年的思想精髓，是我国传统文化的重要组成部分。在国际气象界，二十四节气被誉为"中国的第五大发明"。

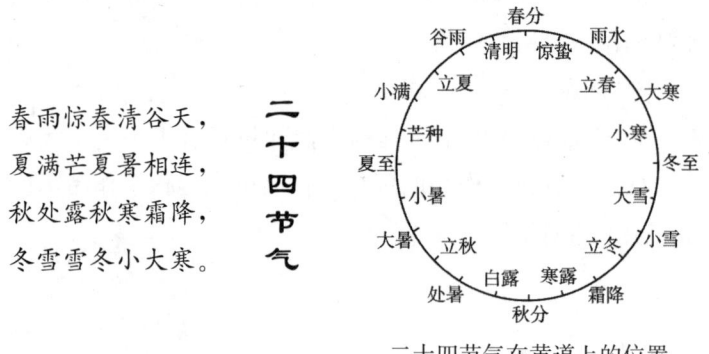

春雨惊春清谷天，
夏满芒夏暑相连，
秋处露秋寒霜降，
冬雪雪冬小大寒。

二　十　四　节　气

二十四节气在黄道上的位置

---

① 本案例由广州市第二幼儿园提供。
② 张秀英. 玩味自然——幼儿园二十四节气体验课程［M］. 广东：广东教育出版社，2019.

在政策的号召下，很多幼儿园纷纷开始 STEAM 课程探索，但一般都是直接引入市场上的 STEAM 品牌，将 STEAM 教育与园本课程相结合的案例几乎还没有。在此背景下，广州市第二幼儿园与孩教圈合作，共同探索如何将二十四节气与 STEAM 教育相融合。

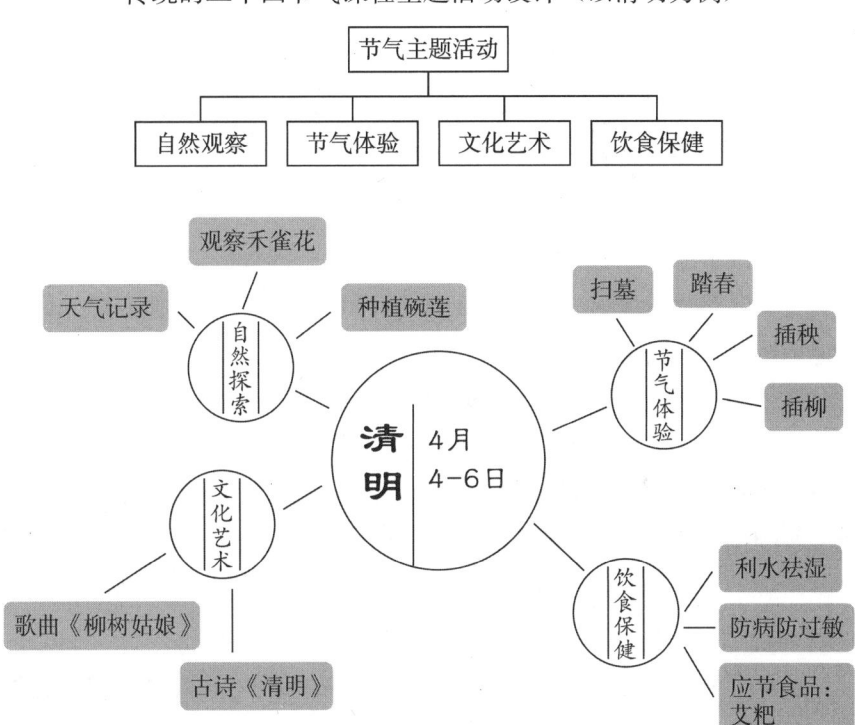

传统的二十四节气课程主题活动设计（以清明为例）

```
            节气主题活动
   ┌─────┬─────┬─────┬─────┐
自然观察  节气体验  文化艺术  饮食保健
```

自然探索：天气记录、观察禾雀花、种植碗莲
节气体验：扫墓、踏春、插秧、插柳
清明 4月4-6日
文化艺术：歌曲《柳树姑娘》、古诗《清明》
饮食保健：利水祛湿、防病防过敏、应节食品：艾粄

（二）STEAM 教育与二十四节气相结合的可能性

节气与 STEAM 融合的基础——两者的共同点

STEAM：集科学、技术、工程、艺术、数学等多学科融合的综合教育。

节气课程：整合式的体验课程，它涵盖了五大领域的活动内容。

二十四节气是我国的优秀传统文化，也是该园一直在开展的特色园本课程。园所将二十四节气与国家重点鼓励的 STEAM 教育相结合，既是积极响应国家提出的探索 STEAM 教育号召，也积极响应教育部提出的传统文化入

45

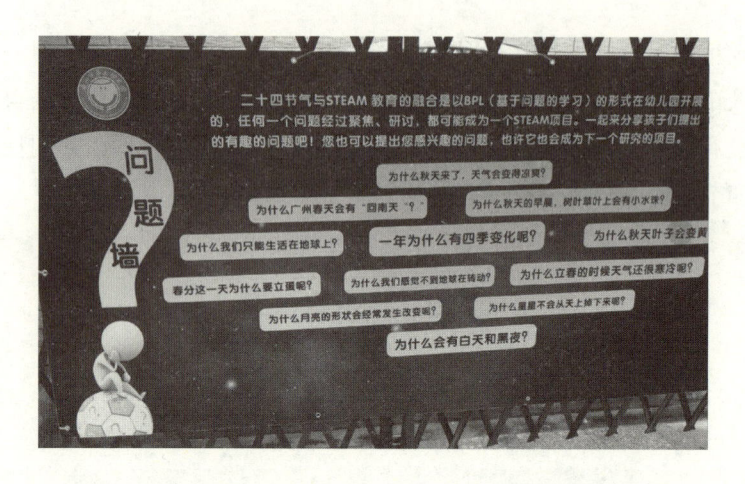

校园倡议，用 STEAM 教育模式对二十四节气进行解读，将 STEAM 教育和传统文化贯穿到幼儿教学与日常生活当中，既培养了孩子的创新思维，又增强了他们对中国传统文化的认知。

（三）STEAM 教育如何与二十四节气相结合？

节气与 STEAM 融合的途径：PBL 问题式学习。

PBL（Problem-Based Learning）是一套设计学习情境的完整方法，最早起源于 20 世纪 50 年代的医学教育。

（1）从一个需要解决的问题开始学习，这个问题被称为驱动问题（driving question）。

（2）学生在一个真实的情境中对驱动问题展开探究，解决问题的过程类似学科专家的研究过程。学生在探究过程中学习及应用学科思想。

（3）教师、学生、社区成员参加协作性的活动，一同寻找问题解决的方法，与专家解决问题时所处的社会情境类似。

（4）学习技术给学生提供了脚手架，帮助学生在活动的参与过程中提升能力。

（5）学生要创制出一套能解决问题的可行产品（products）。这些又称制品（artifacts），是课堂学习的成果，是可以公开分享的。

（四）基于问题的节气与 STEAM 之学习路径

广州市第二幼儿园在开展二十四节气与 STEAM 融合学习时采取老师先

行研讨、组织孩子获取相关资源、孩子自行创作三个阶段。

以STEAM教育与大寒节节气融合为例：

冬季，悄无声息地来到幼儿园。在冬季的节气探索活动中，孩子们发现："水龙头的水好冰呀！""我的手好冷啊！""大风把我的脸吹得好疼！""我说话冒白烟啦！"不知不觉，孩子们对冬天是怎样的产生了好奇，而关于冬天的话题也引来了更多孩子参与其中。

1. 老师先行研讨

由教师先行研讨，确定大寒节气与STEAM教育理论融合学习的可能性。教师在进行大寒节气与STEAM作品创作时采用体验节气，明晰特征—发现问题，提出问题—聚焦问题，设计方案—动手实践，创意制作—交流分享，反思总结的途径。下面将以STEAM教育与大寒节气融合学习案例进行分析。

体验节气，明晰特征 ⇒ 发现问题，提出问题 ⇒ 聚焦问题，设计方案 ⇒ 动手实践，创意制作 ⇒ 交流分享，反思总结

（1）提出问题

大寒节气到了，天气非常寒冷，有什么方法可以保暖呢？

（2）解决思路

明确了问题后，大家纷纷提出许多不同的解决方案，如：

方法1：制作移动暖房；

方法2：制作发热雨衣；

方法3：制作发暖帽子。

经过商量，大家一致决定制作一件会发热的雨衣。

（3）创作方案

确定了作品功能后，接下来便是创作方案。

科学（S）：利用电能转化为热能的原理。

技术（T）：制作发热雨衣所需用到的各类工具。

工程（E）：发热雨衣的构造。

艺术（A）：雨衣的外观。

数学（M）：雨衣的大小。

47

(4）作品创作

有了创作方案后，接下来要做的便是寻找身边的简易材料进行发热雨衣的作品创作。

2. 教师组织孩子获取相关资源

教师通过谈话、图片导入、孩子亲身经验分享等方式让孩子了解大寒节气有什么天气特征、有什么习俗以及相关的知识等，从而让孩子明确在大寒节气需要解决的问题以及创作作品的主题等。

3. 孩子作品创作

孩子进行作品创作，主要通过两种方式，一种是以教师和孩子为主，进行师生创作，第二种是家长和孩子一起，进行亲子创作。

（五）二十四节气与STEAM教育相结合的重要保障

家长的同步参与是二十四节气与STEAM教育相结合的重要保障。家长与孩子一起讨论，一起动手，借助各种工具、材料，帮助孩子把天马行空的想法落地，一件件亲子制作，奇思妙想，带给我们许多惊喜。

二十四节气与STEAM的结合是一个不断研讨、实践、反思、调整的过程，充满了曲折与挑战，也充满了智慧与乐趣。经过一次又一次的研讨、修正以后，才有了现在呈现出来的节气与STEAM融合的成果。

案例二 广州市南沙区东涌镇中心幼儿园"STEAM+水乡文化"园本课程[1][2]

南沙区东涌镇中心幼儿园充分利用水乡地域优势，进行了多项课题的申报研究，如，广东教育学会课题"基于STEAM理念的东涌水乡文化研究与实践""基于疍家文化的幼儿艺术教育实践研究"，广州市教研院课题"社区场景化课程资源的开发和利用研究——以沙田水乡文化为例"。

（一）STEAM与东涌水乡文化相结合的背景

广州市南沙区东涌镇中心幼儿园位处东涌镇水乡腹地，有得天独厚的条

---

[1] 本案例由广州市南沙区东涌镇中心幼儿园提供。
[2] 陈桂英. 基于STEAM理念的幼儿园水乡文化园本课程教学研究[J]. 学园，2021（11）.

件。该园善于利用本土水乡资源，形成以东涌水乡文化为特色的园本课程。在人工智能科技时代，如何通过新科技、新方式、新路径让幼儿喜欢水乡文化、了解水乡文化，加强对水乡文化的认识，让水乡文化得到进一步的传承与创新？如何让幼儿从幼儿园阶段就接触 STEAM 教育方式？是该园一直在思考的要点。在此背景下，东涌镇中心幼儿园与孩教圈合作，共同探索如何将水乡文化园本课程和 STEAM 教育相结合。

（二）东涌水乡文化和 STEAM 教育融合学习的途径

1. 采用教学研讨、教师先行的教研方式

幼儿园一方面组织教师进行教研学习，通过查询各种相关文献以及教师研讨等方式研读 STEAM 教育的内涵和内容，加强教师对 STEAM 教育的了解和认识。另一方面通过邀请 STEAM 教育专家入园对教师进行培训，通过培训研讨提高教师对 STEAM 教育的教学技巧。此外，该园还组织教师查阅园所以往所开展的东涌水乡文化课程资源，思考将东涌水乡文化与 STEAM 教育结合的方法和途径，最终经过集思广益，寻找到了一条适合在幼儿阶段开展基于 STEAM 理念的幼儿园水乡文化园本课程学习路径。

2. 打造幼儿园 STEAM 创客空间

为了给幼儿提供一个具有创新氛围和丰富创客工具进行基于 STEAM 理念的幼儿园水乡文化园本课程学习环境，该园打造一个以东涌水乡文化为主题的 STEAM 创客空间，为幼儿提供多元艺术形式、科技创作零件、木工制作工具等技术支持。幼儿可在教师的带领下在 STEAM 创客空间进行基于 STEAM 理念的幼儿园水乡文化园本课程教学研究作品的创作和学习，将自己的创意变成现实。

3. 教师引导孩子使用 PBL 问题式学习方式进行学习

该园在进行基于 STEAM 理念的幼儿园水乡文化园本课程教学研究学习时，遵循 PBL 问题式学习方式的原则和特点。教师以"项目或问题"为出发点，带领幼儿完成"提出问题—寻找解决问题思路—提出解决问题方案—最终解决问题"的学习过程，同时以"幼儿为主，教师为辅"为原则，给予幼儿充分动手实践、独立完成项目的机会，老师在其中担任的是教练角色，起到的是引导、辅助作用，整个项目过程中的主体始终都是幼儿。通过完成整个项目，幼儿的创新能力、动手能力、问题解决能力、团队合作能力、逻辑思维能力、科技素养等都得到有效提高。

（三）东涌水乡文化和 STEAM 教育融合学习成果

东涌镇中心幼儿园通过引进 STEAM 科技课程和打造以东涌水乡文化为特色的 STEAM 空间进行 STEAM 教育与水乡文化融合学习，并在探索的过程中不断总结经验，组织教师进行研讨，完善教学模式和课程内容，初步构建出东涌镇中心幼儿园"STEAM＋水乡文化"的幼儿园园本课程，包括了《茅寮》《龙舟》《舞狮》《青蛙跳跳跳》《捕鱼网》《钓鱼竿》《渔船》《拱桥》等。下面以"清凉疍家帽"为例说明 STEAM＋东涌水乡文化课程的创作思路。

（四）东涌水乡文化和 STEAM 教育融合学习案例分析

东涌镇中心幼儿园在进行东涌水乡文化与 STEAM 教育融合学习时采用教师先行研讨、教师组织孩子实地调查、孩子创作作品的创作途径。

1. 教师研讨

教师在进行研讨时采用提出问题、解决思路、创作方案、构建场景的途径进行相关作品的创作。

在进行 STEAM 与东涌水乡文化融合作品创作前，老师需带领孩子明确东涌水乡文化代表性事物有哪些，如疍家帽、龙舟、醒狮、滚铁环，在众多的东涌水乡文化中，又有哪些主题可以和 STEAM 结合呢？经过思考，最终选择疍家帽为创作主题，明确了主题后，接下来便开始创作 STEAM＋疍家帽作品。

STEP 1：提出问题

在夏天的时候，为了防晒，外出时很多人都会戴疍家帽，但是戴着疍家帽在太阳下暴晒，反而会更热，那么有没有什么办法可以使得疍家帽清凉起来呢？

STEP 2：解决思路

明确了要创作一个清凉疍家帽后，老师便带领孩子寻找制作方法，小朋友们集思广益，分别提出了以下三个方法：

①可以在帽子里加冰块；

②可以将帽子变大一点；

③可以在帽子里装一个风扇。

经过大家的商量，最后决定选择在帽子里装一个风扇的解决方法。

STEP 3：创作方案

明确了清凉疍家帽的任务后，学生便开始利用 STEAM 跨学科学习方法创作清凉疍家帽的方案：

①科学（S）：采用太阳能转化为动能的科学原理；

②技术（T）：制作太阳能风扇所用到的螺丝刀、螺丝钉、太阳能装置、

剪刀等技术工具；

③工程（E）：装置有太阳能风扇疍家帽的内部构造；

④艺术（A）：采用剪纸、绘画、涂鸦等艺术方式对疍家帽进行装饰，使其更美观；

⑤数学（M）：根据帽子的大小测量出太阳能风扇的尺寸、扇叶的数量等都是一个培养数学思维的过程。

STEP 4：创作作品

通过思维导图确定了清凉疍家帽的创作方法以及思路后，接下来便是寻找相关的材料进行作品的创作，并根据多次实践及实验，调整清凉疍家帽的创作方法。

2. 教师组织孩子实地调查

教师组织孩子通过阅读相关绘本、实地考察、访谈等方式加强孩子对东涌水乡文化的了解，东涌水乡文化指什么，东涌水乡文化有哪些，它们的特征有哪些，哪些东涌水乡文化可以和STAM教育相融合等。

3. 孩子作品创作

孩子通过实地调查，在充分了解东涌水乡文化有哪些的基础上，选择其中一个主题，然后在老师或家长的带领下，结合 STEAM 教育理念和 PBL 问题式学习方式，利用身边的简易材料进行作品的创作。

案例三　东莞市莞城中心幼儿园"STEAM＋非遗文化"园本课程[①]

（一）"STEAM＋非遗文化"园本课程开展的背景

东莞是广东省历史文化名城，承载着百年的历史文化，全市有着 120 项非物质文化遗产，形成了龙舟竞渡、醒狮艺术、麒麟艺术、荔枝节、粤剧、莫家拳等重要文化活动，更是被誉为"龙舟之乡""游泳之乡"。

东莞莞城中心幼儿园自 1990 年开园以来，以传统文化融合艺术特色为幼儿园的教育特色，此举坚守三十多年，初心不变，特别在传统文化作品及非遗课程实施上做出了一定成效，在社会上有着一定影响力。

在科技时代，东莞莞城中心幼儿园与时俱进，积极发挥开展东莞非遗文化的优势，通过与孩教圈合作，尝试将 STEAM 教育与非遗文化进行融合学习，创新非遗文化的学习方式，开展了"基于东莞非遗文化的幼儿园 STEAM 教育的实践研究"课题研究。

（二）开展"STEAM＋非遗文化"园本课程研究的形式

东莞莞城中心幼儿园在开展研究时主要采取了主题课程和 STEAM 科技节两种方式进行。

1. 开展 STEAM＋非遗文化主题课程

东莞莞城中心幼儿园围绕 STEAM＋非遗文化主题进行课程的开发学习，由老师引导孩子利用 STEAM 跨学科学习方式去进行 STEAM 非遗文化的学习。在进行 STEAM＋非遗文化课程学习时，老师引导孩子采用跨学科学习方式和 PBL 问题式学习方式进行相关课程的学习。

2. 开展 STEAM＋非遗文化的科技节

为了进一步激发孩子对 STEAM＋非遗文化创作的兴趣和探索热情，让孩子在新的科技活动中喜欢上非遗文化，增强他们对非遗文化的了解，东莞莞城中心幼儿园举办 STEAM＋非遗文化主题科技节，设置了拉线狮子表演、

[①] 本案例由东莞市莞城中心幼儿园提供。

趣味龙舞表演、麒麟3D打印、荔枝3D打印笔专区、粤剧智能剪纸、"节马传说"3D绘画、莫家拳科技创作、STEAM非遗创客专区、茶山公仔DIY专区等，将东莞众多非遗文化与STEAM教育相结合，让孩子在一个个趣味的STEAM＋非遗文化科技活动中感受科技创新文化的魅力，在加强孩子对东莞本地非遗文化了解的同时，通过STEAM教育培养孩子良好的科技素养、创新思维、动手能力和问题解决能力等。

（三）STEAM＋非遗文化主题作品创作思路

莞城中心幼儿园在进行STEAM＋非遗文化主题作品创作时采用教师先行研讨、教师组织孩子进行调研、孩子作品创作路径。

1. 教师研讨

在教师研讨环节中，由教师们共同讨论东莞非遗文化有哪些？哪些非遗文化可以和STEAM教育相融合？然后按照提出问题—寻找方法—设计方案—作品创作的思路进行作品的创作。

①提出问题

提起东莞非遗文化，你们首先想到的问题可能是：

A. 东莞非遗文化有哪些：醒狮、龙舟、麒麟……

B. 东莞的哪些非遗文化可以和STEAM相结合？

②寻找解决方案

如何制作可以动起来的醒狮、龙舟、麒麟等？

思考：

A. 何种创作形式？（3D打印、木工、折纸……）

B. 达到什么功能？（可以模拟真实醒狮、龙舟、麒麟等非遗文化动起来……）

C. 动力来源的选择（机械能、电能、太阳能、风能……）

D. 材料的选择（环保、轻便、耐摔……）

③设计方案

提出问题	艺术形式选择	要达到什么功能	动力来源
如何制作一个可以动起来的醒狮表演舞台	3D打印 木工 折纸 ……	可以模拟真实醒狮进行表演	机械能 太阳能 风能 ……

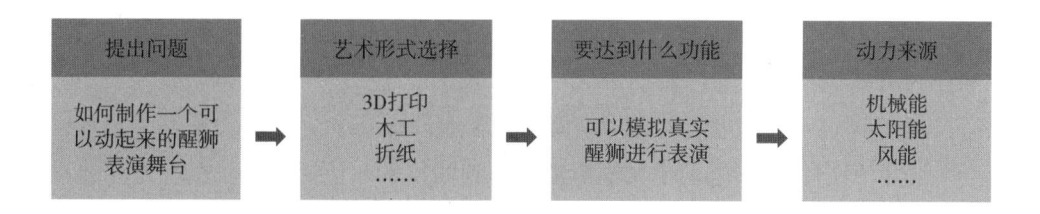

④作品创作

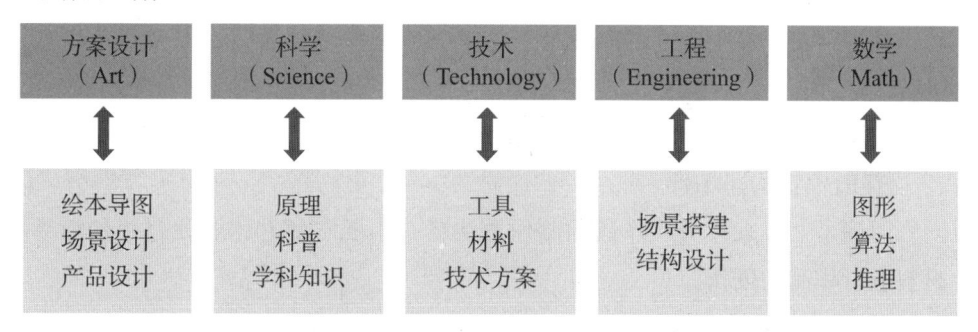

方案设计（Art）	科学（Science）	技术（Technology）	工程（Engineering）	数学（Math）
绘本导图 场景设计 产品设计	原理 科普 学科知识	工具 材料 技术方案	场景搭建 结构设计	图形 算法 推理

如何利用上述所提到的提出问题、解决思路、创作方案、构建场景进行非遗文化＋STEAM融合作品的创作呢？下面将以一节"粤来粤爽"为例说明。

STEP 1：提出问题

幼儿园准备进行粤剧表演，但是现在是夏天，小朋友穿上厚重的粤剧服装后都热得直流汗，有没有什么办法可以让粤剧服装更轻更凉快呢？

STEP 2：解决思路

明确了需要解决的问题后，老师便开始引导孩子寻找解决该问题的方法，孩子们开动脑筋，纷纷提出自己的办法，如：

方法一：让制作粤剧服装的布料变得更轻便；

方法二：在粤剧服装里面装一个微型小风扇；

方法三：将冰宝宝贴在粤剧服装内。

最后大家一致决定，采用在粤剧服装里装一个微型小风扇来使得粤剧服装更凉快，解决孩子们身穿厚重粤剧服装在夏天表演，热得满身汗的问题。

STEP 3：创作方案

明确了解决思路后，接下来孩子们便在老师的带领下利用 STEAM 跨学科学习方式进行场景的构建。

科学（S）：利用电能转化为动能的科学原理；

技术（T）：制作电动小风扇所需要用到的技术，包括剪刀、螺丝刀套装、木工工具、3D 打印等技术；

工程（E）：构建微型风扇所涉及到的空间方位、结构构造等问题；

艺术（A）：采用 3D 打印技术、黏土、绘画等多样的艺术形式对小风扇进行装饰；

数学（M）：风力大小、电池节数等数学思维。

STEP 4：构建场景

明确了"粤来粤爽"作品的制作方法后，小朋友便开始寻找身边的简易材料进行作品的创作。

2. 教师组织孩子进行调研

为了加强孩子对东莞非遗文化的了解，更好地掌握 STEAM 教育＋东莞非遗文化创作的技巧，莞城中心幼儿园采取多种方式，将非遗文化的学习渗透到孩子一日生活的各个环节之中。例如阅读有关东莞非遗文化的图书，在户外活动时开展与东莞非遗文化有关的民间游戏，通过谈话方式让孩子说一说自己都知道的东莞非遗文化等。

3. 孩子作品创作

调研结束后,由老师带领孩子根据调研搜集到的资料,从中选择一个主题,利用 STEAM 跨学科学习方式进行作品的创作。

案例四　西安航天幼儿园"STEAM＋航天科技"课题研究[①]

西安航天幼儿园立足航天科技,以科学探究为抓手,秉承"在生活中探究、在探究中实践、在实践中发展"的课程理念,通过育人环境的创设、社区科技资源的开发、科学教育形式的创新,为幼儿提供涵盖航天探秘、自然种植、科学实验、科技发明、乐高拼搭、STEAM 等多元化的课程内容,不断凸显航天科学教育特色,逐步构建富有航天特色的办园课程体系。

(一)什么是航天科技

航空航天科学技术是指兼有航空和航天特点的工程技术学。航空是指一切与天空有关的人类活动,譬如飞行,这些活动亦包括与天空有关的组织,如飞机制造、发展和设计等。航天又称空间飞行或宇宙航行。航天泛指航天器在太空以及地球大气层以外(包括太阳系内)的航行活动,航天可分为载人航天和不载人航天两大类。

(二)开展"航天科学课程与 STEAM 教育相结合"课题研究的契机

好奇心是人类的本能,航天幼儿园坚持把每一个孩子都当做科学家来看待,把培养科学探究能力作为教育的核心,随着 STEAM 教育被幼教行业所熟知,幼儿教育似乎打开了一扇门。为了激发幼儿对航天科技探索的兴趣和热情,从小在心中种下一颗创新的种子,航天幼儿园基于航天科学园所特色,开展了"航天科学课程与 STEAM 教育相结合"课题研究,希望能够通过课题的开展,更新园所教师的教育观念,让孩子接受更多优质的国际化教育内容。

(三)课题开展的总体思路

幼儿园在开展课题时采用了"专题研讨、教师先行"的方式,提高园所

[①] 本案例由西安航天幼儿园提供。

老师在进行"航天科学课程与 STEAM 教育相结合"课题时的教研能力，为本课题的顺利实施提供重要的师资保障。

在课题开展前期，园所邀请儿童创新教育专家叶生入园组织教师进行 STEAM 专题研讨。在专题研讨环节，教师运用所学的 STEAM 教学模型以及 STEAM 分析四步法对火箭、飞船、单车三种航天科技主题进行讨论、分析、思考，提出了一个个富有创意的方案，并用思维导图将作品的设计思路、设计目标、模型构建等描绘出来，包括了《月球单车》《一飞冲天》《飞船历险记》等创意作品。通过专家培训及研讨，教师初步掌握了航天科学课程与 STEAM 相结合的方法和途径，为接下来的课题开展积累了重要的理论基础和实践技能。

会后，教师借助各种工具和材料将研讨会上创作的作品制作出来，检验此学习方法的可行性。然后再由教师组织孩子进行学习，带领孩子进行"航天科学课程与 STEAM 教育相结合"的作品创作，老师与孩子一起讨论，一起动手，借助各种工具、科技材料，帮助孩子把天马行空的想法落地，将一件件航天科学作品变为现实。

（四）航天科技＋STEAM 作品创作途径

航天幼儿园进行航天科技＋STEAM 作品创作时采用 PBL 问题式学习方法，沿用提出问题、解决思路、创作方案、构建场景四步法。

一节航天科技＋STEAM 的案例分析（火箭）：

火箭是靠火箭发动机喷射工质产生的反作用力向前推进的飞行器。它自身携带全部推进剂，不依赖外界工质产生推力，可以在稠密大气层内飞行，也可以在稠密大气层外飞行，是实现航天飞行的运载工具。那么幼儿园的小朋友怎么利用 STEAM 跨学科的学习方式创作一个能飞起来的火箭作品呢？

STEP 1：提出问题

如何让火箭飞起来？如何让火箭飞得更高？

STEP 2：解决思路

方法一：利用橡皮弹力让火箭飞起来；

方法二：利用电机让火箭飞起来；

方法三：利用拉线让火箭飞起来。

STEP 3：创作方案

利用科学、技术、工程、艺术、数学等 STEAM 跨学科学习方式创作一个利用橡皮筋弹力飞起来的火箭作品。

科学（S）：利用弹性势能转化为动能的原理；

技术（T）：制作火箭模型需要用到的工具；

工程（E）：构建火箭模型的工程结构；

艺术（A）：采用 3D 打印技术、折纸、绘画等艺术形式进行火箭模型的 DIY；

数学（M）：计算火箭的高度、宽度等数据。

STEP 4：构建场景

确定火箭的创作方案后，接下来便是寻找身边的环保、简易材料等进行作品的创作。

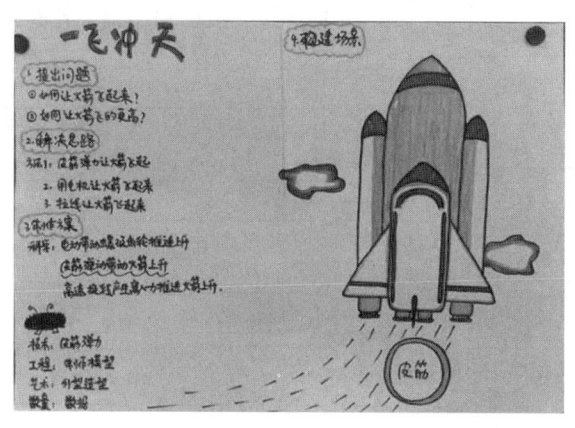

第五节　幼儿园 STEAM 教育的常规教学模式

目前依然有部分人认为幼儿园的老师并不具备开展 STEAM 教学的能力，以及幼儿园没有充足的环境来支撑 STEAM 的学习。其实这种想法是片面的。我们不能将 STEAM 教育复杂化，还没有开始尝试就已经打退堂鼓。在幼儿园开展与 STEAM 教育相关活动的机会比比皆是，老师可以将 STEAM 教育融入常规的教学活动中。

例如滑梯游戏＋STEAM。幼儿园孩子们很喜欢的玩滑梯游戏。在玩滑梯的时候，孩子们关注的是滑滑梯给他们带来的刺激感和乐趣，并不会思考影响滑行速度的原因。这时老师就可以引导孩子思考，怎样才能让滑梯滑起来更快呢？需要加什么道具呢？孩子们便会带着问题去思考，利用身边的材料去探索如何才能滑得更快的方法。如在滑梯上放沙子，穿不同布料的衣服滑行等等。经过试验，孩子们会发现当在滑梯上加入沙子后，滑行的速度会比原来的慢；穿粗糙布料衣服比穿柔软细滑的衣服滑行的速度慢。通过对比，孩子们探究出物体表面光滑程度影响摩擦力大小的科学原理。掌握了这个科学原理后，老师就可以进一步引导孩子怎样才能制作出一个尽可能滑得快的滑梯出来，孩子就会自己带着这个问题去思考，然后寻找可以解决问题的材

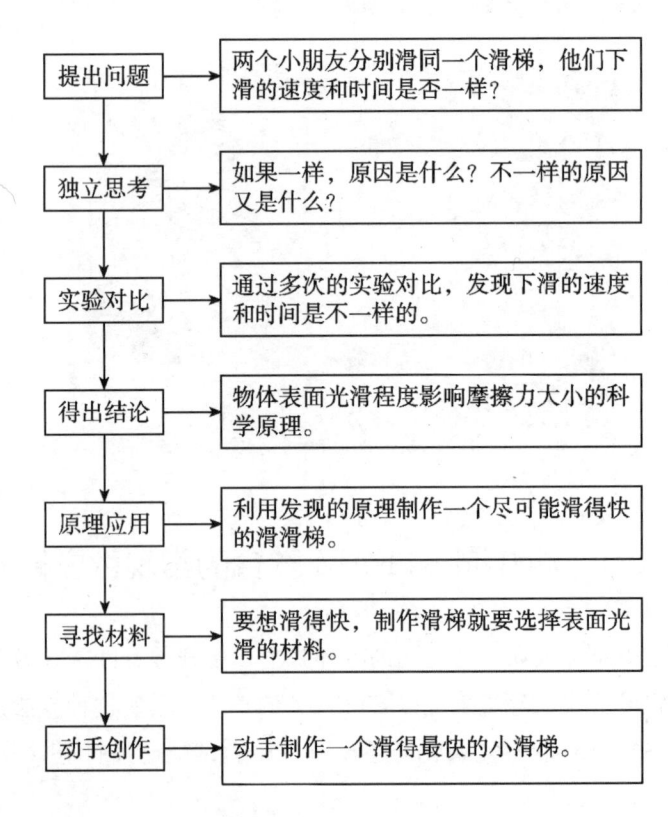

提出问题	两个小朋友分别滑同一个滑梯，他们下滑的速度和时间是否一样？
独立思考	如果一样，原因是什么？不一样的原因又是什么？
实验对比	通过多次的实验对比，发现下滑的速度和时间是不一样的。
得出结论	物体表面光滑程度影响摩擦力大小的科学原理。
原理应用	利用发现的原理制作一个尽可能滑得快的滑滑梯。
寻找材料	要想滑得快，制作滑梯就要选择表面光滑的材料。
动手创作	动手制作一个滑得最快的小滑梯。

料（要想滑得快，制作滑梯就要尽可能选择表面光滑的材料），从而自己动手制作一个滑得最快的小滑梯出来游戏。这便是一节简单的 STEAM 课程了，同时也可以充分地激发孩子对科学探索的兴趣和热情，加强对 STEAM 课程的理解和思考。

相信很多幼儿园老师听到工程这个学科时估计都会吓一跳，感觉自己都没搞懂工程是什么，又怎么去教孩子呢？当然老师有这种想法也是可以理解的，因为工程在我国学前教育并不是必学课程，很多幼儿园教师都没接触过。实际上 STEAM 里面的"E"并没有大家想象中的那么复杂，在幼儿园的日常活动中有很多可以让幼儿学习工程思维的机会。例如，幼儿很喜欢的积木活动就是一堂很好的工程课堂。搭积木可以让数学、科学和工程有机整合在一起。在幼儿搭建积木的时候，老师就可以将其和工程师所做的事情联系起来。比如说在一节搭建房子的积木课上，老师就可以引导孩子运用 STEAM 学习方式去思考如何搭建一座既稳固又美观的房子。孩子需要思考什么形状的房子是最稳固的，这涉及的就是科学方面的知识。而在搭建的过程中，积木与积木是如何嵌合的，哪种形状的积木可以嵌合在一起，这涉及的是工程构建方面的知识。此外，在搭建房子的时候，孩子们需要考虑什么样造型的房子看起来会更美观大方，这其中涉及的便是艺术方面的知识了。此外，在积木

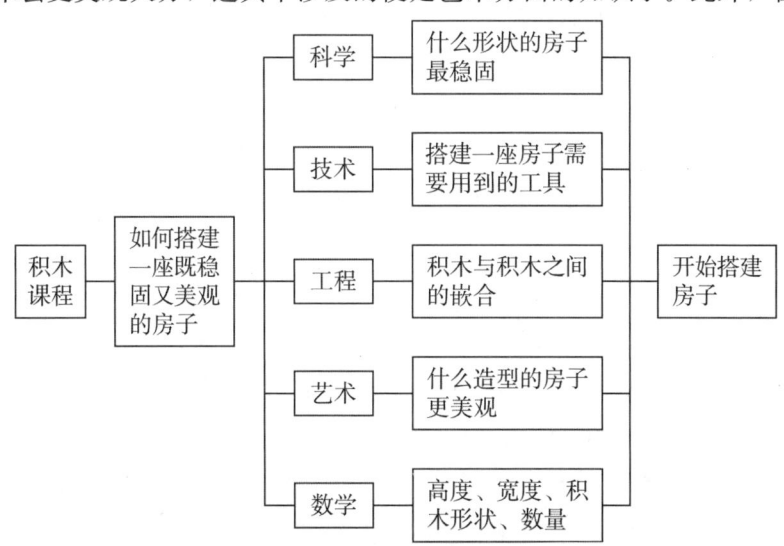

搭建的时候肯定避免不了很多数学方面的知识，如搭建一座房子需要用到的积木数量，这座房子预想是多高多宽、积木与积木之间的形状有什么不一样，这涉及的都是数学学科的知识。上面涉及的种种科学知识，都是一节常见的积木搭建课程可以学习到的。

当孩子想要搭建一座桥时，老师可以引导孩子思考，当工程师想要在河的中间搭建一座能够供大车也能驶过的桥梁需要考虑什么问题，是不是需要考虑桥面的承受力、宽度等，那么怎样的构造才能使桥梁的承重力达到最大呢。在这个过程中孩子就可以像工程师一样去思考问题。

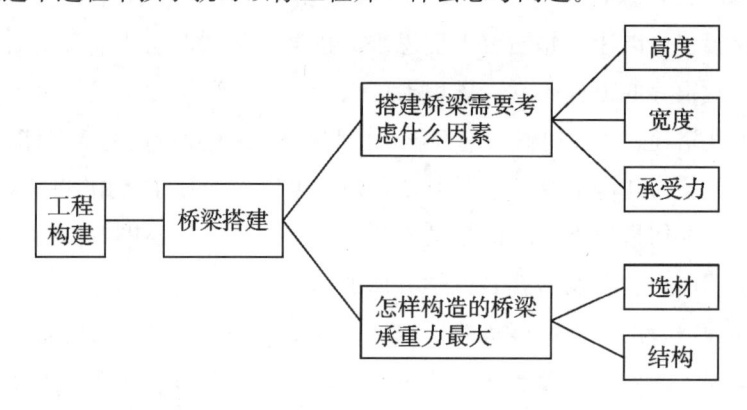

```
工程构建 ── 桥梁搭建 ┬── 搭建桥梁需要考虑什么因素 ┬── 高度
                    │                            ├── 宽度
                    │                            └── 承受力
                    └── 怎样构造的桥梁承重力最大 ┬── 选材
                                                 └── 结构
```

所以只要老师能够抓住机会，幼儿园里的很多区角活动或是户外探索都是可以和工程构建联系起来的，关键在于老师有没有这个意识去抓住这些机会。

第六节　幼儿园实施 STEAM 教育的途径

STEAM 教育在幼儿园的实施途径多种多样。根据孩教圈的经验，幼儿园可以通过开展 STEAM 创客课程、打造 STEAM 空间、打造 STEAM 科学区角、举办 STEAM 科技节、举办 STEAM 创客比赛、设立 STEAM 课题等途径来实施 STEAM 教育。这几种实施途径之间存在着相辅相成的关系，每种方式又可以细分为不同的主题和形式，幼儿园可采用几种方式结合的形式开展 STEAM 教育的教学。

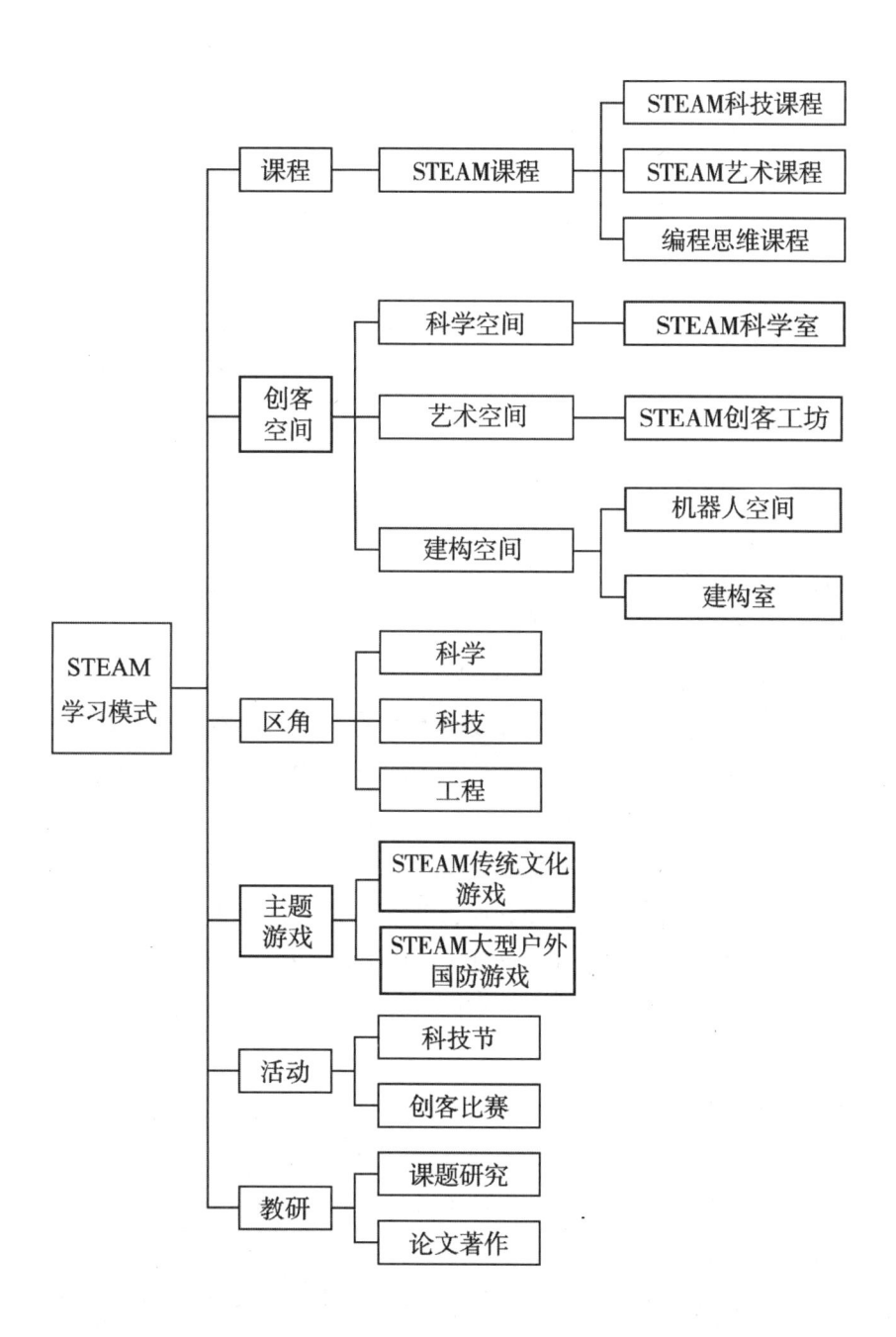

```
                                    ┌─ STEAM科技课程
                    ┌─ STEAM课程 ────┼─ STEAM艺术课程
         ┌─ 课程 ───┘                └─ 编程思维课程
         │
         │                ┌─ 科学空间 ── STEAM科学室
         │                │
         ├─ 创客空间 ─────┼─ 艺术空间 ── STEAM创客工坊
         │                │                ┌─ 机器人空间
STEAM    │                └─ 建构空间 ─────┤
学习模式 ┤                                 └─ 建构室
         │              ┌─ 科学
         ├─ 区角 ───────┼─ 科技
         │              └─ 工程
         │              ┌─ STEAM传统文化游戏
         ├─ 主题游戏 ───┤
         │              └─ STEAM大型户外国防游戏
         │           ┌─ 科技节
         ├─ 活动 ────┤
         │           └─ 创客比赛
         │           ┌─ 课题研究
         └─ 教研 ────┤
                     └─ 论文著作
```

第四章　幼儿园 STEAM 课程

第一节　什么是幼儿园 STEAM 课程

STEAM 课程是幼儿园实施 STEAM 教育常用的方法，也是简单高效的方式之一。STEAM 课程通过简单有趣的 STEAM 活动，引导孩子在游戏中自主探索，寻求解决问题的方案，从而掌握知识原理，激发科学探索的兴趣和欲望，同时培养良好的创新思维、科技素养和问题解决能力等。

综合 STEAM 教育理念的特征，我们认为适合幼儿园开展的 STEAM 课程应要满足跨学科教学（两个以上的学科融合）、PBL 问题式教学、项目式教学等条件。此外，幼儿园 STEAM 课程教学方式应以趣味性和游戏化为主，通过游戏的方式将复杂的科学原理简单化生活化，使其符合 3—6 岁儿童的学习特征。下面我们以案例篇中的《回形针收纳器》一课来说明。

在《回形针收纳器》中，老师提出问题："不小心把回形针洒到地上，请小朋友们思考一下用什么办法可以最快地将它们全部收集起来？"提出问题后，孩子开始建立项目：如何解决最快将回形针收集起来的问题。明确项目后，孩子们开始尝试不同的方法收集回形针。通过对比，孩子们发现用磁铁来吸回形针相对来说更为方便和快速。老师接着又启发孩子："那我们能不能利用磁铁制作一个收纳器，更好地收集回形针呢？"于是孩子们开始发挥想象力进行回形针收纳器的创作。考虑到取材方便、操作简单、造型美观大方等情况，孩子们经过几次的反复操作对比后，选择了用黏土和纸等生活材料来创作回形针收纳器。在这个过程中，教师引导孩子通过思考问题、动手实践、解决问题、创作作品的路径，最后创作了一个回形针收纳器，解决了教师最开始提出的问题。孩子不仅在体验快速收集回形针的趣味游戏中掌握磁铁具有吸附铁制品的科学原理，同时还掌握了科学和艺术融合的跨科学知识。

随着STEAM教育在国内的逐渐普及，已延伸出多种不同种类的STEAM课程，现适合幼儿园开展STEAM课程的类别有STEAM科技课程、STEAM艺术课程、儿童编程课程、儿童机器人课程、儿童积木课程、儿童科学小实验课程等。

第二节　STEAM课程和其他课程的区别

一、STEAM课程和传统科学课程的区别

STEAM教育不应是科学、技术、工程、艺术、数学五个学科的简单相加，而是这五个学科有机整合、融于一体的教育。但是不论是国外还是国内，很多人都对此存在一定的误解，将传统科学课等同于STEAM课程，这种理解是有偏颇的，传统科学课和STEAM课程有着非常明显的区别。科学课程更多的是强调科学探索，以科普知识和科学小实验为主，缺乏创作创新的过程。课堂以老师为主，老师讲解其中的知识点，孩子跟着老师的思路一起体验，缺乏自主动手创作的机会。而STEAM课程则是强调跨学科的学习，培养孩子的创新思维，强调孩子亲自动手、创造能力的培养以及孩子天性的释放，它是以孩子为核心的，尽可能地为孩子提供足够多的探索机会，老师在课堂中主要起到引导作用。

传统科学课和STEAM课程的区别

传统科学课	STEAM课程
强调科学探索	强调跨学科的学习
以科普知识和科学小实验为主	以科学、工程等学科相融合
缺乏创作动手的过程	以培养孩子的创新思维为目标
学生按照老师的思路为主	强调孩子亲自动手、创造能力的培养以及孩子天性的释放
孩子缺乏思考的过程	为孩子提供足够的探索机会，老师主要起引导作用

毋庸置疑，STEAM教育是以孩子为核心的。可能这样说听起来会有点抽象，但通过下面的这个例子，大家应该就很容易理解了。很多老师都上过空气主题的科学实验课，但是一般空气主题科学课的开展都是以空气在哪里、空气有什么特点或是空气有什么作用等为目标的，开展的形式也大多是图片、视频、游戏和小实验等，通过学习，孩子学习的知识点仍停留在呼吸需要空气、燃烧需要空气、植物生长需要空气等科普知识的层面，在整个过程中孩子缺乏思考和动手创作的机会。但STEAM课程不同，它会在课堂正式开始前就抛出问题，引导孩子如何创作一个与空气相关的作品，如可以应用到空气压强、空气流速、空气流速与压强的关系等科技知识。开展的形式更是多种多样的，可以是生活实例、自主创作、操作游戏、原理实践等。在STEAM的学习课堂上，孩子在老师的引导下，可能会创作出一个利用空气压强喷射的水枪，并通过游戏的开展，孩子们了解了空气压强在生活中的应用，如针筒注射、打气筒等都是应用了空气压强的原理。通过STEAM课程的学习，孩子有自己的思考，加上材料的收集整理，再经过自己动手创作，是真的有一个实实在在的作品创作出来的，而不再是停留在科普知识的阶段。这就是传统科学课和STEAM课程的最大区别，两种不同的教学模式，孩子学习到的知识，培养的能力也是大有不同的。

空气主题课程的两种教学模式

	传统科学课	STEAM课程
目标	以空气在哪里、空气有什么特点作用等为目标	如何创作与空气相关的作品
形式	图片、视频、讨论、小实验	生活实例、自主创作、操作游戏、原理实践、生活延伸
活动知识	空气的特点、作用	空气压强、空气流速、流速与压强的关系
学习成果	掌握空气相关知识	喷射水枪、浮动球、空气炮

在这里我还想给大家分享在一本美国科学书上看到的一节有关幼儿园

STEAM学习的课程。这节课的主题是如何利用手上的材料搭建出一座能够承受最大重量的纸桥。在课堂上，老师给孩子们提供了几张白纸、几根吸管、几张硬纸片，要求孩子们利用现有材料搭建出一座承受重量最大的桥。乍一看这似乎是一个不太可能完成的任务，那么薄的纸再加上并不是那么稳固的吸管能承受得了什么重量呢？在课堂上，老师不断地提出问题引导孩子独立思考，自主想出解决方案。比如老师一开始就提问孩子平时看到的桥一般都会有什么？桥当然是有桥面、桥墩、栏杆，那么对承受重量起直接作用的部分是桥墩，于是孩子们就开始把重点放在如何搭建桥墩上。有的小朋友把纸揉成团，有小朋友把纸卷成圆柱形，令人惊讶的是还有的孩子把纸折成了三角形，这对于我们大人来说可能并不稀奇，因为我们都知道三角形具有稳定性，但对于小朋友来说，他们这一举动完全是源于直觉，是在动手中摸索出的方法。后来甚至有的小朋友提出可以把吸管固定在三角形上，说这样桥墩会更加坚固。

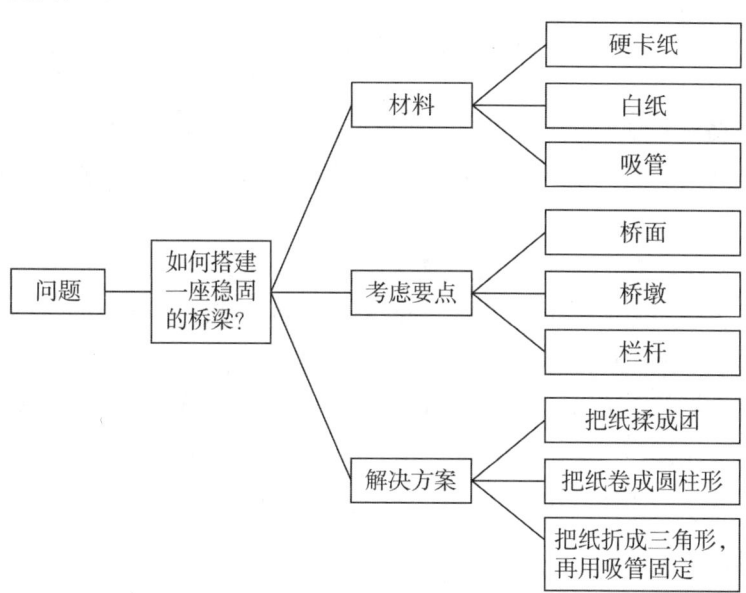

```
                              ┌─ 硬卡纸
                      ┌─ 材料 ─┼─ 白纸
                      │        └─ 吸管
                      │
                      │        ┌─ 桥面
  问题 ─ 如何搭建 ─────┼─ 考虑要点 ─┼─ 桥墩
         一座稳固      │        └─ 栏杆
         的桥梁？      │
                      │        ┌─ 把纸揉成团
                      └─ 解决方案 ─┼─ 把纸卷成圆柱形
                               └─ 把纸折成三角形，
                                  再用吸管固定
```

这是令人印象深刻的一节课，因为它与我们传统科学课是完全不同的。在传统科学课上，我们的关注点大多都是停留在哪个物质与哪个物质发生了什么化学反应，产生了什么现象上。在这个过程中我们是完全跟着老师的操作步骤走的，老师操作到哪一步，我们的思路便跟着到哪一步，孩子缺乏自己的思考和想法。换句话说，也就是传统科学教育太过注重"形"（知识、公式、计算），而少了"神"（科学的精神、科学的思维和方法）；我们只是重视数理化学科里的具体知识，但是科学本质上是什么，其实我们从来没有关注过。而STEAM课堂则是鼓励孩子独立思考，自主探索，自己提出解决问题的方案，注重创造力以及综合能力的提升，这正是我们传统科学课所欠缺的。

二、STEAM课程和安吉游戏的异同

很多老师或许对STEAM教育不是很熟悉，理解不够透彻，但是很多老师对国内的安吉游戏[①]很熟悉，为了帮助大家更好地理解STEAM教育，我们将STEAM教育和安吉游戏进行对比。STEAM教育跟安吉游戏并不是关联性很强，它们从不同角度培养孩子的能力与知识，有一些很相似的地方，也有不同之处。

首先来说一说两者之间相似的地方。我们都知道，安吉游戏之所以能够在不同层次的幼儿园都能实施，主要原因之一是在于它选材的方便性和生活化，游戏材料来源于自然。不管是在城市的幼儿园还是在农村的幼儿园，不管选材是高大上的，还是生活化、接地气的，只要它能玩。即使是简单的一根木头、一根竹子又或是一块石头，它都可以拿来进行游戏。这一点和STEAM教育有着异曲同工之妙。我们所强调的在幼儿园开展的STEAM教育的选材也是来源于生活，以环保和简易的材料为主，同时还可以结合黏土、折纸、美术等多元材料进行创作。选材来源于生活的最大好处就是它可以随时融入到我们幼儿园的日常教学活动中，方便简单，不用特意去买材料。

安吉游戏还有一个最大特点就是强调以孩子为中心，真正实现把游戏的权利还给孩子，让孩子在自然的环境中成长。老师只需要为孩子提供一个创作的环境即可，在这个创作过程中，孩子是主角，老师只是一个旁观者，老师只需要在孩子遇到无法解决的问题时去加以引导，带领孩子找到突破口即

[①] "安吉游戏"是浙江安吉县针对幼儿园游戏教育的简称，是一场以"让游戏点亮儿童的生活"为信念的游戏革命。其本质就是指户外的以运动为特征的综合性游戏。

可，最终还是要孩子自己去解决问题，而不是老师代劳。STEAM教育也是如此，在前面我们已经强调过STEAM教育是以孩子为主的，强调的是孩子天性的释放，老师只需要为他们创作一个模拟的环境和抛出问题即可。孩子根据老师提出的问题去思考、去探索、去提出解决问题的方案，在整个过程中都是以孩子为导向的，老师起到的只是辅助引导作用。

当然我们并不能将STEAM教育简单地等同于安吉游戏，两者还是有很大区别的。例如安吉游戏并不强调跨学科的学习，它强调的是以孩子自主游戏为主，着重培养的是孩子的自主探索能力、运动能力和在游戏中体会到的快乐，在游戏的过程中并不会特别强调科学、技术、工程等技术性学习，也不会强调不同学科的融合。而STEAM教育强调的是跨学科学习，主要以科学、技术、工程等技术性学习为主，着重培养的是孩子的创新能力、动手能力、解决问题能力以及科技素养等。

STEAM课程和安吉游戏的异同

	安吉游戏	STEAM课程
相同之处	选材方便性和生活化，材料来源于自然	
	强调以孩子为中心，老师主要起引导作用	
不同之处	不强调跨学科的学习	强调跨学科的学习
	以孩子自主游戏为主	以孩子自主创作为主
	着重培养的是孩子的自主探索能力、运动能力等	着重培养孩子的创新能力、动手能力、解决问题能力以及科技素养等
	不特别强调科学、技术、工程等技术性的学习	强调科学、技术、工程等技术性学习

第三节 幼儿园STEAM科技课程

一、什么是幼儿园STEAM科技课程

幼儿园STEAM科技课程是实现STEAM教育理念和教育目标的主要载

体。它是指以科技为基础，为 3—6 岁儿童开发的 STEAM 科技课程。课程的设计基于 STEAM 教育理念，以培养 3—6 岁儿童创造力为核心，将科学、技术、工程、数学、艺术等学科有机融合，实现跨学科的学习模式。STEAM 科技课程的开发要依据国家标准，围绕核心素养展开，一方面要符合国家和地方的科学课程标准，另一方面要涵盖 STEAM 教育涉及的两个以上科目，然后根据 3—6 岁幼儿的学习水平、心理特征、动手能力等特点构建适合其学习的 STEAM 教学内容。

市场上不同品牌的幼儿园 STEAM 科技课程侧重点不同，有的以科学小实验为主，有的以手工操作为主，有的以科技创作为主……下面以孩教圈 STEAM 科技课程为例，说明以科技创作为主的 STEAM 科技课程是怎么设计的。

孩教圈 STEAM 科技课程是基于 STEAM 教育理念，以科技创作为主的 STEAM 科技课程。课程涵盖了机械工程、古代科技、尖端科技、光学探究、小机器人等十几个主题，每节课分为故事、原理、操作、游戏、延伸等五大教学环节，同时根据 3—6 岁儿童喜欢游戏和玩具的心理特征将所有教具设计成科技玩具，让孩子在游戏中提高创新思维和工程思维。此外，孩子每节课都可以带一个科技作品回家和爸爸妈妈分享课程的学习内容和知识点，让学习成果能够看得见。

二、课程设计原则

孩教圈 STEAM 科技课程根据 3—6 岁幼儿的实际情况，在设计课程时遵循了课程体系分龄化、教学教具玩具化、课堂形式游戏化、编写教学资源系统化等四大原则。

课程体系分龄化：幼儿园每个年龄段孩子的心理特征和学习特点、能力都不同，所以孩教圈 STEAM 科技课程在设计课程时根据 3—6 岁孩子的年龄特征，将课程分为小班、中班、大班 3 个阶段，设计阶梯化的课程，每个阶段设置相应难度的学习内容，使得每个阶段的小朋友都能够适应 STEAM 科技课程的教学内容和方法。

教学教具玩具化：传统的科技教具对幼儿园阶段的孩子吸引力低，他们难以理解枯燥繁杂的科技原理。所以 STEAM 科技课程要适应幼儿园阶段孩子学习，将 STEAM 教育的学习内容低龄化、趣味化，将其调整为适合幼儿园孩子学习的内容。孩教圈 STEAM 科技课程根据小朋友喜欢玩具的特点，将教学教具设计成孩子喜闻乐见的玩具模型，可以更有效激发孩子对科学探索的兴趣，让孩子们在一个个"科技＋玩具"的趣味活动中潜移默化地掌握科技原理。例如在一节"不碰就会跑的小车"中将磁铁的学习设计成一辆孩子们都非常喜欢的磁力小车，通过 2—3 个有关磁力小车的实践游戏让孩子学习有关磁铁的相关知识，而不是简单普及磁铁知识。在游戏时，孩子们利用装有磁铁的手柄去靠近同样装有磁铁的车身时，小车就会一直往前走。新奇有趣的玩法更容易激发孩子探索学习的兴趣，通过游戏更能让孩子直观真实地感知磁铁具有同性相斥、异性相吸的特征，并在游戏中加强这一原理的印象和理解。

课堂形式游戏化：STEAM 科技课程采用游戏化的学习方式可以有效地增加学习趣味性，更容易激发孩子的学习热情。根据这一原则，孩教圈 STEAM 科技课程采用了经典历史故事导入、科技实践操作、互动游戏、知识延伸等趣味性十足的内容，让课堂变得更加轻松有趣，孩子学习的专注力也更集中。

编写教学资源系统化：老师上课 PPT、上课教案、学生用书等资料，都应基于该年龄段幼儿的心理特征和学习能力，依据孩子现有的学科知识和技能，融入 STEAM 的教学理念，针对 3—6 岁幼儿 STEAM 科技课程所设计的融合科学的知识、技能、方法、创新能力，并融入科学、科技、工程、数学、艺术等跨学科学习的综合科技课程特点，适合幼儿园阶段孩子学习。孩教圈 STEAM 科技课程根据这一设计原则为幼儿园提供上课教案、上课 PPT、教学视频、教学动画片等详细的教学资源，帮助老师快速掌握 STEAM 科技课程的教学技巧和教学方法，减少老师编写教案、找资料、备课压力。

三、实施环节

STEAM 科技课程的实施应包含导入、创作、实践、原理、延伸五大环节，所以一节完整的 STEAM 科技课程应具备五大环节。孩教圈 STEAM 科技课程每节课都按照这五大环节开展。

导入：激发孩子学习 STEAM 科技课程的兴趣，使得他们能够迅速投入课程的学习中。孩教圈 STEAM 科技课程采用了谈话、故事、儿歌、猜谜等丰富多样的导入方式，激发孩子的学习兴趣和探究欲望。

创作：STEAM 科技课程的核心在于动手创作，旨在通过创作激发孩子的创新思维和培养动手能力。所以在 STEAM 科技课程中，创作是不可缺少的环节。因此孩教圈 STEAM 科技课程在每节课中都为孩子提供一个科技作品创作，让孩子进行动手操作、拼接，在动手中主动发现和了解科学原理。

实践：STEAM 科技课程的实践环节应设置趣味的游戏活动来训练孩子的各项核心能力，帮助孩子提升学习的效率和养成良好的学习习惯，同时学会运用所学的科学知识解决生活中遇到的问题。孩教圈 STEAM 科技课程每节课都会设置丰富的实践活动，让孩子利用自己创作的科技作品进行游戏实践，加强对本节课知识点的了解和吸收。

原理：STEAM 科技课程每节课学习一个科学原理。通过有趣易懂的原理科普，可以推动孩子进一步掌握科技原理，提升知识的整合能力，为孩子日后学习生物、化学、物理等理科学科打下良好的基础。所以孩教圈 STEAM 科技课程每个教具都有一个对应的科技原理，让孩子在趣味性的游戏活动中加强对科技原理的理解。

延伸：课后原理的延伸应用是 STEAM 科技课程的重要环节之一。通过充分有效的课后延伸内容，可以让孩子将所学的原理和知识点沿用到日常的生活中，拓宽孩子眼界和知识面，挖掘更多潜在能力，提升综合素养。如孩教圈 STEAM 科技课程在设计"奇妙的浮动球"课程时，不仅让孩子们通过有趣的科技活动学习掌握浮动球是利用了伯努利的科技原理，同时通过课后延伸，还了解了我们生活中常见的地铁门前面的黄色划线也是应用了伯努利的科技原理。

孩教圈 STEAM 科技课程都是和物理、化学、生物、地理等学科紧密联系的，孩子在玩的过程中，也是一个观察、探索的过程，可以很好培养孩子乐于探索的精神和科学思维。有了这种良好的科学思维作为基础，等上了中学后开始学习物理、化学、生物等学科,对知识的理解和接受就会更容易了。

幼儿园通过STEAM科技课程的开展,一方面可以有效提高老师的STEAM素养,另一方面孩子通过课程的学习可以有效培养良好的创新思维、动手能力、问题解决能力、科技素养、观察能力、逻辑思维能力等全方位能力。此外,通过STEAM科技课程的学习,孩子每节课课后都可以带一个科技作品回家和爸爸妈妈一起互动学习,可以将在课堂上所学的知识点延伸到生活应用中,提高孩子学会应用所学的科学知识解决生活中的问题的能力。

四、STEAM科技课程评价表

STEAM科技课程评价表主要从科学启蒙、动手能力、专注能力、逻辑思考、创新想象、团队协作六大维度进行评价,每个维度分为ABCD四个不同等级,授课老师根据孩子的课堂表现进行打分,通过学期初和学期末的对比可以看出孩子在课程上的能力变化。

序号	评价项目 \ 评价等级	A	B	C	D	学期初	学期末
1	科学启蒙	能理解原理;能将原理与生活联系起来。	能较好地理解原理;在引导下,知道科学原理在生活中的应用。	在老师引导下,愿意学习原理、故事等;会跟随老师感知原理的应用。	不理解科学原理,或者不理解学习原理、故事。		
2	动手能力	操作兴趣浓厚,喜欢拼接教具,能自主完成拧螺丝、接电线等精细动作。	愿意自己动手拼接教具,在帮助下能完成拧螺丝等动作,有较强的拼接能力。	在老师的帮助下,能坚持完成教具的拼接,能完成撕双面胶、拼接等动作。	需要帮助才能完成拼接,操作能力差;或不愿意自己动手拼接。		

续表

序号	评价等级 评价项目	A	B	C	D	学期初	学期末
3	专注能力	精神集中，遵守纪律，能按要求完成老师布置的任务，不易受干扰。	能专注于操作，受干扰能较快回神；能坚持完成任务。	在鼓励下，能根据要求完成拼接，但容易被干扰，操作专注时间较短。	容易走神，小动作较多，容易离开位置，操作专注力时间短。		
4	逻辑思考	回答问题语言具有较强逻辑性、关联性、条理性；积极、独立思考问题，会主动思考解决问题的方法。	回答问题的语言具有一定的条理性；能思考解决方法。	在回答复杂的开放性问题时，语言的条理性和逻辑性不强；但会主动参考别人的方法解决问题。	能回答简单的、基础的问题，语言的条理性弱；不能独立解决问题。		
5	创新想象	能够大胆、独立创作，常有新的想法、思路；能打破常规，具有独特的创新力。	在帮助下，能够自主创作，能创想不同的思路；具有一定的创新想象能力。	创作时，偶尔会有不一样的创新想法，创新能力一般。	不愿意发挥想象和创作，或只能复制别人的创作，创新想象力差。		

74

续表

序号	评价等级 评价项目	A	B	C	D	学期初	学期末
6	团队协作	积极、主动寻求同伴合作；有一定的合作技巧和方法，主动分配任务、承担任务，具有较强的团队合作精神。	面对同伴邀请，愿意与同伴合作，能承担自己负责的任务，并完成任务，团队精神强。	在老师的引导和鼓励下，能够与同伴一起完成合作任务，能坚持完成自己的任务，不容易脱离团队。	在要求下与同伴合作，不能完成自己的任务，或很容易脱离团队合作。		
	总结				授课教师： 日期：		

第四节　幼儿园 STEAM 艺术课程

一、什么是 STEAM 艺术课程

幼儿园 STEAM 艺术课程，也可以称为 STEAM 艺术创客课程。目前艺术创客还是一个概念，不仅在中国没有成熟的艺术创客内容，在国际上也没有艺术创客的特别定义和成熟的体系，针对幼儿园的艺术创客课程就更少了。我们理解的艺术创客，它是创客的一个细分，是在创客的基础上侧重艺术内容的一种跨学科学习模式。具体来说，艺术创客就是以美术、文化、音乐等

人文学科为基础，融合科学、技术、工程和数学的 STEAM 教育模式。它不是传统意义上的手工或者美术，而是将艺术和科学两个学科以上进行融合，以创作作品为导向的 STEAM 教育模式。

下面以孩教圈 STEAM 艺术课程为例说明一节幼儿园 STEAM 艺术课程是如何将 STEAM 教育、传统文化、多元艺术三者结合学习的。孩教圈幼儿园 STEAM 艺术课程强调以传统文化 C（culture）为核心，以多元艺术 A（art）为形式，同时融入 S（STEM）的教学理念，实现跨学科的学习。市场上大多数的 STEAM 艺术课程这三者是分离的，要么是简单的艺术创作，要么就是纯粹的科学知识科普，尚未找到让三者结合的契合点。

孩教圈 STEAM 艺术课程在设计课程时融入了 STEAM 教育、多元艺术、传统文化等三个不同领域的知识点，涵盖了传统佳节、中华建筑、传统戏剧、民俗文化、中华美食、经典国画、二十四节气、多元艺术、科学艺术等主题。每节课设计了知识、欣赏、创作、延伸等四大环节，每节课由主题导入，课堂分为课程知识、课外欣赏、作品创作、课后延伸四大环节，富含趣味性、操作性、科学性、艺术性，让孩子通过一个个有趣的"艺术+科技"创作，激发艺术创客学习的兴趣和热情，有利于充分理解课程内容，吸收课堂知识。

二、课程学习内容

孩教圈 STEAM 艺术课程在设计课程时涵盖了动手操作、艺术创作、科学启蒙、传统文化四方面的内容。

动手操作：前面提到 3—6 岁的孩子正处于喜欢动手操作的阶段，给予孩子充分动手实践的机会不仅符合 STEAM 教育的内涵，同时更能通过动手操作让孩子在实践中探索课程的知识。所以孩教圈 STEAM 艺术课程在设计课程时融入了拼接、陶艺、手工、折纸等多种创作方式，给予孩子充分的动手机会，让孩子在动手操作的时候培养良好的动手能力、艺术创造力、创新思维。

艺术创作：幼儿艺术创作的方式丰富多样，在科技中融入艺术学习，不仅可以增加课程的趣味性，激发孩子的学习兴趣和探索热情，同时可以激发孩子艺术创作的热情。孩教圈 STEAM 艺术课程通过涂色、画画、粘贴、陶艺、折纸等多种艺术创作方式，培养孩子良好的艺术创造力和美的鉴赏能力。

科学启蒙：将 STEAM 教育与艺术创作相结合是艺术创客课程最重要的特征。所以孩教圈 STEAM 艺术课程在设计课程时创新性地将艺术和科学有机结合，通过一节艺术创客课程，孩子学到的不仅是如何利用艺术形式完成一个作品，更重要的是通过 STEAM 学习了解这个艺术作品背后涵盖的科学原理。孩教圈 STEAM 艺术课程通过"艺术＋科学"的学习方式激发孩子艺术创作和科学探索的热情。

传统文化：中国传统文化源远流长，通过传统文化的学习不仅可以加强孩子对我国传统文化的了解和认识，同时可以提高孩子的文化素养。在科技时代，幼儿园的老师更应该与时俱进，紧跟时代和科技的发展，利用科技创新传统文化的学习形式和途径。为了让传统文化在科技中创新与传承，孩教圈 STEAM 艺术课程在创作中融入了中华建筑、传统戏剧、民俗文化、中华美食、经典国画、二十四节气等中国传统文化，借助 STEAM 教育方式让孩子喜欢上中国传统文化的同时，加强对传统文化的认知。

三、STEAM 艺术课程案例分析

下面以一节陀螺课程来说明一节孩教圈 STEAM 艺术课程的上课流程。

陀螺是我国传统的益智玩具，具有非常悠久的历史和文化底蕴，很多幼儿园都会带领孩子进行陀螺艺术课程的学习。但是在一般的艺术课程学习中，老师可能会带领孩子手工 DIY 一个陀螺，然后再给孩子科普一些陀螺的历史知识，这便是一节艺术课程了。

但是在一节陀螺的 STEAM 艺术课程中，教师会有计划地将这节课设计成导入、欣赏与知识、作品创作、原理讲解等四大环节。在开始课程前，教师首先明确了本节陀螺课的学习目标：一是了解中国古代陀螺是民间最早的娱乐玩具之一；二是尝试运用花纹大胆地在陀螺上进行装饰；三是知道陀螺的工作原理。正式开始课程后，教师会通过猜谜语、图片展示、谈话等多种

方式激发孩子对陀螺课程的学习兴趣和探索热情，引入课程主题。紧跟着进入欣赏与知识环节，在这个环节中，教师会出示多种古代陀螺的图片让孩子观察和欣赏，引导孩子思考颜色、图案以及形状特点，提高孩子对美的鉴赏能力。此外教师还会用趣味的方式向孩子们讲述有关陀螺的发展历史和相关知识，加强孩子们对陀螺的了解。欣赏完各类陀螺后，便进入创作环节，孩子们可以发挥自己天马行空的艺术创作力和想象力，在陀螺上涂色、绘画等，创作一个属于自己的独一无二的陀螺。创作完一个陀螺后本节课并没有结束，而是由老师带领孩子探究为什么陀螺旋转起来后我们看到上面的图案是连在一起的，通过学习孩子们便知道陀螺是利用了视觉暂留的科学原理，并将这原理延伸到生活中来，如孩子们平常喜欢的动画片正是应用了视觉暂留这一科学原理。

通过一节STEAM艺术课程，不仅能加强孩子们对中国传统文化的认识和了解，还能提高孩子的民族文化自信。此外每一节传统文化课程都可以通过艺术创作一个教具，学习一个科学原理，在提高科学素养和创新思维的同时，还可以提高艺术想象力、美的鉴赏能力、艺术创造力，可谓是一举多得。

第五节　幼儿园编程课程

一、什么是儿童编程

儿童编程是用图形化编程语言，把原来的英语代码编程语言转成图形模块化、指令化，以游戏、情景动画、积木构建的形式呈现。儿童编程摒弃了复杂的代码，将整个编程过程可视化，游戏化，让孩子们在乐趣无限的学习中体会编程的乐趣，同时锻炼孩子的逻辑思维，提高孩子的科学素养和解决问题等能力。儿童编程最常见的一种类型是Scratch或是仿Scratch的图形化编程教学，这类编程一般以培养兴趣、锻炼思维为主，趣味性较强，容易激发孩子的学习兴趣和热情。通过学习，孩子运用所学的编程知识创造出属于自己的动画、故事、音乐和游戏等，这个过程其实就像搭积木一样简单，它通常需要通过iPad、手机或者电脑进行操作，更适合小学低年级的学生学习。

二、幼儿园编程课程现状

虽然国家近年来不断出台文件加大对编程的支持，但是编程对于幼儿园阶段的孩子来说仍太过于抽象，很难理解和吸收。考虑到3—6岁孩子的学习特点和心理特征，目前市场上针对幼儿园阶段的编程主要还是以Scratch图形编程为主，这种并不太适合幼儿园的孩子进行学习。

我们建议幼儿园可通过游戏的方式来启蒙孩子的编程思维，较适合的编程课程应该以玩教具作为编程课程的基础构造，利用图卡、地图、路标障碍物等道具，让孩子通过设置相应的编程游戏进行学习。

幼儿编程课程可以很好地启发孩子的编程思维，如小班可以学习简单的函数关系，中大班可开始初步接触编程知识。但目前市场上的幼儿编程课存在形式比较单一、创造性较弱等弊端，不能很好地保持孩子学习兴趣，同时也不利于创造力的培养。此外，这类的编程课还具有教学过程冗长繁杂的缺点，幼儿园老师不能很好地掌握其教学技巧及方法，不能充分发挥课堂效果。

针对目前市场上幼儿园编程课程存在成本高，不太适合幼儿园教师教学及孩子学习等弊端。孩教圈原创开发出一套根据不同年龄段进行分龄分级，多元化丰富化的学习形式，配合机器人、游戏卡、地图、障碍物、动画、音乐以及趣味性强的幼儿园编程课程。这套课程已经在2021年入选联合国儿童基金会《人工智能为儿童》的经典案例。

三、幼儿园如何打造幼儿园编程课程

孩教圈幼儿园编程课程构建家、幼儿园、医院、图书馆、餐厅、超市、动物园、警察局、消防局等3—6岁孩子常见的生活场景，在熟悉的场景中更容易引起孩子的学习兴趣，让他们易于接受所学的知识点。

孩子们可以在这里进行编程游戏，编程游戏融入了语音识别、图片识别等人工智能技术，同时引入了发现模式、制订计划、序列、消灭错误程序、算法、循环、变量、存储、分解步骤、数据结构、调试、结对编程等不同的计算机编程逻辑，每个游戏对应学习一个计算机术语和逻辑关系，让孩子通过趣味游戏学习计算机编程，培养良好的计算机逻辑能力。

课程内容低龄化：目前的智能编程课程一般适合中小学阶段的学生，对于幼儿园阶段的孩子来说具有一定的难度。因此孩教圈根据幼儿园阶段孩子的心理学习特征和实际操作能力,将人工智能编程的学习内容低龄化、趣味化,将其调整为适合幼儿园孩子学习的内容。

游戏形式多样化:为了增加孩子学习的兴趣和热情,配套有机器人、绘本、地毯、挂图、磁力贴、图卡、障碍物等各种玩教具,孩子可在老师的带领下进行机器人游戏、桌面游戏、绘本游戏、游戏包游戏、集体游戏等形式多样的儿童编程游戏,并学习相关的编程知识,培养良好的创新性思维。

完善的教学支持:虽然智能编程教育得到我国政府的大力支持,但是幼儿园大多数的老师对智能编程教育的认识比较薄弱,加上幼儿园的老师大部分都是非理工科专业毕业的,所以让他们对孩子进行智能编程教育具有一定的难度。为了帮助老师快速掌握本套游戏的教学方法和教学技巧,孩教圈幼儿园编程课程除了为幼儿园提供入园培训,提高教师对智能编程教育的认识和教学技巧外,同时为老师提供上课教案、上课PPT、活动手册、教学视频等,帮助老师了解本套课程的设计原则、玩法和教学重点等。

四、幼儿园编程课程案例分析

下面以《小猴摘桃子》为例说明一节幼儿园编程课程是如何设计的。

(一)课程知识点

知识点:算法序列、变量等。

(二)游戏材料

1. 机器人:人工智能机器人。

2. 编程地图：小猴摘桃子地图。

3. 坐标定位技术：坐标定位算法，机器人可自动居中、自动纠正、自动停止、自动读取等。

4. 编程指令卡：指令卡涵盖不同的指令和变量，指令和变量之间可以自由组合出上百种玩法，孩子根据编程指令卡向人工智能机器人输入指令。

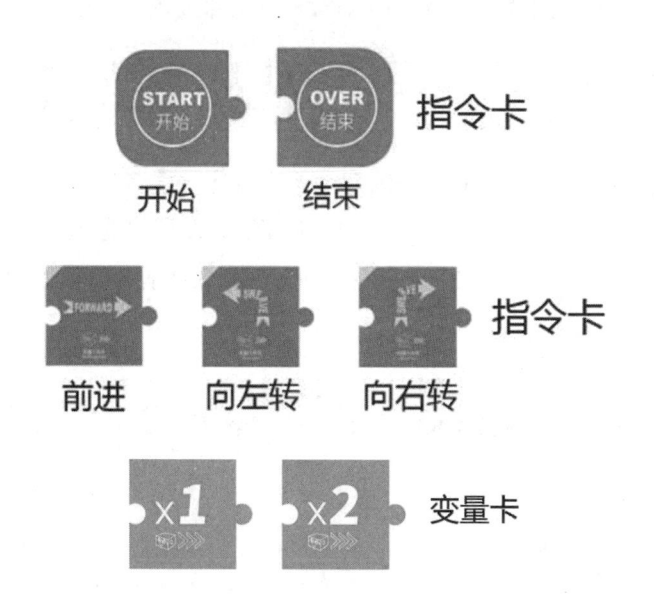

（三）游戏准备

游戏前，老师通过绘本故事、绘本游戏、材料游戏多种方式向孩子讲解算法、程序、序列等定义，帮助孩子理解相关的知识点。

（四）游戏玩法

桃子成熟了，阵阵的果香飘到了小猴子这里，小猴子决定马上就出发去摘桃子啦！

1. 老师向孩子讲述游戏背景：小猴子需要去摘桃子，路线有很多条，但是小猴子想要用最快的速度摘到桃子，小朋友们需要运用最优化程序帮助小猴子设计出一条最短的路线。

2. 将桃树放在地图任意位置的方格内，并指定起点位置。

3. 利用图像识别技术对机器人设定小猴摘桃子路线程序命令。如小猴摘桃子的路线是往前走四步、左转走三步、右转走二步、左转走四步。那么小朋友就要进行以下步骤：

将"START""向前走"和"×4"拼接图片，"向左转""向前走"和"×3"拼接图片，"向右转""向前走"和"×2"拼接图片，"向左转""向前走"和"×4"拼接图片，以及"FINISH"，图片按顺序全部拼接好摆好。

将机器人放置在"START"图片上录入程序，录入结束后，将机器人放在小猴子开始的位置，按下开始键，机器人便会按照事先识别好的程序调整方向，然后沿着事先输入的路线一直走，直到完成所有指令到达桃树的位置。

（五）游戏成效

1. 通过游戏加强了孩子对算法、程序、序列等计算机语言定义的了解和认识。

2. 孩子通过小猴摘桃子尝试完成最优化程序的设计，熟练掌握最优化程序的设计技巧和方法。

3. 通过图像识别等技术在游戏中的应用加强孩子对人工智能技术的了解和认识。

4. 通过游戏培养了孩子良好的逻辑思维能力和创新能力。

第五章 幼儿园 STEAM 空间

第一节 幼儿园如何打造 STEAM 空间

一、什么是幼儿园 STEAM 空间

我们已经了解了 STEAM 教育的内涵，而我们接下来要了解的 STEAM 空间则是基于这种理念基础上，为儿童进行创作以及创新活动提供场地的一种学习空间。STEAM 空间是培养学生科技创新所需的知识、视野、技能、思维等方面的教育场所，其主要表现在活动、课程和环境布置等方面，让孩子在一个充满创新氛围中学习 STEAM 知识。

随着 STEAM 空间在国内的逐渐崛起，现已有不少的学校开始引进 STEAM 空间，但是现在的 STEAM 空间打造大多集中在小学以上阶段，针对幼儿园的 STEAM 空间现在仍是少之又少，主要原因还是大多数的幼儿园不具备独立打造空间的能力，且对其仍存在一定误解，认为幼儿园阶段的孩子还不适合接触这些。

但我们都知道其实越早让孩子接触 STEAM 教育，对其成长越有益。而 STEAM 空间是幼儿园孩子零距离学习 STEAM 教育的一种重要且有效的学习方式之一，所以在幼儿园打造 STEAM 空间是必要的，它可以为孩子提供一个多维度、多层次的学习空间，孩子在这个空间里去体验、创作、学习、游戏，通过这个过程可以很好地培养儿童的主动探索精神、批判性思维能力、自主创新能力、合作探究能力、语言表达能力、艺术创作能力等，而这些能力都是孩子成长中必不可少的能力。

虽然很多幼儿园都想尝试在园内打造 STEAM 空间，但在打造时应注意以下四点原则：一是所提供的教具必须是符合 STEAM 教育理念的，而不是单纯的玩具，要让孩子通过教具激发起科学探索的兴趣，以及掌握其中的科技原理；二是所提供的教具一定要符合幼儿园阶段孩子的年龄特点、学习心理特征和操作能力，不然会适得其反；三是在一个富有创新氛围的环境中学习 STEAM 知识会让孩子更容易理解其中的原理和培养良好的科技素养，所以 STEAM 空间的环创部分尤为重要，在设计空间的布置时一定要注意突出 STEAM 教育的元素，但同时又要符合幼儿园阶段孩子的心理需求和喜好特点；四是提供的教具一定要符合环保安全的标准，为孩子营造一个健康安全的学习环境。

二、幼儿园 STEAM 空间的细分

STEAM 空间根据学习侧重点的不同以及园所特色和需求的不同，可以分为不同功能的空间，如科学空间、艺术空间、构建室、木工坊、人工智能室、机器人空间等。虽然划分的功能类型不同，但是不管是哪种功能的空间，它都是以 STEAM 教育为基础的，只是侧重的领域和学习的重点不一样而已，但最终强调的都是跨学科学习，以孩子创作为核心，着重培养孩子的创新能力和科学素养。

例如科学空间是以科学领域为主的功能室，教具的选取、环境的设计、活动的设计、学习内容的制订都是更偏向于科学领域，让孩子通过活动的开展、教具的体验掌握其中的科学原理，激发他们科学探索的兴趣和欲望。科学空间虽然强调的是科学领域，但又不仅仅是科学单一学科的学习，在其中也同时融合了技术、数学、艺术、工程等学科知识。艺术空间则是以艺术领域为主的功能室，教具的选取、环境的设计、活动的设计、学习内容的制订都是更偏向于艺术领域的，着重培养的是孩子的艺术创造力和传统文化素养，但又不限制在艺术学科，在其中也同时融合了科学、技术、数学、工程等学科知识。工程空间（构建室）则是以工程领域为主的功能室，教具的选取、环境的设计、活动的设计、学习内容的制订都是偏向于工程领域的，着重培养的是孩子的工程构建能力和空间想象力，但其中也同时融合了科学、技术、数学、艺术等科学知识……STEAM 空间的主题多种多样，幼儿园可根据实际需要或是园所特色，自主选择打造哪一种主题的空间。

三、幼儿园打造 STEAM 空间的现实问题

随着 STEAM 空间在国内的逐渐兴起，很多幼儿园也开始尝试引进 STEAM 空间，但是受幼儿园材料不足、师资力量不足、课程体系不完整以及对 STEAM 空间的认识不足等问题限制，现在幼儿园打造 STEAM 空间仍面临着以下四大问题：

1. 缺少教具：现在很多幼儿园在购置教具时大多都是零星采购的，没有系统的购买流程，而且由于经费有限，这些教具的质量也没有保障。还有一些是老师自制的教玩具，需要耗费老师大量的时间和精力，而且自制出来的教玩具大多是缺乏科技感的。

2. 师资不足：因为幼儿园大部分老师都不是理科专业毕业，且女性居多，他们对幼儿 STEAM 教育存在着一定误区，对 STEAM 课堂的教学原则和内容不甚明确，很多教师无法胜任 STEAM 课程的教学。

3. 缺乏系统的课程：受人力、物力的限制，大部分幼儿园都不具备独立开发课程的条件，科学课程的教案多数是直接从网上下载的，质量参差不齐，难以保障课堂质量，且不符合 STEAM 教育要求。

4. 停留在传统科学室阶段：大部分幼儿园的科学室都是以基础科学课为主，缺乏孩子可创作和操作的区域。科学室活动的开展仍停留在科学单一学科学习的层面上，没有涉及 STEAM 教育的跨学科学习。

第二节　幼儿 STEAM 功能室

一、幼儿园如何打造 STEAM 科学空间

（一）幼儿园 STEAM 科学空间和传统科学室的区别

很多幼儿园将传统科学室等同于 STEAM 科学空间，但两者有很大区别。简单来说，STEAM 科学空间是对幼儿园传统科学室的升级，是在科学室常规配置的基础上，增加以科技和互动教育为主的 STEAM 元素，更侧重培养孩子的创新能力和动手能力，幼儿园可以在科学室的基础上增加空间的新配

置，打造新时代下国家政策鼓励的 STEAM 教育内容。

传统科学室一般是以基础科学教育为主，在确定学习主题后，由老师带着孩子们一起进行某个科学实验或是某个科学原理探索，主要是以孩子体验为主，从中体验某个科学知识即可，在这个过程中不要求孩子动手创作和尝试独立解决问题，孩子的天性是没有得到释放的。此外，传统科学室一般不会设置有互动区和操作区，孩子在缺少互动和亲自动手操作的情况下，其创新能力和想象力自然也就被限制了。所以目前市场上大部分幼儿园科学室主要是为了评级或者招生，真正用到教学上的很少，很多都成了摆设，没有发挥科学教育的作用。

与传统科学室不同的是，STEAM 科学空间是以 STEAM 跨学科学习为主，注重的是科学、技术、工程、数学和艺术等不同学科的融合学习，同时还增加了操作区和体验区，提供多个富有科技感的教具让孩子进行操作、体验、学习，让孩子通过趣味性的科学活动掌握教具本身蕴含的科技原理。STEAM 空间的学习是以孩子的创作和操作为主的，在这个过程中，孩子得到充足的动手机会和创作机会，发挥课堂的主体作用，自然而然他们的创新能力和逻辑思维也能得到很好的提高。

传统科学室和 STEAM 科学空间的区别

传统科学室	科学空间
以基础科学课为主	以 STEAM 跨学科学习为主
以孩子探索和体验为主	以孩子的创作和操作为主
缺少互动和操作区	增设操作区和体验区

（二）什么是幼儿园 STEAM 科学空间

幼儿园 STEAM 科学空间是孩子进行科学学习的场所，是支撑孩子进行有关 STEAM 方面的学习、探究、游戏、操作、实践的物质空间。STEAM 科学空间打造要基于 STEAM 教育理念，充分体现 STEAM 教育的特征，将 STEAM 教育融入日常的空间教学，让孩子能够在充满科学和创新氛围的环境中进行 STEAM 的学习。

幼儿园在打造 STEAM 科学空间时应遵循以下几点要求：一是要符合

STEAM教育的要求。前面提到STEAM教育最大的特征就是动手实践和跨学科学习，所以在打造STEAM科学空间时要设置足够大的空间才能满足孩子的动手实践需求，所选取的玩教具要符合科学、技术、工程、艺术、数学等跨学科的学习，鼓励孩子积极实践、勇于探索，发挥科学家般的探索精神。二是要根据园所实际情况。STEAM科学空间设计打造方案时要充分考虑园所的实际情况，如资金、场地、已有科学室的基础、特色等条件，因地制宜地进行STEAM科学空间的打造。三是要考虑实用性。STEAM科学空间是孩子利用各种工具解决问题的地方，让孩子在创作过程中能够快速方便地找到相关的工具和材料。四是遵照建设要求。STEAM科学空间的建设材质、空气质量、环境要求等都要严格按照国家规定的标准和要求。

（三）STEAM科学空间的应用

STEAM科学空间建设完成后，如何进行管理，如何最大化地发挥其作用，如何合理安排课程，都是需要进一步解决的问题。

1. 完善课程体系

STEAM课程是实现STEAM科学空间价值的一个重要途径，要想最大化地发挥STEAM科学空间的作用，就必须要有完善的课程体系作为支撑，大中小班每个年级都应有对应的STEAM课程。在研发STEAM课程的过程中，可以结合科学、技术、工程、数学、艺术等学科进行课程的设计和开发，建立完整的课程体系。

2. 按周灵活排课

完整的课程体系、配套的上课教案、丰富的科技玩教具可以保证STEAM科学空间功能性。如何合理地安排STEAM科学空间的课时是需要进一步探索的问题。原则上，每个班级一周安排一节在STEAM空间教授STEAM科学课，保证学习的连贯性和持续性。如遇特殊情况，可按实际需求灵活调整。

3. 加强空间管理

幼儿园应配备一名专职人员负责STEAM科学空间的管理，进行STEAM科学空间设施的维护和管理，如科学空间环境受到损坏或科技玩教具出现问题,要及时上报处理,制定《STEAM 科学空间管理员岗位职责》《幼儿园 STEAM 科学空间安全制度》等,严格遵守,共同维护 STEAM 科学空间。

教师和孩子是使用 STEAM 科学空间最多的群体,所以要提升教师和孩子使用 STEAM 科学空间的技巧。

(四) STEAM 科学空间的主题设置

STEAM 科学空间的主题丰富多样,下面以孩教圈 STEAM 科学空间为例说明幼儿园的 STEAM 科学空间应如何设置主题。

孩教圈 STEAM 科学空间基于 STEAM 教育领域,按照科学、技术、工程、艺术、数学五个跨学科学习的理念,在打造空间时设置基础科学、自然科学、生命科学、趣味电磁、声光世界、精彩科技、AI 机器人、儿童编程、3D 打印、工程构建、数学思维、文化科技等专区,每个专区所侧重的学科知识点不同,学科之间可以互相补充,相辅相成。

基础科学:科学思维对于孩子的成长非常重要,从小让他们接触基础科学知识,有利于为日后的理科学习打下良好的基础。所以在基础科学专区,孩教圈设置了一些有关惯性、弹射力、平衡力、重心、液体的不相溶性等基础科学知识玩教具,让孩子进行学习体验,让他们在探究中激发对科学的探索兴趣,从而培养良好的科学思维。

自然科学:大自然是神秘而美丽的,孩子们对大自然总是充满好奇心和探索欲望的,他们乐于探索大自然的奥秘。在自然科学专区孩教圈 STEAM 科学空间设置了神秘的星空、月相变化的成因、地球探险、地图认知等自然科学知识,满足孩子们对大自然的探索欲望,学习感受大自然的神奇与美妙。

生命科学:青蛙是怎么繁殖的?稻谷是怎么生长的?蜘蛛是怎么织网的?身体的各个器官有什么作用?什么是益虫,什么是害虫?……孩子们总是想知道这些有关生命的科学问题,在生命科学专区,孩教圈 STEAM 科学空间设置了青蛙繁殖、稻谷生长、蜘蛛织网等生命科学主题,让孩子通过自己的观察、比较、思考来寻找答案。

趣味电磁:在趣味电磁专区,孩教圈 STEAM 科学空间设置了有关电磁的科技教具让孩子探索有关磁铁的相关知识，如磁铁的磁化过程、磁感线、磁悬浮、简单的电路、导体与绝缘体、串联与并联、其他能量转化为动能等知识，让孩子初步感受电磁的相关物理现象，为日后的物理学习打下良好基础。

声光世界：我们的眼睛能够看见光，耳朵可以听见声音，这都是生活中非常普遍的常识，但是声光世界的背后却蕴含着丰富的科学知识等着孩子们去探索。在声光世界专区，孩教圈 STEAM 科学空间设置一系列有趣的游戏活动让孩子们探索声音的产生、声音的频率、声音的音色、光的反射、光的折射、视觉暂留等声光知识。

精彩科技：精彩科技专区可以设置一些世界先进的尖端科技，引导孩子们深入地探索科技领域，探索世界，让孩子在高科技的探索活动中培养良好的工程思维和科技素养，激发孩子的创新意识和自主创造力。孩教圈 STEAM 科学空间在本专区引入了星际城市、时空隧道、创意永动机、虚幻水龙头、龙卷风奇观等尖端科技教具，让孩子近距离接触先进的尖端科技。

AI 机器人：未来的社会必定是科技发达的社会，从小让孩子接触 AI 技术有利于提高他们的综合竞争力。设置 AI 机器人专区可以让孩子从小紧跟计算机与互联网的发展，让他们从小接触互联网知识，初步学习智能 AI 技术，走在科技时代的前端。孩教圈 STEAM 科学空间在本专区引入了各种不同类型的 AI 智能机器人，让孩子从小接触先进的人工智能技术，加深孩子们对人工智能领域相关知识的理解。

儿童编程：儿童编程专区以学习机器人编程为核心，让孩子通过机器人的搭建学习工程构建思维，通过图形化的模块培养编程思维，同时学习使用程序控制电机、传感器，掌握常用的编程模块，锻炼孩子的分析能力，培养逻辑思维，让孩子在游戏中提高编程的综合能力。孩教圈 STEAM 科学空间在本专区引入了幼儿编程启蒙、幼儿编程机器人等儿童编程知识，从小培养孩子的编程思维，为以后学习编程知识打下良好的基础。

3D 打印：3D 打印技术是当今最重要的新兴技术之一，分为 3D 打印机和 3D 打印笔两种。孩教圈 STEAM 科学空间在 3D 打印专区引入了 3D 打印笔和

3D打印机，孩子们可以在这里运用3D打印笔进行建模、绘画、设计，体验从无到有的设计、开发过程，培养他们良好的艺术创造力和空间想象力。

工程构建：简简单单的螺母零件，可以变化成千奇百怪的样子，可以是一只长颈鹿、一辆汽车、一座房子、一张椅子、一座桥……它能变成什么样子，取决于孩子的动手组装能力和空间想象力。在孩教圈STEAM科学空间工程构建专区，孩子可以通过发挥自己的空间想象力，利用螺母组装出一个专属于自己的作品，在这个过程中，孩子的工程思维和空间想象力都会得到很好的提升。

数学思维：在数学学习中，比运算更重要的是思维方式，所以从小训练孩子的数学思维对孩子的数学学习具有非常重要的作用。在数学思维专区，孩教圈STEAM科学空间设置了图形变化、十挡计数器、距离的测量、空间几何图形的组合等数学知识让孩子学习，从小培养孩子良好的数学思维。

文化科技：中国古代科学技术具有辉煌的成就，中华文化源远流长，有许许多多古代的发明创造仍值得我们学习。孩教圈STEAM科学空间在文化科技专区，设置了古代水利车、活字印刷术、神秘的司南、古代抽水机等古代发明创造，在学习中国传统优秀文化的同时，感受古代劳动人民的智慧。

创客DIY：创客教育的核心理念在于动手创作，敢于将心中的创意想法变成现实。在孩教圈STEAM科学空间创客DIY专区，可以让孩子们动手拼接、组装一个个的科技教具，如空气战车、风力车、红绿灯，在动手操作的过程中锻炼动手能力和专注力，同时培养良好的创新思维。

二、幼儿园如何打造STEAM创客工坊

（一）什么是STEAM创客工坊

STEAM创客工坊与STEAM科学空间相比，更加强调孩子的动手实践及创客作品的创作。STEAM创客工坊的建设目标是为孩子提供一个能够充分支持他们进行STEAM课程学习以及创客作品创作的环境，通过整合PBL问题式学习方法、跨学科学习方法、实践参与、创新思维培养等核心要素，让这里成为孩子亲身经历创意设计、积极动手实践、完成作品创作并可以交流分享的场所，让孩子的创意在这里变成现实。

STEAM 创客工坊强调多学科的融合学习，是以 STEAM 教育理念为基础，以 3D 打印和多元艺术为艺术形式，以木工为工程基础，以科技为创新动力的多功能创客学习场所。STEAM 创客工坊为孩子进行作品创作提供木工、3D 打印技术、科技材料、艺术创作材料等丰富的工具和材料。孩子在这里创作的作品与一般手工作品相比，更具有科学性、创新性，符合跨学科的学习方式。以创作一个旋转木马为例，如果是普通的手工作品创作，可能会用黏土制作出一个个的木马（或是用剪纸、折纸的方式创作一个木马），然后用雪糕棒搭建旋转门的框架，这便大功告成了。然而这种只用艺术形式创作出来的木马是静止的，不能真实模拟游乐场的木马旋转起来，不符合创客作品的理念。如果是在 STEAM 创客工坊进行学习的话，老师就不再局限在艺术创作上，而是会引导孩子思考如何利用科学、技术、工程、数学、艺术的跨学科知识去创作一个会动起来的旋转木马。在创作旋转木马时，孩子可以用 3D 打印笔打印出一个个栩栩如生的、立体的木马模型，再用雪糕棒搭建底座和框架，将木马模型固定在雪糕棒底座上，在这个模型搭建的过程中，涉及的是 3D 艺术创作和木工工程构建的学科知识。完成木马模型创作后，便可以思考如何用动力系统使得木马旋转起来。经过和同伴的讨论后，孩子们决定利用电池、导线、马达等动力系统达到木马旋转的目的。将动力系统安装好后，打开开关，旋转木马便像游乐场里的木马一样旋转起来。通过动力系统的安装，孩子可以掌握电能转化为动能的科学原理。此外，还可以思考在旋转木马中加入音乐，这样旋转木马就能边旋转边唱歌。在 STEAM 创客工坊里创作木马的过程就是融入多学科知识学习的过程，通过多学科知识的结合，使得艺术不再停留在静态的作品欣赏，而是可以动起来的"艺术+科技"作品。因而说 STEAM 创客工坊不单单是艺术单一学科的学习，而是融入了 STEAM 教育的跨学科学习方式，培养孩子全方位的综合能力。

一般手工作品和 STEAM 创客工坊作品的区别（以创作旋转木马为例）

一般手工作品	STEAM 创客工坊
用黏土制作木马模型	用 3D 打印笔打印立体的木马模型

续表

一般手工作品	STEAM 创客工坊
缺少科技元素	加入动力系统和声乐系统
不能动，纯粹的模型	能够边旋转边播放音乐

（二）幼儿园如何打造 STEAM 创客工坊

幼儿园应如何结合 STEAM 教育、多元艺术、多元文化等打造一个 STEAM 创客工坊呢？幼儿园可根据幼儿园园所特色和园本课程，打造不同主题特色的 STEAM 创客工坊，如水乡文化、非遗文化、航海科技、国防科技、现代种植、醒狮文化。下面将以广州市南沙区东涌镇中心幼儿园和孩教圈共同打造的"东涌水乡文化"主题 STEAM 创客工坊为例说明幼儿园如何根据园所文化打造符合自身园所特色的 STEAM 创客工坊。

广州市南沙区东涌镇中心幼儿园位于东涌镇水乡腹地，东涌镇是一座有 800 多年历史的岭南水乡名镇，在历史的发展中形成了对唱渔歌、打渔、龙舟竞渡、划艇等独特的水乡文化。在得天独厚的条件下，该园善于利用本土水乡资源，形成了以东涌水乡文化为特色的园本课程。基于此，孩教圈协助南沙区东涌镇中心幼儿园打造了一个以东涌水乡文化为主题的 STEAM 创客工坊，借助 STEAM 教育模式创新东涌水乡文化的学习方式。

（三）STEAM 创客工坊学习内容

南沙区东涌镇中心幼儿园 STEAM 创客工坊主要涵盖了 3D 打印、科技创作、多元艺术、木工创作等不同领域的学习内容，孩子可在老师的带领下在这里结合五大领域的知识进行"STEAM+东涌水乡文化"的学习和创作，如"东涌水乡·桥""东涌水乡文化·龙舟""东涌水乡文化·编织"等 STEAM 活动的学习。

3D 打印：3D 打印是当今世界最重要的新兴技术之一，它以数字模型为基础，运用特殊可粘合材料，通过逐层打印来制造三维物体，一般分为 3D 打印笔和 3D 打印机两种，通过 3D 打印技术可以培养孩子良好的自主创造力、空间立体思维等。

科技创作：孩教圈 STEAM 创客工坊在科技专区融入太阳能、风能、磁铁、马达、齿轮等科技动力来源，利用木工构建模型，用 3D 打印和多元艺术进行绘画、建模等艺术创作，亲自动手 DIY 一个个科技感与艺术美兼具的科技创客作品，培养孩子的创作能力和创新思维。

多元艺术：孩教圈 STEAM 创客工坊提供玻璃窗画、旋转板画、流体画、蓝晒画、编织、水精灵、扎染等上百款创意美术手工材料和课程，让孩子在趣味活动中了解艺术与科技相结合的跨学科学习方法，通过创作艺术作品体验科技赋能艺术带来的奇妙乐趣，培养孩子良好的艺术创作能力和创新思维。

木工创作：通过木工创作，不仅可以培养孩子的工匠精神，获得严谨、专注的科学态度，体会"差之毫厘、谬之千里"的匠人精神，还可以提高艺术创造力、工程构建思维和动手能力。

（四）STEAM 创客工坊空间布置

为方便孩子有适宜的空间进行东涌水乡文化的 STEAM 项目学习，东涌镇中心幼儿园 STEAM 创客工坊除了设置 3D 打印专区、木工创作区、分享区外，还利用墙面空间设置了工具墙、作品墙、收纳墙等不同的功能墙。

1. 功能区划分

3D 打印专区：3D 打印专区配套了 3D 打印笔和 3D 打印机及对应课程，孩子可以通过 3D 打印技术创作有关东涌水乡文化的立体艺术作品，培养艺术空间想象力。在这里，孩子可以通过软件建模，将自己的创意想法设计出来，然后利用 3D 打印机打印自己的作品。通过 3D 打印技术不仅可以让孩子体验从无到有的设计过程，了解二维平面到三维立体的过程，同时发展立体空间思维，进行艺术的跨学科学习。

木工创作区：在机械加工区配备了儿童木工操作台和设备，包含电钻、电动螺丝、台虎钳、手工锯、手工刨、锉刀、框锯、鲁班凳、手拉锯、锉刀、木工凿子等木工工具以及相应的材料。孩子可在老师的指导下学习每个木工工具的使用方法，进行相应的木工作品创作。在木工设计制作区，配有木工专用的操作台，操作台的高度按照幼儿园桌椅标准设计。每个操作台都配有台钳，可以固定加工件，在保证制作精确度的同时更加方便安全。为了保证孩子在操作木工工具时的安全，专区还配备了手套、护目镜、围裙等安全护具。

科技创作区：在科技创作区配备了电力动力系统、太阳能源系统、风力能源系统、弹力能源系统、齿轮装置、杠杆装置等科学技术装置。孩子们利用3D打印技术和木工工艺创作一个作品模型后，可在这里加入适当的科技能源，使得作品由"静态"变为"动态"。

分享区：为了给孩子营造自由开放的交流氛围，通过无阻碍的沟通方式引发孩子灵感的碰撞，方便孩子们进行创意和想法的交流和分享，STEAM创客工坊的分享区采用开放式的设计风格，放置可自由组合、拼接的座椅，可容纳多人一起进行交流合作。

STEAM 创客工坊功能区布置

区域名称	功能	说明
3D打印区	软件建模、作品打印	①配套3D打印机和打印笔及相关耗材。 ②配套对应的3D打印课程。
木工创作区	木工制造	①带有台钳的宽大工作台。 ②丰富多样的木工制作工具。 ③设计工具墙用于木工工具的收纳、摆放。 ④木工工具有一定的安全隐患，给孩子配备帽子、围裙、手套、护目镜等安全护具。 ⑤在创作时如需用到不适合幼儿使用的大型木工设备，可由老师帮忙操作。 ⑥配套激光切割机、专用小机床等专用木工设备。

续表

区域名称	功能	说明
科技创作区	科技创作	①配套各种科技动力系统。 ②融入科技学科的学习。
分享区	分享交流	①孩子互相交流分享自己的创意和想法。 ②培养孩子乐于分享、敢于表达、善于合作的良好品质。

2. 墙面区域划分

工具墙：为了节省空间、方便师生拿取工具，STEAM创客工坊设置了工具墙，工具墙上有收纳板，STEAM创客工坊里需要用到的木工工具都可直接挂在收纳板上，师生在创作需要时可直接拿来使用，使用完毕后可直接挂回去放好，避免工具乱摆乱放。

作品墙：为了全方位、多角度展现孩子的创客作品，让孩子的作品随处可见，通过作品展示满足他们创作的成就感和自豪感，激发创作的热情和信心，孩教圈STEAM创客工坊利用墙面设置成作品展示区，孩子在STEAM创客工坊创作的作品可以在作品墙上展示。

收纳墙：孩教圈STEAM创客工坊充分利用墙面的空闲位置，在工具墙和作品墙的下方除了放置塑料的收纳盒外，还利用木板等材料设置开放式的收纳柜等，平时闲置不需要用到的工具和材料便可以收纳在里面，十分方便。

STEAM创客工坊在环创上装饰了有关木工工艺、3D打印技术、科技创作、传统文化、STEAM教育理念、水乡文化相关的挂图，通过图文并茂的方式介绍有关这些技术工艺的相关知识和文化。挂图可以让孩子潜移默化地加强对这些相关领域的认识和了解，同时使得STEAM创客工坊看起来更具有"科技＋艺术＋传统文化"的氛围。

(五) 融合东涌水乡文化进行学习

东涌镇中心幼儿园将东涌水乡文化融入STEAM创客工坊的学习，在设计风格上营造了流水的视觉效果。此外，整个STEAM创客工坊在各个专区的设计中结合"东涌水乡"进行环境的渲染，突出水乡文化的特点和视觉效果。

在STEAM创客工坊开展课程时,教师会结合东涌水乡文化进行STEAM项目的学习,突出园所特色和地域文化,带领孩子进行"STEAM+东涌水乡文化"的探究与实践,使用科学、技术、工程、艺术、数学的跨学科学习模式去创新东涌水乡文化的传承与发展,将桥、龙舟、船、编织等东涌水乡文化元素融入到STEAM的学习中,研发出了一系列将STEAM与东涌水乡文化相结合的主题创作活动,如小班的"东涌水乡·桥"STEAM主题创作活动、中班"东涌水乡·编织"STEAM主题创作活动、大班"东涌水乡·龙舟"STEAM主题创作活动。下面以"东涌水乡·龙舟"STEAM主题创作活动说明东涌镇中心幼儿园是如何在STEAM创客工坊进行"东涌水乡文化+STEAM"的学习。

龙舟是东涌水乡文化一个重要元素,幼儿园在STEAM创客工坊带领孩子利用STEAM教育模式去创新龙舟的学习,改变过去有关龙舟的单学科学习模式。

在"东涌水乡·龙舟"STEAM主题创作活动中,教师先提出问题,引导幼儿思考创作一艘什么样的龙舟,是手动的,还是电动的,或是靠风力动起来的……在确定要制作一个靠电力动起来的龙舟后,孩子们便开始思考创作龙舟需要满足的条件:一是要有船体;二是要有能让龙舟自动动起来的电动系统;三是要能实现船夫在龙舟上自动划船的效果。明确问题后,孩子开始在STEAM创客工坊寻找创作的材料和工具。

经过团队合作,最终孩子们创造出一艘利用3D打印技术、木工制作、多元艺术、科技制作等融合多项技术的龙舟,解决了课堂开始提出的问题,这涉及了科学、技术、工程、艺术、数学等跨学科知识。

科学(S):龙舟使用马达、导线、电池等动力系统达到船夫自动划桨的功能。打开开关,龙舟上的两个船夫便会自动滑动手上的船桨,仿佛在水中划龙舟一般。同时孩子们还学习了船夫能滑动划桨是利用电能转化为动能的科学原理。

技术(T):在搭建龙舟时,孩子们需要搭建龙舟主体、安装电池盒、打孔、穿引导线、固定雪糕棒等操作。在这个过程中，孩子们掌握了维修工具、3D 打印、艺术创作、木工制作等各种技术的使用。

工程（E）：孩子利用厚纸板搭建出一艘龙舟的主船体，并用雪糕棒在主船体里面进行加固，培养了孩子工程建模的能力，同时提高孩子的工程构建能力和动手能力。

艺术（A）：在艺术方面，孩子们一方面利用 3D 打印笔在龙舟的主船体打印龙的龙头、龙尾和龙身上的花纹等，使得龙舟看起来像一条真龙一般栩栩如生，在这个过程中孩子初步接触 3D 打印技术。另一方面孩子们用黏土 DIY 两个划桨的小人，通过黏土 DIY 提高孩子的艺术创造力和动手能力。

数学（M）：在创造龙舟之前，孩子需要计算船体的长度和宽度，需要用多大的厚纸板，船体内部需要用多少根雪糕棒才能固定，一个船夫需要两个船桨，两个船夫需要多少根船桨，这个计算过程就是孩子数学思维提升的过程。

"东涌水乡·龙舟" STEAM 活动学习，不仅加强了孩子对龙舟相关文化和知识的了解，同时孩子的创新能力、科技素养、问题解决能力、逻辑思维能力、动手能力、艺术创造能力等全方位能力都得到很好的培养。

第三节 幼儿园 STEAM 公共区域

前面章节介绍的功能室需要幼儿园用一个独立的教室来打造。但是许多幼儿园场地有限，缺少独立的教室创建 STEAM 功能室，那么这一类幼儿园要如何打造 STEAM 空间呢？除了上面提到的功能室外，幼儿园还可以充分利用公共区域来创建 STEAM 教育环境，这种类型的 STEAM 空间受场地因素影响小，幼儿园可根据园所实际情况来创建不同的 STEAM 区域。下面以孩教圈幼儿园 STEAM 教育墙为例说明幼儿园如何利用公共区域进行 STEAM 教育。

孩教圈幼儿园 STEAM 教育墙充分利用幼儿园的空闲空间，以精细的设计突破有限的空间。幼儿园可因地制宜，根据空间的大小和地理位置设置不同形式的STEAM教育内容，包括：STEAM教育小讲堂、STEAM教育科学墙、STEAM教育艺术墙、STEAM教育游戏区、STEAM星空小剧场、STEAM教育主题墙、STEAM教育工具墙、STEAM教育科学区域、STEAM教育数学思维墙，为孩子提供情景化的模拟环境。STEAM教育墙有一个好处就是不同的专区可以独立分散在幼儿园的不同空置区域，不需要集中在某一个空间里，这给面积小的幼儿园提供了很大的便利。

1. STEAM教育小讲堂

为培养孩子乐于分享、敢于分享自己的创意想法的良好品质，孩教圈为幼儿园设置了STEAM教育小讲堂。当完成一项STEAM项目时，孩子可以向大家展示作品的创意、设计思路及蕴含的科技原理，通过大胆自信地展示自己的创意想法，培养孩子善于总结、乐于分享、自信表达、逻辑清晰的良好品质，鼓励孩子做一个乐于分享、敢于表达的小创客家！

2. STEAM教育科学墙

STEAM教育科学墙形式多样，视觉科学体验墙是其中一种。视觉科学体验墙是艺术和科学的结合，在上面悬挂利用不同科学原理的五彩转盘。孩子经过的时候可以用手轻轻地转动墙上悬挂的转盘，旋转不同的转盘可以看到不同的视觉错觉现象，孩子可以学习有关视错觉的相关知识，包括了三原色原理、几何错视觉原理、视觉暂留原理、运动错视觉原理等。

3. STEAM教育艺术墙

为了让孩子的艺术创意能够随时发挥出来，孩教圈为幼儿园设置了

STEAM教育艺术墙。STEAM教育艺术墙为孩子提供一个发挥天马行空想象力进行创作的场所。在这里，孩子可以用画笔在涂鸦墙上绘画，将自己的创意表达出来。作品完成后，打开灯光投射到作品上，便可以看到错落有致的光影效果，孩子可以通过自己创作的作品进行光和影的科学探索，学习光是沿直线传播的科学原理。STEAM教育艺术墙，孩子们可以随时涂随时擦，具有重复使用的特点。

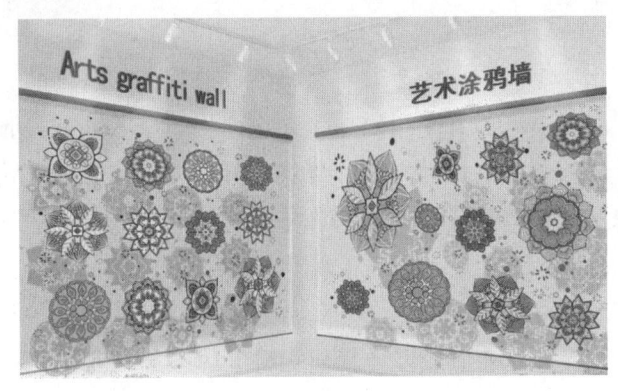

4. STEAM游戏区

STEAM教育游戏区以科学为基础，融合了科技、工程、艺术、数学等学科知识，精选各种各样的科技教具，主要设置在园所空旷的地方。在这里，孩子不仅可以跟风力仿生兽、风能动力车、空气动能车比赛，还可以利用磁力片搭建光影彩窗，阳光照射在上面能反射出漂亮的光影效果，探索风能转化为动能、空气动力、光和影等科学原理。

5. 星空小剧场

星空小剧场收放便捷，需要的时候用手拉开小剧场四周的布帘即可使用，不用的时候可以收起来，不会占据空间，一般设置在室内。拉下小剧场的布帘，在里面打开星空投影仪，小剧场四周会倒映出各种神奇的宇宙天体、星球，仿佛将孩子带进神秘的宇宙星空，孩子可以在里面利用各种光影玩具进行投影游戏，自主探索宇宙天体、海洋生物等科普知识。

第四节 幼儿园 STEAM 区角

一、STEAM 区角的含义

STEAM 区角是 STEAM 空间的简化版，以 STEAM 教育理念为核心，强调跨学科的学习，因其具有所需空间不大、投入小、布置简单等特点，可以满足一些幼儿园打造 STEAM 区角的需要。

STEAM 区角是基于 STEAM 教育理念，以幼儿园区角教育为基础的创新型区角教育模式，在幼儿园原来区角布置的基础上融入 STEAM 教育理念，增设了互动区和操作区，并提供多种科技感十足的玩教具让孩子进行创作、体验、游戏，同时还将区角布置成富有科技元素的风格，给孩子提供一个高科技的学习氛围。下面以孩教圈幼儿园 STEAM 区角为例说明幼儿园如何打造 STEAM 区角。

孩教圈幼儿园 STEAM 区角按照小中大班三个不同年级孩子的心理特征、学习能力和操作能力分为不同的主题，真正实现跨学科的学习模式，所提供的教具符合 STEAM 教育理念，满足幼儿园孩子的学习需要，选用孩子们喜闻乐见的"科技＋玩具"活动开展学习，让孩子在科技感与趣味性十足的科学创作中培养良好的创新能力和科技素养。

二、STEAM 区角的区角设置

孩教圈幼儿园 STEAM 区角基于 STEAM 教育的五大学科，设置了神奇科学、数学思维、趣味物理、交通科技、工程构建、文化科技六大主题区角，每个区角都投放数十件与区角主题相关的科技教具，让孩子可以动手体验操作教具，学习其蕴含的科技原理，培养良好的动手能力、创新思维、科技思维、问题解决能力、逻辑思维能力等。

神奇科学：每个孩子都充满着好奇心，他们是天生的科学家、工程师、创造者，时刻准备好探索世界。从小让孩子接触科学知识，可以满足他们的好奇心和探索欲望。孩教圈幼儿园 STEAM 区角在神奇科学专区设置了水流动的力量、小丑跷跷板、隐藏的眼睛、会翻跟斗的小丑、有趣存钱罐等多个科技玩具，在一个个科技感与趣味性十足的活动中掌握杠杆原理、重心与平衡、惯性、光的反射、振动产生声音、空气动力等科学原理。

数学思维：在数学思维区角，孩教圈幼儿园STEAM区角设置了图形找家、小小钟表师、数字对对对、数字叠叠乐、花花乐塔、哪只猴子香蕉多、多米诺接力等20个趣味数学玩具，让孩子在一个个有趣的数学活动中增强图形认知、时间认知、数学运算、空间结构、大小排序、多少对比、连锁反应等数学知识。

趣味物理：孩教圈幼儿园STEAM区角在趣味物理区角，设置了火线冲击、搞笑的声音、看谁抢得快、大炮砰砰砰、神奇的彩虹投影、3D虚物成像等趣味物理游戏，初步感受串并联电路、声音频率、磁铁、空气压强、光的反射等相关的物理现象，培养良好的科学思维，为日后的物理学习打下良好基础。

交通科技：小火车是怎么跑起来的？火箭是怎么发射的？停车场里停了哪些车？飞机是怎么飞起来的？轨道火车是怎么行驶的……孩子们总是对交通科技蕴含的各种奥秘充满好奇，而这些有关交通的科学都将在交通科技区角得到解答。所以孩教圈幼儿园STEAM区角在本区角设置东方红一号、小小飞行员、小小火车司机等多个交通工具，让孩子在一个个科技感十足的活动中掌握作用力与反作用力、伯努利原理、火车的结构、巴士的结构、惯性、磁铁的同性相斥等科技原理。

工程构建：从小培养良好的工程思维有利于孩子日后理工科的学习，同时还可以提高他们良好的工程构建能力和空间想象力。孩教圈幼儿园STEAM区角在工程构建区角设置了百变的螺母、我的工具桌、修理小能手、小小建筑师、城市工程队等趣味活动，孩子们将利用螺母组装成千变万化的造型、认识维修工具的名字和使用技巧、学习各种车辆的拼装拆卸、认识不同的工程车等，通过各种工具的拆卸、组装、使用等培养孩子良好的工程思维。

文化科技：孩教圈幼儿园STEAM区角在文化科技区角设置了古代水利车、神秘的司南、古代抽水机、古代乐器、古代投石机、古代积木等古代发明创造，在学习中国优秀传统文化的同时，感受古代劳动人民的智慧。此外，还可以掌握轮轴与杠杆传动原理、磁铁具有同性相斥异性相吸的原理、大气压强、振动产生声音等科技原理。

STEAM区角的学习，可以有效加强孩子对神奇科学、数学思维、趣味物理、交通科技、工程构建、文化科技等不同领域知识的了解，从小进行STEAM素养的培养，实现跨学科的学习方式，培养孩子的综合能力。

第五节 幼儿园STEAM户外游戏

幼儿园户外区域活动是利用户外环境进行活动的。在户外区域开展活动，幼儿的活动空间较大，相互干扰较少。所以在户外开展STEAM教育活动更容易激发孩子探索的主动性、积极性，让孩子在充足的空间里充分发挥自己的长处和个性。

STEAM教育和户外活动的结合现在还处于初步的探索阶段，下面将以孩教圈STEAM大型户外国防游戏和传统文化游戏说明STEAM教育是如何与户外活动结合的。

一、STEAM大型户外国防游戏

（一）游戏开发背景

红色革命传统教育和国防教育集中反映了中华民族的价值理念和精神追求，是实现中国梦的力量源泉。为贯彻习近平新时代中国特色社会主义思想和党的十九大精神，落实全国教育大会精神，进一步把红色基因和国防基因植入青少儿心田，教育部在2021年1月印发了《革命传统进中小学课程教材指南》，为学校进行红色基因教育和国防教育的教学活动提供了具体指导。由此可见，国家非常重视从小对孩子进行红色基因教育和国防教育。

基于此，孩教圈推出STEAM大型户外国防游戏，将STEAM教育与国防教育相结合，通过STEAM趣味活动培养孩子的爱国主义和创新思维。孩教圈设计的STEAM国防主题游戏教玩具是基于STEAM教学理念，以国防军事为主题，以《3—6岁儿童学习与发展指南》为依托，融入了工程、技术、科学、数学、艺术的学科知识，提供灵活拼搭的场景材料和丰富的道具材料，辅以具有实操性的指导方案，帮助孩子提升建构水平的同时，锻炼体能，加强逻辑思维及创新能力，培养热爱祖国的情感和国防意识。

（二）户外国防游戏和 STEAM 教育结合的路径

户外国防游戏在设计中融入了 STEAM 教育理念，具体体现在以下五个方面：

科学（S）：通过各种国防游戏让孩子学习空气动能、弹性势能转化为动能、光沿直线传播、光的反射、光的折射、空气阻力等科学原理，从小对孩子进行科学启蒙。如在目标狙击游戏中，孩子们不仅可以通过潜望台观察目标，学习潜望镜是利用光的反射的科学原理，同时可以用空气枪狙击目标，学习空气枪是利用空气动力的科学原理。

技术（T）：在使用拼搭搭建各种军事场景时，孩子需要用到卡位、撕扯、粘贴等各种技术。如在拼搭指挥中心场景时，孩子们需要将十多块拼板组合成指挥中心，在这其中需要用魔术贴将两块粘合起来。在拼搭第二层时，需要用到卡扣进行卡位，使拼板与拼板之间更牢固。在这个过程中，孩子的动手能力、使用各种工具的能力都得到很好的提升。

工程（E）：孩子需要利用拼板搭建各种军事场景，这涉及到空间想象、空间构建、逻辑推理、几何图形认知等工程思维。如孩子在搭建一个潜望台时，需要提前通过搭建手册观察其空间构造，然后在脑海中想象其空间布局，利用对应数量的拼板将其拼搭出来。在这个过程中，可以很好地培养孩子的工程构建能力和空间想象能力。

艺术（A）：孩子在搭建时要思考搭建什么样的造型更美观。在这个过程中，孩子的艺术创造力和美的鉴赏力都能得到很好的提升。如在自由搭建的过程中，孩子们需自己在脑海中构造一个造型的场景方案使其看起来更美观，然后再进行搭建。

数学（M）：搭建一个军事场景需要用哪些形状的拼板、数量是多少、空间的上下左右等都与数学思维密切相关。如在搭建一个碉堡时，孩子要计算建一个碉堡需要 9 块拼板，其中方形板 5 块，窗形板 4 块，并且在搭建最后一层时要将两块方形板组合成一个三角形。

（三）丰富的国防游戏方案

我国著名教育家陈鹤琴先生说过："小孩子是生来好动的，是以游戏为生命的"，他认为对幼儿来说"游戏就是工作，工作就是游戏"，如果能把学习活动化为游戏，就会使学习变得"更有趣、更快乐、更能有进步"。因此在设计 STEAM 国防主题游戏教玩具时，需设置丰富多样且适合户外的国防主题游戏让孩子体验，如国防教育体能游戏，种类丰富，玩法多样，有警报响起、地道战、炸碉堡、小小哨兵、军事研究、突击部队、目标狙击、秘密行动军事游戏等，通过游戏加强孩子对国防教育相关知识的了解。

如在军事沙盘模拟游戏中，孩子们可通过搭建一个军事基地，真实模拟军事沙盘进行军事作战部署。该游戏让孩子们了解军事沙盘的用途，同时通过模仿军事场景制订作战计划，培养逻辑思维能力。

在小小指挥官游戏中，孩子们可利用对讲机对同伴发出命令，并借助手榴弹、空气枪、枪靶等作战军事工具进行指挥作战游戏。游戏加强了孩子对军事对讲机用途及科技原理的了解，并学会利用对讲机发出和接收指令，完成军事作战任务。

（四）融入红色基因教育元素

STEAM 户外国防游戏以红色基因教育为核心，设计多种军事情景游戏，如地道战、董存瑞炸碉堡等，形成具有特色的国防军事主题游戏，培养孩子勇敢、坚强、自信、守纪律等良好的品质，萌发热爱解放军、热爱祖国的情感和国防意识。

如在地道战游戏中，孩子们可练习在地道里手膝着地匍匐前进，并正确瞄准目标射击，完成射击任务。游戏可加强孩子对抗日战争时期地道战相关知识的了解和掌握，同时培养良好的身体协调能力。

在红军运物资游戏中，孩子们接到指挥官的命令后，在狭窄的地道里迅速爬行，寻找卡片上对应的物资，并找到出口，把物资运送到指定位置。游戏可以加强孩子们对革命时期红军运物资相关知识的了解。

（五）采用低结构材料

STEAM 国防主题游戏教玩具要符合灵活性强、自主游戏、操作性强等特点。因此本套教玩具宜采用低结构材料，供孩子自主拆卸、组合，构建不同军事游戏场景，随时变换游戏的玩法、方式、空间等，充分发挥孩子自主性，丰富游戏体验，为孩子提供广阔的探索空间。

（六）丰富的操作道具材料

STEAM 国防主题游戏教玩具除了增强孩子们的国防意识，还要通过游戏活动掌握道具的科技原理，提高科学素养和创新思维。在游戏中所设置的道具材料都蕴含着科技原理，增添了游戏乐趣，如潜望镜、空气枪、手榴弹、军事沙盘模拟、军事对讲机、投影、军事服饰。

（七）培养孩子六大能力和增强运动体能

通过 STEAM 国防主题游戏教玩具，可以培养孩子六大能力和增强运动体能：

工程思维：孩子们可利用拼板，根据图示自主搭建不同的军事场景，在自主构建中培养良好的工程能力。

创新思维：孩子们可以发挥天马行空的想象力搭建出各种军事造型。在触摸、摆弄拼板的过程中，随着多变的造型构思情节，创造力得到很好的提升。

动手能力：孩子们通过魔术贴和卡扣的使用，可提高穿孔、撕拉、粘贴、折叠、卡位、穿插、按压等动手能力。

观察能力：在搭建的过程中，孩子们需要自己通过观看搭建手册，学习卡扣、魔术贴等各种零件的使用技巧以及各种场景的搭建，观察能力将得到很好的提升。

科学素养：孩子们可在各种游戏中学习科学原理，启蒙科学素养。如通过空气枪学习空气动力科学原理，通过望远镜学习光的反射科学原理。

团队合作：孩子们在游戏的过程中，与同伴相互沟通，相互合作，提高团队合作能力。

运动体能：孩子们通过匍匐前进、快速曲线奔跑、持物快跑、伏地爬行、手部投掷等各种运动，增强运动体能。

二、STEAM 传统文化游戏

（一）游戏开发背景

2021年1月，教育部印发了《中华优秀传统文化进中小学课程教材指南》，说明中华优秀传统文化进校园的基本原则、总体目标、主要内容、载体形式、学段和学科要求等，进一步把中华民族优秀文化基因植入儿童心田。由此可见，从小对孩子进行传统文化教育已经成为不可逆转的趋势。

那么如何通过有趣又好玩的方式让幼儿园的孩子学习传统文化，激发他们对传统文化学习的兴趣，加强对传统文化的了解？这是很多幼儿园在开展传统文化教育时面临的问题。

基于此，孩教圈在进行幼儿园传统文化产品研发时，坚持以自主游戏为核心，融合 STEAM 跨科学教育，通过丰富多样的趣味游戏激发孩子的学习兴趣。孩教圈 STEAM 传统文化户外游戏以传统文化为基础，融合 STEAM 教育、工程建构、角色扮演、语言艺术等跨学科教育内容，为孩子提供自主拼搭的场景材料和丰富的道具材料，让孩子在形式多样的游戏中加强对传统文化的认识，培养良好的创新思维。

（二）户外传统文化游戏和 STEAM 教育结合的路径

户外传统文化游戏以 STEAM 教育理念为核心，融入科学、技术、工程、艺术、数学等跨学科学习方式，具体体现在以下五个方面：

科学（S）：STEAM 户外传统文化在游戏中融入科学知识，如小朋友通过小小皮影剧场表演可以学习皮影戏是利用光沿直线传播的科学原理；通过射箭传统体育活动学习射箭是利用弹力势能转化为动能的原理；通过传统游戏空竹学习弹力与物体运动的关系原理；通过放纸鸢学习空气动力科学原理。

技术（T）：STEAM 户外传统文化游戏在构建不同的场景时，需要使用到拼板搭建技术。如在搭建牌楼时，小朋友要掌握魔术贴、卡扣等工具的使用技巧，然后利用魔术贴、卡扣等工具进行拼板与拼板之间的连接，从而构建出一个完整的牌楼。

工程（E）：小朋友搭建 STEAM 传统文化游戏场景的过程，就是一个工程思维培养的过程。如小朋友在搭建大宅时，需要通过搭建手册对其构造进行分析，然后用合适的拼板将其搭建出来，工程构建能力得到很好的培养。

艺术（A）：STEAM传统文化游戏通过传统工艺游戏可以很好地培养孩子的艺术素养。如在小小传承人游戏中，孩子通过剪纸艺术可以培养良好的艺术创造力和美的鉴赏能力。

数学（M）：STEAM传统文化游戏在搭建各种不同场景时所需的拼板数量、拼板形状都是不一样的，通过不同形状拼板的选择、拼板数量的计算可以培养孩子的数学思维。如在搭建一个摊位时，搭建一根木柱需要用到8块柱形板，4根柱子则需要32块柱形板，搭建屋檐需要用到4块屋檐板，搭建正方形桌子需要用到4块方形板，这就是一个数学思维培养的过程。

（三）真实模拟传统庙会场景

游戏通过真实模拟传统庙会的热闹喜庆大场景，孩子们身穿汉服在这里进行游戏。让孩子在玩、乐、赏、做中回归传统，在游戏与模拟真实场景中感受原汁原味的庙会风情，浓浓的"庙会气息"扑面而来。

（四）游戏材料简单

游戏是专门为幼儿园孩子设计的，材料和操作都相对简单，容易上手，根据操作手册或者是在老师稍加指导下，孩子们便可以利用柱子板、墙面板、卡扣、魔术贴等材料拼搭一个场景。

（五）游戏方案丰富

游戏涵盖中华美食、中华体育、中华艺术、中华戏剧、古代交通、传统习俗等六大板块，设置了小小美食家、小小传承人、小小皮影剧场、开笔礼、赛马接力赛等20多个主题游戏。

（六）培养孩子八大能力

游戏基于STEAM教学理念，以工程建构为基础，融入科学、技术、数学等跨学科知识，在加强孩子传统文化素养的同时，培养工程思维、创新思维、动手能力、观察能力、科学素养、团队合作、运动体能等能力，助力孩子快乐健康成长。如，中华美食摊位在加强孩子对面食、冰糖葫芦等传统美食的了解的同时，模拟商业交易流程让孩子学会礼貌用语、提高社交技巧、培养良好的财商意识。

射箭、投壶、蹴鞠、空竹等中华体育游戏，不仅可以加强孩子对传统体育活动的认识，初步树立规则意识，还可以培养孩子良好的运动意识，同时学习每种体育运动所蕴含的科学原理。

第六节　其他类型的幼儿园 STEAM 空间

一、机器人空间

机器人教育是指通过组装、搭建、运行机器人，激发学生学习兴趣、培养儿童综合能力的一种新型教育模式。随着社会的进步和家长观念的更新，很多幼教工作者和父母开始重视孩子学习新兴科技的教育，作为新兴教育之一的机器人教育也逐渐进入幼儿园。

市场上有各种各样类型的机器人，如编程机器人、机械元件机器人、电子元件机器人、智能机器人、自动化机器人，这些类型的机器人因其操作难度系数较高和操作复杂等原因，大多数都集中在中小学以上阶段，不太适宜幼儿园阶段的孩子学习。考虑到幼儿动手能力和理解能力都相对较弱，以及安全性等问题，幼儿园机器人大多数以积木机器人和人形机器人为主。

幼儿园积木机器人通过积木的拼接、搭建让孩子初步学习和理解杠杆、轮轴等有关积木机器人的知识，积木机器人具有简单易操作的特点。但是目前大部分针对幼儿园的积木机器人都过于单调，从小班到大班都是以大颗粒积木为主，没有按照不同的班级调整难度系数，做到循序渐进。大颗粒虽具有易抓握和安全系数高等特点，但是对于大班的孩子来说太过简单。而且从小班到大班一直都是大颗粒，对于孩子来说没有新鲜感和挑战性，会逐渐对积木机器人失去探索的兴趣和好奇心。积木机器人的变化和多元性不足，不能保持孩子学习的热情。

相对来说，人形机器人仿造人体结构设计，具有较强的视觉冲击力，能够一下子抓住孩子的眼球，更能引起孩子的学习兴趣和热情。人形机器人加入了语音对话、蓝牙等新兴技术，更具科技感和互动性。但是人形机器人是固定结构，孩子不能改变其形状和进行自主搭建组装，不利于创造力的培养。

幼儿园机器人教育涵盖多方面内容，强调手脑并用，是培养幼儿科学素养和创新能力的重要载体，也是在幼儿园内开展 STEAM 教育的良好平台。将 STEAM 教育的理念融入幼儿园机器人教学，对原有的教学模型进行重构，可以为机器人教学提供新方法、新思路。孩教圈机器人空间基于 STEAM 教育理念，将机器人和创客教育理念相结合，带给孩子更好的学习体验。

孩教圈机器人空间根据大中小班不同年龄段的学习特点和心理特征，设计了大中小班三个不同级别的积木机器人课程。根据安全性和不同年龄段孩子动手能力的差异，不同级别的积木机器人操作难度系数不同，如小班侧重于大颗粒积木，中大班则侧重于小颗粒积木。同时根据不同年龄段孩子学习理解能力的差异，积木机器人的学习难度系数逐步增加，如小班的知识点侧重于机械构造和空间构建，中班的知识点侧重于杠杆、轮轴以及电子元件，大班的孩子动手能力和理解能力都有了大幅度提高，于是加入更多的互动元素，如蓝牙、编程、AR 等技术，孩子可以利用编程技术对机器人进行遥控等操作。每个年级层层递进，可以有效保持孩子学习兴趣的持续性。孩教圈机器人空间的积木机器人具有可操作性强的特点，孩子可以利用积木机器人进行自主 DIY 创作，在这个过程中，孩子的自主创造力、科技素养、问题解决能力、动手能力和思维能力都能得到很好的提升。

孩教圈机器人空间为老师提供科学系统的上课教学教案，方便老师备课上课，快速提高老师对积木机器人授课的教学技巧。

二、建构室

建构室是幼儿园必不可少的一部分，一个有趣的环境布置更能够引起幼儿的好奇心与动手实践的欲望。建构室具有可操作性强、灵活性强的特点。

幼儿园建构室突出 STEAM 教育中的 E，也就是工程。建构室根据幼儿的年龄特点和学习兴趣投放充足的操作材料，引导幼儿通过有意识的堆积、拼插、排列、组合建构等操作，让其主动进行各种建构，获得感性经验和心理满足。

幼儿园建构室一般以积木搭建为基础，孩子可以自由发挥自己的想象力，也可以根据提供好的图例，通过积木的拼接、搭建、组装等拼接出一个完整的作品，例如城堡、小车、桥梁、建筑物、动物模型、植物模型。通过小小的积木块，孩子就可以动手将其变化出千奇百怪的造型，在这个过程中，孩子的动手能力、空间想象力和工程构建能力都能得到很好的提升。

幼儿园建构室虽具有趣味性强、可操作性强等特点，但是学习知识和形式比较单一，不能保证孩子学习兴趣的持续性。还有一点就是幼儿园建构室虽然突出STEAM中的工程E，缺少跨学科的学习模式，缺乏艺术性和科技性。因此，我们认为幼儿园建构室未来的发展趋势应该融入艺术和科学学科，提高建构室的科技感和艺术感，做到跨学科学习模式，通过在建构室的学习，不仅可以提高孩子的动手能力、空间想象力和工程构建思维，还可以提高孩子的艺术创造力、美的鉴赏能力，以及培养良好的科学素养和自主创造力等。

第七节　高等院校学前教育专业如何打造STEAM空间

前面已经介绍了多种在幼儿园打造STEAM空间的方法和途径，那么高等院校的学前教育专业又应如何引进STEAM空间呢？

虽然STEAM空间在各中小学普及率越来越高，但是针对高校学前教育专业的空间创建还非常少，主要存在以下几大问题：市场上缺少针对学前教育的STEAM产品和课程、学前教育师资薄弱、缺少服务高校学前教育专业的STEAM服务公司。针对这一现实问题，孩教圈和广东第二师范学院学前教育学院及云南经济管理学院学前教育专业分别采取校企合作的方式打造了适合学前教育专业的STEAM空间。下面以广东第二师范学院学前教育学院STEAM空间设计说明高校学前教育专业如何打造STEAM空间。

广东第二师范学院学前教育学院STEAM空间具有互动性强、科技含量高、实操性强等特点，符合国家政策要求STEAM教育发展大纲，基于STEAM教育理念，以《3—6岁儿童学习与发展指南》为指导思想，按照不同年龄段分为小中大班三个不同级别，配备了几百个创客玩教具，学生可在这里真实模拟幼儿园情景，对玩教具进行操作、体验、实训等，快速掌握STEAM创客教育的理论、方法技巧、器材操作，有效提高STEAM创客课

程的教学技巧，为毕业后进入幼儿园开展 STEAM 教育打下良好的基础。

广东第二师范学院学前教育学院 STEAM 空间

一、STEAM 空间建设理念

STEAM 空间是孩子动手创作、交流分享的活动场地，为孩子提供场地和基本的工具，它是面向实际运用的创新的综合实践场所，并不单指向某个独立的学科。所以广东第二师范学院学前教育学院设计 STEAM 空间打造方案时结合 STEAM 教育的五大跨学科学习理念，设置了基础科学、尖端科技、工程构建、数学思维、3D 艺术打印等 14 个不同主题的专区，每个专区配备相应的教具，供该专业的学生进行体验学习。

二、STEAM 空间布局

在空间布局设计上，广东第二师范学院学前教育学院在充分利用现有空间的基础上，按照 STEAM 教育的创新性、实操性、开放性、合作性、融合性等原则进行 STEAM 空间的布局设计。

学校选择的 STEAM 学习空间场地宽敞，灵活性大，便于 14 个专区的分区独立，学生可以在这里进行教具实操、组织活动、教学演示等操作，有利于学前专业学生掌握 STEAM 教育的教学技巧。在空间打造的过程中，学校十分重视STEAM元素的渗入，在颜色设计上使用冷暖搭配方式，墙面环创使用代表科技的蓝色，同明黄色、粉色搭配的效果，使整个空间充满科技、创新的气氛，给师生们带来情景化的体验。

STEAM空间在设计时还增设了展示板、工具墙、文化墙、挂图等板块，进一步培养学生的科技素养、创新思维、人文情怀和艺术素养。

三、真实模拟幼儿园教学场景

广东第二师范学院学前教育学院STEAM空间真实模拟幼儿园的教学情景，装修设计、空间分布、教学教案、活动设计等在基于STEAM教育理念的特性上，按照幼儿园教学标准进行设置，让学生在真实模拟的幼儿园环境中进行操作、体验、实训等，快速掌握STEAM教育的理论精髓、方法技巧、器材操作，有效提高在幼儿园开展STEAM课程的教学技巧。

四、STEAM空间学习区域设计

STEAM空间的学习区域设计均以方便学生自由活动和实用为原则，墙面使用工具墙、工具挂钩等，便于工具的收纳和拿取。每个教具展示柜下面配有一套收纳盒，教具在不使用时可以装进收纳盒。空间内桌椅采用轻便的塑料材质，可以根据学生的实际需要进行灵活的摆放、拼接、组合，满足不同STEAM项目的操作需要，便于学生进行STEAM项目的操作。

五、开展STEAM教育素养培养

为了让广东第二师范学院学前教育学院的学生在校期间就能掌握STEAM教育的精髓，孩教圈为该院学生提供专业的师资培训，帮助学生理解每个教具的科技原理、教学目标、教学过程、设计意义等。通过培训，学生们不仅熟练掌握了每个教具的操作方法及科技原理，在幼儿园开展STEAM教学也有了更清晰的思路和方向。

六、STEAM空间管理

广东第二师范学院学前教育学院STEAM空间在管理上认真贯彻"科学、规范、安全、高效"的方针，制定《STEAM空间安全管理制度》，要求进入STEAM空间的老师和学生都要严格遵守，做好STEAM空间的管理工作。

第六章 幼儿园STEAM科技节

幼儿园举办STEAM科技节是幼儿园开展STEAM教育的一个重要举措，也是孩子们最直观接触STEAM教育的途径之一。因为对3—6岁的孩子而言，他们处于爱玩、爱探索、爱尝试，对什么都十分好奇的阶段，STEAM科技节恰好满足他们的这一天性。STEAM科技节通过设置一个个科技感和趣味性兼具的游园活动，可以让孩子们亲自去体验、创作、游戏，在玩中体验科技带来的惊喜，在惊喜中培养未来成为一名敢于动手、乐于思考、具有创新精神，并勇于将各种创意转化为现实的"小创客"。

通过举办校园STEAM科技节，将先进的STEAM教育理念带进校园，可以有效激发他们从小爱科技、学科技、用科技的兴趣和热情，从而培养良好的工程思维和创新思维。

第一节 幼儿园如何打造STEAM科技节

传统科技节一般是以科学实验和科普知识为主的，停留在科学单一学科上，很少强调科学、技术、工程、数学、艺术等跨学科知识。传统科技节活动形式单一、教具创新性不足，孩子参与度不高，缺乏一定的趣味性和互动性。

而STEAM科技节则是以孩子体验为核心，强调跨学科的学习，涵盖科学、技术、工程、数学、艺术五大学科。活动形式多样、层次丰富、教具创新性十足，孩子参与度高，可以通过亲身体验教具探索每个教具背后蕴含的科技原理，让复杂繁琐的科技原理通过趣味活动变得通俗易懂，从小接触STEAM教育理念，在心中种下一颗"创新"的种子。下面以在2021年6月份入选联合国儿童基金会《人工智能为儿童》经典案例的孩教圈 STEAM 科技节为例说明幼儿园应如何举办 STEAM 科技节。

传统科技节和 STEAM 科技节的区别

	传统科技节	STEAM 科技节
活动目标	以科普知识为主	以培养孩子创新能力和科技素养为主
跨学科	单一的科学学科知识	科学、技术、工程、数学、艺术等跨学科学习
活动形式	单一，一般是科学实验或大型科学教材参观	多样，涵盖多种人工智能、无人机编程、机器人、3D 打印等多种形式
参与度	以观看、观察为主，孩子参与度不高	孩子深度参与，亲自参与到科技活动中

孩教圈 STEAM 科技节一般是以亲子形式开展的，通过亲子体验、参与，在促进亲密亲子关系建立的同时，可以让家长直接了解 STEAM 教育的意义，加强对 STEAM 教育的认识和认可度，意识到学习 STEAM 教育内容对于培养孩子创新能力的重要性，从而为幼儿园开展 STEAM 教育发挥家园共育的积极作用。

孩教圈 STEAM 科技节活动流程丰富多样，一般含有开幕式表演、游园活动、作品展示区、园长论坛等环节，通过精彩纷呈的游园活动可以让孩子亲自参与到各种富有科技含量的活动中，提高孩子的科技素养和创新能力，而作品展示区则展示了孩子们在 STEAM 教育理念培养下创作的作品成果展示，增强孩子进行 STEAM 作品创作的成就感。此外，在举办 STEAM 科技节的期间还可以同期举办园长论坛，邀请儿童 STEAM 专家进行主题分享，可以为其他园长就如何在幼儿园开展 STEAM 教育带来新的思考和认识，促进 STEAM 教育在我国幼教行业的创新发展。

开幕式：孩教圈 STEAM 科技节在开幕式表演环节一般会策划空气炮表演、战车方队表演、坦克战队表演、无人机表演、机器人表演、特技飞机表演等，通过高潮迭起的高科技开幕式表演，可以有效激发孩子的参与兴趣和热情，让孩子感受科技的力量。空气炮表演不仅可以瞬间点燃现场气氛，通过发炮拉开整个科技节的序幕，同时可以让孩子学习空气炮是利用了空气压缩机压缩高密度空气，然后瞬间喷出超速气流的科学原理；战车方队和坦克战队表演则可以让孩子感受未来汽车科技和国防科技的力量，同时学习每种车辆的工作原理；无人机表演可以让孩子初步接触无人机编程技术；特技飞机表演可以让孩子感受航空领域的尖端技术；让孩子跟着机器人一起跳舞，不仅能营造现场的热烈气氛，同时让孩子学习机器人编程的相关知识。

　　游园活动：孩教圈 STEAM 科技节会设置基础科学、无人机编程、机器人编程、3D 打印、环保科技、水上科技、国防科技等众多富有科技感的游园活动专区，让孩子们亲自去体验、去游戏、去创作、去探索，他们可以在玩中感受科技活动带来的惊喜，了解 STEAM 教育的内容，并掌握每个活动中涵盖的科技原理，从而激发他们爱科技、学科技、用科技的热情和兴趣，培养良好的创新思维和科技素养。

　　作品展示区：由幼儿园组织老师和孩子开展 STEAM 作品创作周，创作主题可与幼儿园园所特色或园本课程相结合。在规定的周期内，孩子在老师的指导下创作。在 STEAM 科技节当天，由园所筛选孩子的优秀 STEAM 作品在作品展示区进行展示，向大家展示 STEAM 创客教育如何与园所特色或园本课程相融合的路径和成果。

　　园长论坛：幼儿园可在 STEAM 科技节当天组织举办园长论坛，邀请片区或周边的园长参加园长论坛，论坛上除了邀请儿童 STEAM 教育专家进行主题演讲外，园长也可向与会园长介绍本园开展 STEAM 教育的方法和途径。通过园长论坛的举办，为幼教同行之间的探讨交流提供一个平台，共同推动 STEAM 教育在幼教领域的发展，为各园长对于如何打造符合本园园情的 STEAM 课程带来新的思路和方向。论坛结束后，园长可自由参观游园活动和师生的 STEAM 作品展，通过现场观摩，为园长对如何打造具有本园特色的 STEAM 科技节带来新的思考和想法。

第二节　STEAM 科技节的不同主题

孩教圈 STEAM 科技节涵盖了众多不同的主题，可根据幼儿园园所实际情况和需求，在充分结合园所特色的基础上，融入 STEAM 元素举办一场既能体现办园特色又有高科技元素的 STEAM 科技节，如"科技＋国防教育""科技＋传统文化""科技＋体育""科技＋艺术""科技＋健康""科技＋红色基因教育""科技＋环保""科技＋阅读""科技＋地域文化"等不同主题。

一、广州市东方红幼儿园首届"儿童创客文化节暨 2018 国庆嘉年华"活动

为贯彻党的十九大报告提出的"坚定实施科教兴国战略、人才强国战略"政策，积极响应教育部印发的教育信息化十三五规划中提出的探索信息技术在跨学科学习新教育模式中的应用，广州市东方红幼儿园特此开展了首届"儿童创客文化节暨 2018 国庆嘉年华"活动。目的是引领广大儿童感悟科学创造的魅力和重要意义，鼓励儿童积极培养动手实践能力，提升科学素养，培育创新精神。创客教育是孩子创新思维和动手创造能力培养的最佳选择之一，本次活动通过游戏化的方式，寓教于乐，为孩子提供优质的 STEAM 教育内容，培养孩子的创新思维和创造能力，助力孩子成为未来科技创造的栋梁之材。

科技节部分专区展示

专区名称	恐龙考古	水上科学世界	魔法科学秀	海陆空三栖无人机
专区介绍	幼儿园充分利用园所的沙池，将不同的恐龙化石埋在沙池里，让孩子们一起回到侏罗纪公园，到达恐龙考古区，	利用水池设置一个水上科学世界，提供不同的泡沫板，让孩子利用现有材料，发挥自己的想象力搭建一座浮桥，	在魔法科学秀专区，设置百思不解的"大象牙膏"、浪漫的"冰雪奇缘"、神奇的"碘钟效应"、壮观绮丽的"会变	在编程启蒙板块设置了海陆空三栖无人机，海陆空三栖不但赋予了可编程的特性，还采用了模板化的设计，让它具

续表

专区名称	恐龙考古	水上科学世界	魔法科学秀	海陆空三栖无人机
	变身一名小小考古学家,亲手揭开一亿年前的秘密。	同时学习浮力的物理原理。	色的瓶子"等一系列化学实验,带领孩子开启一场奇妙的化学启蒙之旅。	备了可变性的能力,可以在天上飞,地上跑,水上游……孩子们可通过编程转换无人机的不同形态,进行游戏。
活动过程	1. 孩子身穿博士服装,戴上护目眼镜。 2. 孩子手拿塑料桶和铲子,学习利用铲子将埋在沙池里的恐龙化石挖出来的技巧。 3. 孩子使用考古铲进行挖掘,在发现轮廓后,首先要定位,从骨架周边入手,避免考古铲破坏骨架。 4. 在骨架被挖掘出来后,使用毛刷进行清理,处理覆盖在骨架上的细沙,并小心地放入塑料桶里。 5. 挖掘活动结束后,将收集到的恐龙化石按照不同种类进行分类。	1. 将参与活动的孩子分组,每组进行比赛,看看哪组孩子搭建的浮桥又稳又长。 2. 孩子们进行团队合作,思考如何利用泡沫板搭建一座浮桥。 3. 孩子们利用泡沫板进行浮桥的搭建。 4. 浮桥搭建完毕后,孩子们可以在浮桥上进行游戏。	1. 由专业教师为前来观察的孩子进行化学实验表演,每20人进行一场实验,每20分钟进行一场,提前设置好实验开始的时间并通过设置在一楼的展牌告知家长。 2. 在展示实验的过程中,老师向孩子讲解每个实验需要用到的材料、器材以及原理等。	1. 由老师向孩子展示无人机的操作方法。 2. 孩子应用所学到的编程知识操控无人机进行相应的动作,如:在无人机状态时,可实现无人机在空中的各种酷炫飞行;在气垫船形态时,可将其搭建成船体模块,利用编程知识控制其在水中畅游;在摩托形态时,可利用编程知识重新组合变身为超动力陆地酷炫摩托车,在陆地上飞快地行驶。

续表

专区名称	恐龙考古	水上科学世界	魔法科学秀	海陆空三栖无人机
活动目标	1. 认识恐龙时代的生物并大致了解恐龙灭绝原因之一。 2. 能够区分恐龙头骨，恐龙化石，三叶虫化石并进行分类。 3. 增加孩子爱护自然、保护环境的环保意识。	1. 通过浮桥活动，学习和了解水中浮力的物理现象和原理。 2. 尝试运用浮力原理使用不同的材料搭建成一座浮桥，可以加深孩子对浮力的理解和应用。	1. 知道过氧化氢和酵母粉发生化学反应可以产生大量的氧气。 2. 学习造雪粉遇到水会慢慢膨胀的现象，探究雪的形成，感受美妙的冰雪世界。 3. 通过科学实验的神奇现象激发孩子科学探索的兴趣和欲望。	1. 通过简单学习，启发孩子良好的编程思维。 2. 激发孩子学习编程的兴趣和热情。 3. 鼓励孩子脑洞大开，尝试多种创意玩法，培养良好的创造能力。

二、广东省委机关幼儿园"探索科技奥秘·创造童年奇迹"STEAM 科技创客节

科技活动是提高儿童科技素养、开发科技人力资源、提高国民创新能力的重要途径。为积极响应教育部印发的教育信息化十三五规划中提出的探索信息技术在 STEAM 教育、创客教育等新教育模式中的应用，通过丰富多彩的创客教育和科技活动激发广大师生爱创客、讲科学、用科技的热情和兴趣，鼓励孩子积极培养动手实践能力，提升科学素养，培育创新精神，广东省委机关幼儿园举办"探索科技奥秘·创造童年奇迹"STEAM 科技创客节，以此推进该园 STEAM 创客科技文化的创新开展，将军事科技、机器人、3D 打印、尖端科技、无人机等世界前沿科技带到孩子的身边，培养他们的创新思维和创造能力，助力他们成为未来科技创造的栋梁之材。

科技节部分专区展示

专区名称	编程机器人世界	足球机器人挑战赛	战车工厂挑战赛	淘金猎人
专区介绍	机器人在我们的生活中扮演着越来越重要的角色。设置编程机器人世界专区可以让孩子亲自体验利用电子元件和编程进行机器人控制，让孩子从小接触编程知识，培养良好的编程思维。	在足球机器人挑战赛专区设计了刺激紧张的足球机器人比赛。让孩子学会利用电脑编程控制机器人，完成足球世界杯大战，可以控制动作，可以控制队形实施战术，比比看谁能获得最后的大力神杯！	在战车工厂挑战赛设置各种不同类型的战车：有利用空气压强跑起来的空气战车、有利用风力跑起来的风力车，还有利用履带动起来的坦克，小朋友可以在这里进行一场战车拉练赛，同时学习每辆战车的科学原理。	淘金猎人专区设计有趣好玩的淘金小比赛，小朋友可以在这里化身一名淘金猎人，用金属探测器的威力，找出埋藏在地底下的金子，同时可以学习金属探测器的科学原理。
活动过程	1. 由老师讲解编程机器人的操作方法和简单的编程知识。 2. 孩子利用所学的编程知识操控各种不同的机器人进行游戏，如：操作巡线机器人只沿着黑线轨迹行走；操作避障机器人在行驶的过程中能够自动避开道路中的障碍物；操作红外线机器人完成各种探险工作。	1. 利用简易移动桌子搭建一个足球场，真实模拟足球赛场。 2. 由老师讲解足球机器人的操作方法和对应的编程知识。 3. 每次4名小朋友进行游戏，每两名小朋友一组。 4. 每名小朋友手持一个遥控器控制一个机器人，利用所学的编程知识遥控足球机器人进行移动、	本活动为接力赛，总共四小组同时进行，每小组4人分别负责四种战车： 1. 第一棒：空气战车首先需要通过上坡与下坡到达第一棒终点； 2. 第二棒：太阳能战车通过接受太阳能前行，当通过隧道时则无法前行，需要第三棒的坦克进行协助； 3. 第三棒：坦克	1. 背景知识介绍（沙漠淘金）： （1）小朋友们你们知道金子是从哪里来的吗？ （2）淘金者打捞起河里或者湖里的泥沙，在淘盘中将淤泥洗净，以便找出天然的金沙。那么今天我们也来当一回淘金者，体验一次淘金的乐趣！ 2. 进行淘金游戏： （1）每人取一个小桶，在沙地中寻

续表

专区名称	编程机器人世界	足球机器人挑战赛	战车工厂挑战赛	淘金猎人
		踢球等操作。 5. 在三分钟时间内，哪组小朋友控制足球机器人将足球踢进球网的数量最多，哪组就获得胜利。	在牵引太阳能战车通过隧道后，需要拉取重物完成第三棒； 4. 第四棒：风力车需要通过独木桥到达终点，如果途中掉落独木桥，则需要从第四棒起点重新开始，直到顺利通过独木桥到达终点。	找尽可能多的金粒； （2）将寻找到的金粒倒入滤网中，并在小溪中冲洗，找到金子； （3）将洗涤干净的金子利用金属探测器进行检验； （4）利用金属探测器鉴别真金； （5）找到的真金越多获得的奖励越多。
活动目标	1. 学习操作机器人，以及初步认识红外线传感器、颜色分辨传感器等电子元件的功能。 2. 初步接触机器人编程知识，培养良好的编程思维。	1. 通过与机器人智能互动，让孩子体验高科技 AI 技术的奇妙。 2. 初步接触机器人编程知识，让孩子从小进行编程思维启蒙。	1. 认识不同的战车：空气车、风力车、磁力小车。 2. 学习空气战车是利用空气压强跑起来的科学原理，风力车是利用风力跑起来的原理，太阳能车是利用太阳能跑起来的原理以及坦克的履带是为了增大受力面积减少压强的科学原理。	1. 了解金属探测器是运用电磁感应原理工作的。 2. 认识金属探测器在生活中的实际应用。

121

三、广东省公安厅幼儿院"乐想创玩·幼见未来"STEAM 科技节

为了让孩子从小了解公安部门的职能，认识警察的工作性质和职责，同时提高他们的安全意识，广东省公安厅幼儿院联合孩教圈举办了"乐想创玩·幼见未来"STEAM 科技节，本次科技节充分融入了园所特色和 STEAM 创客元素，分设了科学、技术、工程、艺术以及数学五大专区，涵盖了刑侦追踪、枪王之王、鹰击长空、火箭兵团、极速抓捕、空中大营救、悬浮侦察机、少年侦探队、未来海警、搬运机器人、工程机器人、警官创客营、3D 打印设计、神枪狙击、特警作战、迷宫追踪机器人等游园活动，将军事科技、机器人、3D 打印、尖端科技、无人机等世界前沿科技带到孩子的身边，培养他们的创新思维和创造能力，助力他们成为未来科技创造的栋梁之材。

科技节部分专区展示

专区名称	小小侦探队	空警营救	阵地搭建机器人	3D 打印
专区介绍	很多小朋友心中都有一个侦探梦，收集证据，分析鉴证，抓捕坏人。为了满足孩子的侦探梦，本次科技节设置了小小侦探队专区，让孩子学习利用测谎仪、声呐枪、对讲机等破案工具进行游戏。	无人机作为"警用"在空中侦察、追捕疑犯、消防救援、抢险救灾等的运用是一种趋势。本专区设置了空警营救的游戏任务，让孩子在完成任务的过程中加强对无人机应用和空警工作职责的认识。	警察在面对负隅顽抗的敌人时，需要搭建维护自身安全，又能有效打击敌人的阵地。这个重要任务就要交给阵地搭建机器人。所以在本专区就要考验一下小朋友们的操作技巧，操控阵地搭建机器人，使用铲车将"砖头"搬运到指定位置。	公安民警忠诚奉献、不怕牺牲、英勇无畏……在 3D 打印专区，小朋友们可以用 3D 打印笔描绘出自己心目中警察英雄的样子，初步接触 3D 打印技术。

续表

专区名称	小小侦探队	空警营救	阵地搭建机器人	3D打印
活动过程	1. 老师讲解测谎仪、声呐枪、对讲机等破案工具的使用方法和科学原理。 2. 孩子们分组进行游戏，利用测谎仪、声呐枪、对讲机等工具与同伴合作，共同破案。	1. 老师讲解游戏的背景和任务。 2. 孩子们学习无人机的操作方法和简单的编程知识。 3. 孩子们利用所学的编程知识控制机器人完成起飞、低空盘旋、穿越障碍物等动作，突破重重困难，在指定地点降落。	1. 老师讲解游戏的背景和任务。 2. 孩子们学习阵地搭建机器人的操作方法和简单的机器人编程知识。 3. 孩子们观察游戏场地的现状，明确要操控机器人完成的任务。 4. 孩子们进行比赛，遥控机器人将物资运送到指定地点，看看谁的机器人运输得最快最多最稳。	1. 老师讲解3D打印笔的使用方法和注意事项。 2. 孩子打开3D打印笔进行耗材加载，当笔尖涌出材料后，笔在白色模板上进行警察形象的描画。 3. 3D作品描画完成后，稍等一会儿，将作品从白色模板上轻轻地撕下来。
活动目标	1. 学习测谎仪、声呐枪、对讲机等教具的工作原理。 2. 亲自尝试体验这些有趣的科技产品，知道侦探们的工作方式。	1. 学习无人机的作用及操作。 2. 学习操作无人机，完成起飞和低空盘旋飞行任务。	1. 学习操控铲车机器人，完成各种技术动作，检测铲车机器人的承重能力，进行后续任务。 2. 操作机器人进行现场积木搬运，运送至指定地点，看看谁控制机器人最稳健。	1. 体验前沿的3D打印技术。 2. 学习如何使用3D打印出警察的形象。 3. 培养3D的空间思维模式。

四、广州警备区幼儿园"畅享科技愉悦·乐学国防文化"国防 STEAM 创客科技节

幼儿国防教育是全民国防教育的重要组成部分，是幼儿园德育的重要内容，少年强则国强。为了更好地对孩子进行国防教育，同时积极响应国家对 STEAM 创客教育的鼓励，让孩子在创客活动中培育爱国主义，激发他们爱创客、讲科学、用科技的兴趣。广州市警备区幼儿园联合孩教圈举办了"畅享科技愉悦·乐学国防文化"国防主题 STEAM 创客科技节。本次活动以国防教育为核心，以创新科技为载体，将众多前沿科技带到孩子的身边，培养他们的创新思维和创造能力，助力他们成为未来科技创造的栋梁之材。

科技节部分专区展示

专区名称	小小解放军	未来海军	战地研究院	坦克对对碰
专区介绍	小小解放军专区设置了二战时期著名的迫击炮让孩子进行游戏体验。在本专区，孩子可以体验利用抛物线投掷炮弹击中目标物，同时学习迫击炮的工作原理。	为了加强孩子对海上作战武器的了解，本次科技节特意设置了未来海军专区，在本专区，设计了航母、导弹艇、战列舰都是海上作战的重要武器，孩子可以通过遥控尝试操作不同的装备。	战地研究院集合了各类尖端国防科技教具。小朋友在这里一起"解剖"坦克，了解其内部构造，亲自动手体验发报机、潜望镜、喷射火箭等军事科技产品。	坦克是我国现代陆上作战的主要武器之一。在本专区，孩子可以通过遥控手柄控制坦克前进、后退、攻击、防守等进行坦克拉练赛。

续表

专区名称	小小解放军	未来海军	战地研究院	坦克对对碰
活动过程	1. 老师讲解迫击炮的操作方法和科学原理。 2. 孩子将炮弹放入弹簧腔里按压一下，然后将炮弹放进枪膛里，炮弹即可发射出去。 3. 与同伴比一比看看谁击中的敌人最多。	1. 老师讲解航母、导弹艇、战列舰的使用方法和科学原理。 2. 孩子利用遥控手柄遥控航母、导弹艇、战列舰等教具进行游戏。	1. 老师向孩子讲解各类尖端国防科技教具的操作方法和科学原理。 2. 孩子自己动手体验各种科技教具。	1. 老师向孩子讲解坦克的使用方法和科学原理。 2. 每个孩子手持一辆坦克，然后遥控坦克和同伴进行比赛。
活动目标	1. 初步了解迫击炮利用重力激活弹簧弹出，弹性势能转化为动能的工作原理。 2. 认识不同类型的火炮和迫击炮的用途。	1. 了解航母、导弹艇、战列舰的构造。 2. 学习航母、导弹艇、战列舰的工作原理。	1. 认识各种不同国防科技教具的科技原理。 2. 体验国防与科技结合的活动乐趣。	1. 认识塔克是我国现代作战的主要武器之一。 2. 知道坦克上的履带是为了增大受力面积减少压强。

五、南沙区第一幼儿园"礼赞祖国 70 华诞·传统文化润童年"STEAM 艺术创客节

创意插花是我国一项重要的传统文化，南沙区第一幼儿园经过多年的实践探索，已经将其打造为园本特色文化。在新科技时代，南沙区第一幼儿园积极响应教育部引进 STEAM 创客教育的政策，创新性地将创意插花与创客教育有机结合，创意插花艺术创客的实践与创新取得了初步的成果。2019 年是祖国70华诞，为了庆祝祖国妈妈生日，同时将创意插花与STEAM融合的成果进行展示，南沙第一幼儿园联合孩教圈举办了"礼赞祖国70华诞·传统文化润童年"STEAM艺术创客节。

本次艺术创客节以创意插花为核心，设置了创意插花馆、创意插花与STEAM融合展示馆两大展区，不仅详细展示如何打造创意插花园本特色文化，还系统展示了创意插花如何与创客教育相融合的路径和成果。

此外，本次艺术创客节还设置了众多富有科技感的艺术创作活动，如体现南沙地区文化特色的3D打印麒麟舞、智能剪纸天后宫等，让孩子和家长们在趣味活动中了解艺术与科技相结合的跨学科学习方法，通过创作艺术作品体验科技赋能艺术带来的奇妙乐趣，培养孩子的艺术创作能力和创新思维。

创客节部分专区展示

专区名称	智能剪纸机	画画机器人	3D打印麒麟舞	3D闪光画
专区介绍	剪纸艺术是最古老的中国民间艺术之一。随着科技的发展，剪纸艺术和科技结合迸发出新的火花。为了让孩子体验先进科学技术和传统艺术结合的魅力，创客节设置了智能剪纸机让小朋友观看智能剪纸机如何剪出南沙天后宫的剪纸。	酷炫的画画机器人总能一下子吸引孩子们的目光。孩子在iPad上创作出自己的作品，画画机器人便可在白纸上重现孩子的作品，让孩子感受科学与画画结合的乐趣和魅力。	本次艺术节利用3D打印技术与南沙区的一大传统文化特色民俗文化麒麟舞结合起来。事先建立好一个麒麟的立体模型，然后利用3D打印机打印一个麒麟的模型让小朋友们观赏，了解麒麟舞的相关文化事迹。	在3D闪光画专区，小朋友可以将图样放在透明画板下照着描出图案，也可以发挥天马行空的想象力创作出属于自己独一无二的画。绘画完成后，打开画板上的灯光，便可欣赏自己的作品。

续表

专区名称	智能剪纸机	画画机器人	3D打印麒麟舞	3D闪光画
活动过程	1. 老师讲解南沙天后宫的历史故事。 2. 老师讲解AI智能剪纸机裁剪剪纸的科学原理。 3. 孩子观看AI智能剪纸机裁剪天后宫剪纸。	1. 老师讲解画画机器人工作的原理。 2. 孩子在平板上画出自己喜欢的图案。 3. 观看画画机器人按照小朋友的画画步骤还原出孩子的作品。	1. 老师向孩子讲解3D打印机三维建模、切片处理、3D打印的相关知识。 2. 孩子们观看3D打印机如何打印出一个立体的麒麟。	1. 老师向孩子讲解3D立体画的操作方法和科学原理。 2. 孩子利用画笔在白色画板上画出自己喜欢的图案。 3. 戴上眼镜后，便会看到原来的二维平面图案变成3D立体的。
活动目标	1. 观看智能剪纸机剪纸，同时了解南沙天后宫的相关文化知识。 2. 体验智能AI技术与传统文化相结合的乐趣。	1. 体验高科技作画的乐趣。 2. 学习画画机器人是应用了图像识别的科技原理。	1. 通过3D打印技术培养孩子空间想象力和艺术创作力。 2. 了解南沙麒麟舞的相关文化。	1. 新奇发光画板让孩子在享受画画乐趣的同时提高了艺术创造力。 2. 初步体验了3D新兴技术。

六、广州市天河区第二实验幼儿园"绿色科技·童创未来"STEAM 科技创客节

为了从小培养孩子们的环保意识，提高他们对爱护地球、保护环境重要性的认识，同时积极响应教育部提出的探索 STEAM 教育和创客教育等新教育模式中的应用，广州市天河区第二实验幼儿园举办了"绿色科技·童创未来"STEAM 科技创客节。本次创客节以环保科技为核心，融入 STEAM 创客内容，将太阳能、风能、水能、垃圾分类、绿色发电等世界尖端绿色环保科技带到孩子的身边，不仅能够让他们通过科技感十足的游园活动感受绿色科技带来的惊喜，同时培养他们保护地球、爱护环境的环保意识。

创客节部分专区展示

专区名称	垃圾分类游戏专区	太阳能动力专区	磁悬浮动力专区	风能动力专区
专区介绍	做好垃圾分类是我们注重环境保护的重要举措。为了加强孩子们对垃圾分类的了解和认识，本次科技节设置了垃圾分类游戏专区，通过游戏让孩子了解有害垃圾、可回收垃圾、其他垃圾、厨余垃圾等分类。	太阳能是最经济、最清洁、最环保的可持续能源。为了加强小朋友对太能能源的了解，在太阳能动力专区设置了太阳能战车、太阳能野猪、蟋蟀学走路、太阳能机器人等靠太阳能工作的科技玩具，孩子可以学习太阳能转化成其他能源的科技知识，增强孩子对太阳能环保能源的了解和认识。	磁悬浮动力现被广泛地应用于交通行业中。例如世界第一列磁悬浮列车示范运营线——上海磁悬浮列车，利用"同性相斥、异性相吸"的原理，悬浮在距离轨道约1厘米处，腾空行驶。为了加强孩子对磁悬浮动力的了解，磁悬浮动力专区设置磁悬浮车模型、磁悬浮笔等活动让孩子感受磁悬浮原理。	风能是一种非常重要的新能源。为了加强孩子们对风能的了解，本次科技节在风能动力专区设置了风力仿生兽、风力机器人、风力车、风能动力车，让孩子一起揭秘风能转化成动能的科技原理。

续表

专区名称	垃圾分类游戏专区	太阳能动力专区	磁悬浮动力专区	风能动力专区
活动过程	1. 小朋友在老师的带领下学习语音识别垃圾机器人、图像识别垃圾分类、刷卡垃圾分类、智能垃圾车等垃圾分类教具的使用方法。 2. 将垃圾图卡插入"博士先生"的肚子里,"博士先生"便会说出它属于哪个分类。 3. 将垃圾图卡在垃圾桶旁边的刷卡处轻轻地刷一下,垃圾桶便会自动识别出它属于什么垃圾分类。 4. 对着语音垃圾分类桶说出一个物品的名字,垃圾分类桶便会自动识别出它的正确分类。 5. 将不同种类的物品洒落在地面上,垃圾车经过的时候便会自动识别出它的类别。	1. 老师讲解每个太阳能科技教具的操作方法和科学原理。 2. 孩子在老师的带领下自由体验每个科技教具。 3. 孩子通过游戏活动学习太阳能转化成动能的知识。	1. 老师讲解上海磁悬浮列车的知识和磁悬浮动力的相关知识。 2. 孩子在老师的带领下体验磁悬浮列车的玩法。 3. 孩子自由体验磁悬浮笔、磁悬浮陀螺、磁力小车等教具,进一步加深对磁悬浮动力的了解。	1. 老师讲解风力仿生兽、风力机器人、风力车、风能动力车等科技教具的操作方法。 2. 风扇吹风、扇子吹风、自然风等不同的风力使得风力仿生兽、风力机器人、风力车、风能动力车等科技教具跑动起来。 3. 分组比赛,看看谁制造的风力使得它们走得最快最远。

续表

专区名称	垃圾分类游戏专区	太阳能动力专区	磁悬浮动力专区	风能动力专区
活动目标	1. 学会垃圾分类，增强环保意识。 2. 初步接触编程知识，从小培养良好的编程思维。	1. 让孩子了解太阳能是环保新能源之一。 2. 学习太阳能转化成其他能源的科技知识。	1. 了解磁悬浮的工作原理。 2. 知道上海磁悬浮列车的相关知识。	1. 让孩子了解风能是环保新能源之一。 2. 了解风能转化成动能的科技知识。

七、东莞莞城中心幼儿园"传承红船精神·科技赋能阅读"STEAM 智慧阅读活动

东莞莞城中心幼儿园长期以来都非常重视幼儿阅读方式的创新，一直思考在科技时代，如何借助当前国家重点鼓励的 STEAM 教育理念创新传统的阅读方式。本着开拓创新的进取精神，该园于 2020 年立项了广东省教育厅学前教育"新课程"科学保教示范项目《智慧·艺术·多元——开放式早期阅读课程体系的建构与实施》、东莞市教育科研"十三五"规划 2020 年度课题《基于东莞非遗文化的幼儿园 STEAM 教育的实践研究》，对与传统文化、STEAM 教育相结合的全新早期阅读方式进行探索研究。

在此背景下，适逢中国共产党成立 100 周年，在 2021 年 4 月 23 日世界读书日当天上午，东莞莞城中心幼儿园举办了"传承红船精神·科技赋能阅读"STEAM 智慧阅读活动。

本次活动以阅读为核心，以创新科技和创意艺术为载体，辅以"红船"文化读本，创新性地强调传统文化、创意艺术和现代科技三者的结合，通过讲、读、说、写、演等多种趣味表现形式，把创作、表演、游园三者相结合，让孩子在多层次、互动性强的游戏中感受阅读的魅力以及中华文化的深厚底蕴。

阅读活动部分专区展示

专区名称	造纸大揭秘	故事机器人世界	活字印刷术	传统名著表演专区
专区介绍	造纸术从诞生至今近两千年悠悠岁月中，承载了太多的文化和艺术内涵。东汉时期蔡伦改进了造纸术，为大家提供了简易的书写工具。为了让小朋友了解纸张的来之不易，本次阅读节设置了造纸大揭秘，让孩子回到东汉，跟着"蔡老师"一起学习造纸术。	经典故事、寓言故事、成语故事、童话大全……智能机器人是一个网络无线故事库，小朋友可以对着它说出想要听的故事名称，智能机器人马上便会为小朋友讲这个故事，通过故事智能机器人让孩子感受科技与阅读相结合的乐趣！	活字印刷的发明是印刷史上一次伟大的技术革命，使用可以移动的金属或胶泥块，来取代传统的抄写，或是无法重复使用的印刷版。为了加强孩子对活字印刷术的了解，本次阅读节设置了活字印刷术专区，让孩子体验活字印刷的全过程。	西游记是我们再熟悉不过的经典，相关的电影、电视剧、动画小朋友或多或少都有看过。在本专区，小朋友可以通过面具、道具等装备，和同伴一起走进西游记世界，进行西游记传统名著的表演。
活动过程	1. 将纸浆撕碎放在水里泡成浆糊。 2. 将浆糊捞起，在过滤框里薄薄地抹上一层。 3. 将过滤框放在太阳底下暴晒，晒干后轻轻地撕下，便成了一张纸。	1. 给故事机器人连上 WIFI。 2. 小朋友对着机器人说出一个故事名称，然后听机器人讲故事。 3. 小朋友可以和机器人进行人机对话互动。	1. 将活字按顺序排好。 2. 用毛刷在排好版的活字上刷上一层墨水。 3. 将一张白纸盖在活字上面。 4. 用海绵刷轻轻地刷压纸张。 5. 将纸张掀开便能看到成品。	1. 确定角色，戴上对应的面具。 2. 手上拿好对应的武器。 3. 开始角色表演。

续表

专区名称	造纸大揭秘	故事机器人世界	活字印刷术	传统名著表演专区
活动目标	1. 了解造纸术是我国古代四大发明之一。 2. 了解中国古代造纸术的发展历程与现状。 3. 知道纸张的来之不易,培养热爱学习的良好习惯。	1. 通过与机器人智能互动,让孩子体验高科技 AI 技术的奇妙。 2. 让孩子初步接触人工智能技术。	1. 了解活字印刷术是我国古代四大发明之一。 2. 了解活字印刷术的起源及历史进程。 3. 学习活字印刷术的技艺。	1. 通过角色扮演活动加强对西游记的了解。 2. 在活动中提高语言表达能力。

八、广州开发区第一幼儿园"童心向党·趣探科艺"第十五届科艺节

近几年,中国科技发展高歌猛进。广州开发区一直十分重视科技创新产业的发展,科技创新能力全国领先。在科技时代,尖端科技、创客、STEAM 等科技元素已经和我们的生活息息相关,如何让孩子从小接触先进的科学技术,培养他们的创新思维,是广州开发区第一幼儿园一直在思考的要点。

为了进一步提升孩子科学素养,培育创新精神,同时庆祝中国共产党成立 100 周年,让孩子在活动中加强对我党历史文化的了解,培育爱国主义,增强民族自信心,广州开发区第一幼儿园举办了"童心向党·趣探科艺"第十五届科艺节暨庆祝中国共产党成立 100 周年活动。

科艺节部分专区展示

专区名称	特技车模互动专区	编程无人机表演	科技+传统文化作品展区	幼儿科技作品展区
专区介绍	本次科技节引入了手势感应车、越野车、变形车、弹跳车、四驱车等各种类型的车模。孩子可在这里体验各种不同类型的高科技汽车，感受汽车与高科技结合的魅力。	本次科技节引入了编程无人机表演，编程无人机战队利用传感器进行感应定位来实现在空中花式飞行和完成队伍的各种变换表演。	本次科技节将科技与艺术相结合，DIY了一系列"科技+艺术"作品，包括扎染、版画书签、剪纸、粤秀、造纸等展品。	为鼓励幼儿进行科技作品创作的热情，提高他们的创新思维和动手能力，本次科技节设置了师生科技作品展区，对师生运用STEAM跨学科进行创作的科技作品进行展示。
活动过程	1. 教师讲解各种类型汽车的操作方法和科学原理。 2. 孩子亲自体验各种类型汽车的玩法。	1. 教师组织孩子有序地观看编程无人机表演。 2. 负责表演的人员使用编程技术控制编程无人机进行花式表演。	1. 教师向孩子讲解扎染、版画书签、剪纸、粤秀、造纸等传统文化活动的操作方法和原理。 2. 孩子在教师的指导下逐一进行体验。	1. 师生运用STEAM跨学科知识进行科技作品的创作。 2. 教师筛选部分优秀作品进行展示。
活动目标	1. 让孩子初步接触人工智能技术。 2. 了解各种类型汽车的工作原理。	1. 初步接触无人机编程技术。 2. 激发孩子学习编程知识的兴趣和热情。	1. 加强孩子对我国传统文化的认识和了解。 2. 感受科技与传统文化相结合的乐趣。	1. 提高孩子的动手能力和创新思维。 2. 学会运用STEAM跨学科学习方式进行作品的创作。

第七章 幼儿园如何开展 STEAM 教育相关课题研究

第一节 STEAM 课题研究

STEAM 教育在幼儿园的顺利落地离不开理论的支撑，充分的理论研究是幼儿园开展 STEAM 教育的重要保障。由于国外的教育情况和我国的教育情况大相径庭，直接将国外的 STEAM 教育生搬硬套在我国幼儿园会适得其反。如何在幼儿园开展适合我国幼儿园孩子的 STEAM 教育是一个重点难点，需要各幼儿园根据实际情况事前进行充分的理论研究，然后结合实践情况，探索出在本园开展 STEAM 教育的方法和途径。

我们通过在中国知网、维普期刊网、万方期刊网等网站以"STEM""STEAM""幼儿园"为关键词搜索发现，在 2016 年—2018 年之间，期刊网网站上收录的有关幼儿园 STEAM 教育的研究成果是非常少的，且大多数是以引进外国的著作成果为主，缺少中国本土学者有关幼儿园 STEAM 教育的研究。到 2018 年后，期刊网上逐渐开始涌现了不少有关幼儿园 STEAM 教育的研究成果，如孩教圈叶生发表的《中国当前幼儿阶段的创客现状与发展趋势》、东北师范大学胡英慧发表的《学前儿童 STEAM 教育课程设计及案例研究》、西南大学黄朋发表的《基于 STEM 的幼儿园科学领域活动设计与实施的行动研究》、山东师范大学李娟发表的《STEM 理念下幼儿园科学教育的个案研究》、上海师范大学秦一丹发表的《STEAM 教学活动对 5—6 岁幼儿申辩式思维影响的研究——以 J 幼儿园为例》，意味着中国学前教育逐渐重视幼儿园 STEAM 教育的研究与探索，并初步积累了一定的理论成果。

随着国家鼓励 STEAM 教育政策的不断出台，不少省市的教育部门也纷纷开始鼓励幼儿园进行 STEAM 教育方面的课题申报和研究，目前针对幼儿园进行 STEAM 教育的研究课题一般涵盖课程、游戏、活动、环境、教师培养、自然生态教育、语言教育、功能室、材料、评价系统、教育成果等几大方面，详情请看下方表格。

STEAM 课题类型列表

序号	领域	具体名称
1	课程	基于 STEAM 教育的园本课程建设研究
2		基于 STEAM 理念下的幼儿园传统文化课程建设研究
3		基于 STEAM 理念下的幼儿园健康教育课程建设研究
4		基于 STEAM 理念下的幼儿园工程构建课程建设研究
5		基于 STEAM 理念下的幼儿园科学教育课程建设研究
6		幼儿园 STEAM 课程建设研究
7		基于 STEAM 理念下的幼儿园艺术教育课程建设研究
8		基于 STEAM 理念下的幼儿园数学教育课程建设研究
9		幼儿园"STEAM＋"园本课程研究
10	游戏	基于 STEAM 理念下的幼儿园科学区域游戏实践研究
11		基于 STEAM 理念下的幼儿园游戏活动实践研究
12	活动	基于 STEAM 理念下的幼儿园主题探究活动实践研究
13		基于 STEAM 理念下的幼儿体育活动设计研究
14		基于 STEAM 理念下的幼儿园区角活动研究
15		幼儿园 STEAM 户外活动实践研究
16		幼儿园 STEAM 科技节实施活动项目研究
17	环境	幼儿园 STEAM 环境创设实践研究

续表

序号	领域	具体名称
18	教师培养	幼儿园STEAM教师队伍建设研究
19		幼儿园提升教师STEAM教育能力的策略体系研究
20		幼儿园STEAM教学专业能力研究
21		幼儿园STEAM人才培养模式研究
22	自然、生态教育	基于STEAM理念下的幼儿园自然环境教育研究
23		幼儿园STEAM教育生态建设研究
24	语言教育	基于STEAM理念下的幼儿园戏剧教育研究
25		基于STEAM理念下的幼儿园早期阅读项目研究
26		基于STEAM理念下的幼儿园语言教育研究
27	功能室	幼儿园STEAM主题功能室建设研究
28	材料	幼儿园STEAM玩具教具材料与幼儿适应性研究
29	评价系统	幼儿园STEAM教育评价研究
30	教育成果	幼儿园STEAM教育成果提炼策略及推广研究

第二节 幼儿园如何申报STEAM相关课题

幼儿园可根据园所特色，申报和STEAM相关的课题，孩教圈可以提供申报资料、课题立项、开题报告、聘请专家、教师研讨、阶段总结、论文发表、结题报告等全程指导和帮助。如孩教圈已协助多所幼儿园申报广东省2020度中小学教师教育科研能力提升计划（强师工程）项目及广东省学前教育"新课程"科学保教示范项目等省级课题。

广东省2020年度"强师工程"项目分为重点项目、一般项目两种类型，项目资助经费总额度为1200万元，按1000万元和200万元分别资助中小学教育科研能力提升项目和国际教育示范区建设专项项目。中小学教师教育科研能力提升项目，广东省教育厅根据教师规模、区域经济水平、项目管理、研究力量等情况综合确定各地市和直属单位的立项项目数及资助金额，国际教育示范区建设专项项目，由各市内高校和各市教育局推荐申报，教育厅组织专家评审后确定。

广东省学前教育"新课程"科学保教示范项目着眼于学前教育课程资源体系优化和提升，实施"学前教育科学保教示范工程"，在全省重点培育一批市县科学保教示范项目和幼儿园科学保教示范项目。示范项目由市县教育部门或幼儿园与教科研机构和高校合作开展课程资源项目研发共建，以"聚焦现状、引领发展、合作研发、实践探索、凝练收获、促进提升"为指导思想，在实践中通过"梳理—学习—研究—开发—试点—培育—选用"的工作模式运行。通过项目培育，建立教育部门、教科研机构和高校、幼儿园联合开展课程资源共建共享有效机制，丰富学前教育课程的理论研究和实践研究成果，形成具有科学性、系统性、选择性、适宜性、中国特色和岭南风格的广东省学前教育"新课程"资源体系。

此外，孩教圈还协助多家幼儿园申报了东莞市教育科研"十三五"规划2020年度课题，该课题是落实《东莞市教育事业发展"十三五"规划》提出的目标任务，以"让每一个学生受到最适合的教育"为核心理念，坚持"公平、均衡、优质、创新、共享"的价值取向，坚持立德树人，全面实施素质教育，实现"智慧育人，育智慧人"。按照东莞市市十项重点工程和五项改革试点项目提出的方向，针对当前教育教学改革的重点、难点、热点问题，结合本单位的实际进行选题论证，以课题研究推进教育教学改革，打造品牌。

第三节 幼儿园如何开展 STEAM 课题研究

与中小学课题研究一般集中在人工智能、编程、机器人等主题不同的是，幼儿园受师资力量不足、3—6岁幼儿实操能力相对较弱等客观因素影响，在开展课题时幼儿园一般会更趋向于将 STEAM 教育与园本课程、园本特色、地域文化等结合进行研究，一方面是因为幼儿园在这些方面已经积累了一定的基础和资源，可以为 STEAM 教育提供一定的教学资源和理论支持。另一方面是因为幼儿对这些方面的知识也是较为熟悉和了解，将 STEAM 教育与园本课程、园本课程、地域文化进行结合更容易被 3－6 岁的孩子所接受和理解，同时也能帮助园所打造独特的 STEAM 主题特色。所以我们建议，幼儿园在开展 STEAM 方面的课题研究时，可以将 STEAM 教育与园本课程、园本特色、地域文化等结合起来，如 STEAM＋二十四节气、STEAM＋陕西文化、STEAM＋水乡文化、STEAM＋非遗文化、STEAM＋海洋科学、STEAM＋生态种植、STEAM＋国防科技、STEAM＋环保科技、STEAM＋健康科技等。下面以 STEAM 教育与绘本主题活动课题研究为例说明幼儿园如何开展 STEAM 课题研究。

一、确定研究课题框架

幼儿园在开展 STEAM 课题研究时需要设计好清晰的研究框架，才能保证课题有条不紊地进行，不至于半途而废。清晰的研究框架包括研究方案、行动推进、反思成果三大环节，每个环节又分解为多个小项目，具体内容如下图所示。

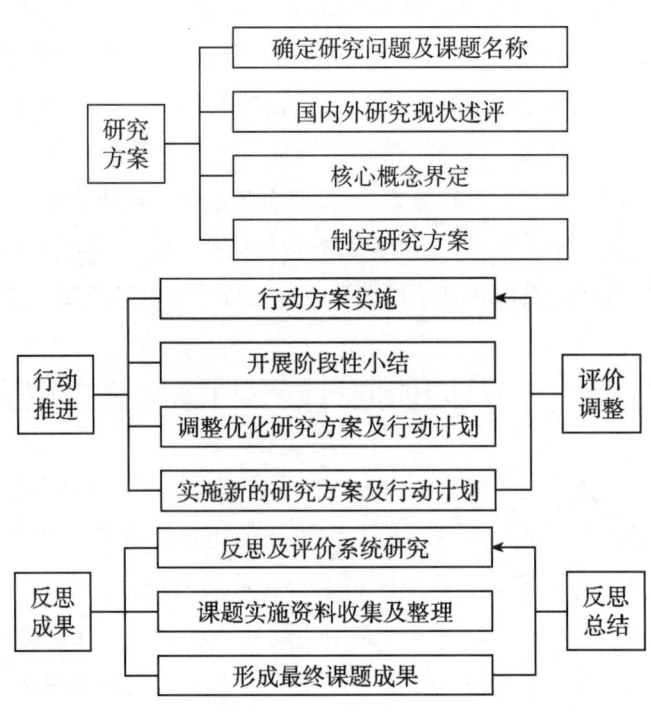

```
              ┌── 确定研究问题及课题名称
   研究方案 ──┼── 国内外研究现状述评
              ├── 核心概念界定
              └── 制定研究方案

              ┌── 行动方案实施 ◄──┐
   行动推进 ──┼── 开展阶段性小结    │ 评价调整
              ├── 调整优化研究方案及行动计划
              └── 实施新的研究方案及行动计划

              ┌── 反思及评价系统研究 ◄──┐
   反思成果 ──┼── 课题实施资料收集及整理  │ 反思总结
              └── 形成最终课题成果
```

二、课题整体思路

幼儿园在开展课题时要立足 STEAM 教育,与课题组成员初步讨论和协商,确定课题的大纲和主旨内容,然后根据课题方向查阅相关文献,将搜集到的相关文献资料进行分析、总结,接着根据最终的总结情况重新修改、完善本课题的研究重点和内容,再综合运用文献研究法、专题研讨会法、观察法、作品分析法、经验总结法等方法进行调研,根据搜集到的资料以及实践结果等撰写结论报告,最后将成果进行推广应用。

一篇完整的课题报告一般包括了理论研究、意义与价值、内容与设计、项目实施计划、预期成果、基础与条件、保障条件等板块。

1. 理论研究

理论研究部分一般包括国内外研究现状述评和核心概念界定两部分。

国内外研究现状述评:通过查阅国内外文献资料进行课题研究现状的述评。在查阅国内外文献时要注意检索列举的规范性,项目的研究现状述评时要做到客观、准确。

核心概念界定:在撰写课题申报书时需要对课题的核心概念的内涵及外延进行科学、具体、明确的说明。如在 STEAM+绘本主题活动课题研究时需要对 STEAM 教育、绘本主题活动等核心概念的内涵及外延进行说明。

2. 意义与价值

意义与价值部分一般包括学术价值和应用价值两大部分。

学术价值:学术价值要有创新性、前瞻性,能够对现有理论做出贡献,或验证现有理论,或充实现有的理论,能给后来研究者带来有价值的参考意义。

应用价值:在社会上具有良好的应用前景及教育教学效益,如对孩子、家长、老师、行业产生了哪些积极影响,分析时要做到充分、客观。

3. 内容与设计

内容与设计一般包括研究目标、研究内容、研究方法等内容。

研究目标:研究目标要具体,具有可操作性和可行性,且符合课题研究和发展方向。

研究内容：研究内容要分解科学、具体、有条理，且具有可操作性；拟突破的重点、难点要明确清晰，同时提出可行的解决办法。

研究方法：根据研究内容选择研究方法，如文献研究法、专题研讨会法、观察法、作品分析法、经验总结法等，研究方法可行性、科学性强。

4. 项目实施计划

项目实施计划一般包括课题启动阶段、理论学习阶段、实施策略阶段、课题结题阶段。

课题启动阶段：包括课题名称的确定；召开课题开题报告会，成立课题小组；制定研究方案，确定研究人员具体分工等。

理论学习阶段：包括通过文献研究法查阅相关资料、组织开展STEAM主题研讨会、掌握STEAM教育＋绘本主题活动作品创作的方法途径等。

实施策略阶段：

（1）从调查研究入手，了解幼儿对STEAM教育、绘本主题活动等内容的了解程度和接受程度。

（2）通过问卷调查法、访谈法等了解幼儿园老师对STEAM教育的了解程度。

（3）开展基于STEAM教育理念的绘本主题活动研究与实践的活动。

（4）整理分析前期活动的实施情况，结合理论反思方案的可行性与不足之处，最大程度地优化课题的全过程。

（5）开展阶段性小结，总结在幼儿园实施"STEAM教育＋绘本主题活动"的经验和策略。

（6）将总结的经验和策略应用于全园的"STEAM教育＋绘本主题活动"中，进行实践验证，得出在幼儿园开展"STEAM教育绘本主题活动"的有效经验和策略。

课题结题阶段：收集、整理"STEAM教育＋绘本主题活动"过程资料，总结各个阶段课题开展经验，撰写课题的结题报告、成果汇编。

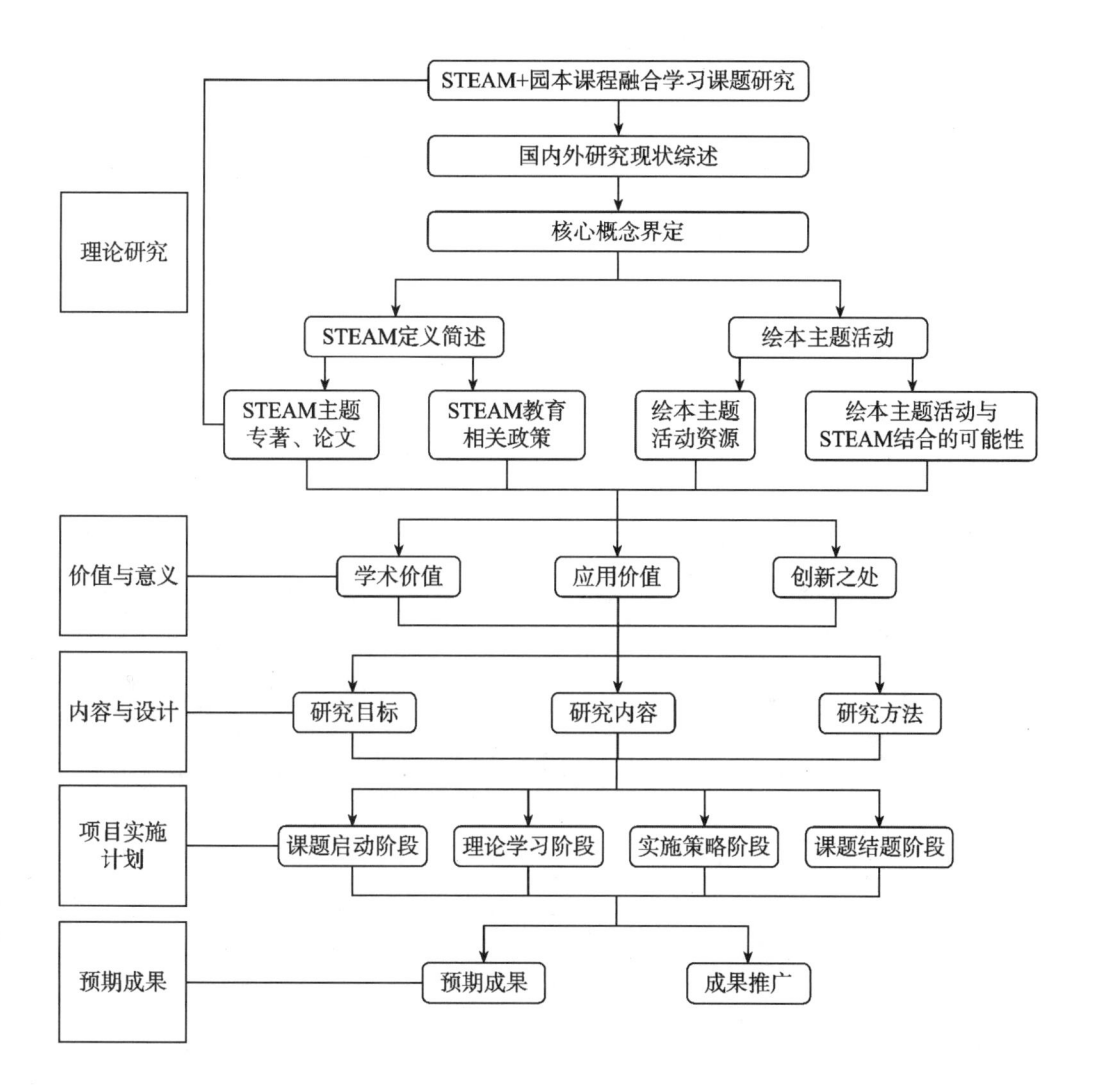

```
                    ┌─────────────────────────────────────┐
                    │   STEAM+园本课程融合学习课题研究    │
                    └─────────────────────────────────────┘
                                     │
                    ┌─────────────────────────────────────┐
                    │         国内外研究现状综述          │
                    └─────────────────────────────────────┘
                                     │
                    ┌─────────────────────────────────────┐
                    │           核心概念界定              │
                    └─────────────────────────────────────┘
```

理论研究 → STEAM定义简述 / 绘本主题活动

- STEAM主题专著、论文
- STEAM教育相关政策
- 绘本主题活动资源
- 绘本主题活动与STEAM结合的可能性

价值与意义：学术价值、应用价值、创新之处

内容与设计：研究目标、研究内容、研究方法

项目实施计划：课题启动阶段、理论学习阶段、实施策略阶段、课题结题阶段

预期成果：预期成果、成果推广

三、课题研究内容

课题的研究内容要基于核心概念、围绕课题名称展开，包括为什么要研究？研究的目的是什么？研究的内容有哪些？采取什么样的研究方法？研究的最终成果有哪些？例如幼儿园在开展 STEAM 与绘本主题活动课题研究时包括以下内容：

1. 课题开展的背景调查及需求分析研究等，包括幼儿园在开展绘本主题活动时已形成了哪些资源和课程体系，幼儿的接受程度是如何的，学生家长的需求是什么？

2. 课题研究的目标包括：通过研究，借助STEAM教育理念创新绘本主题阅读的学习方式和创新绘本延伸途径；通过研究，优化幼儿园绘本课程建设，提升绘本主题活动实效，创新绘本阅读方式，深化园本特色；通过研究，提高教师在STEAM理念下的绘本主题活动的设计和组织能力，促进教师专业素质提升等。

3. 课题的研究内容包括STEAM教育理念、绘本主题活动的概念界定、研究幼儿对STEAM教育的接受程度、探索STEAM教育理念下的绘本主题

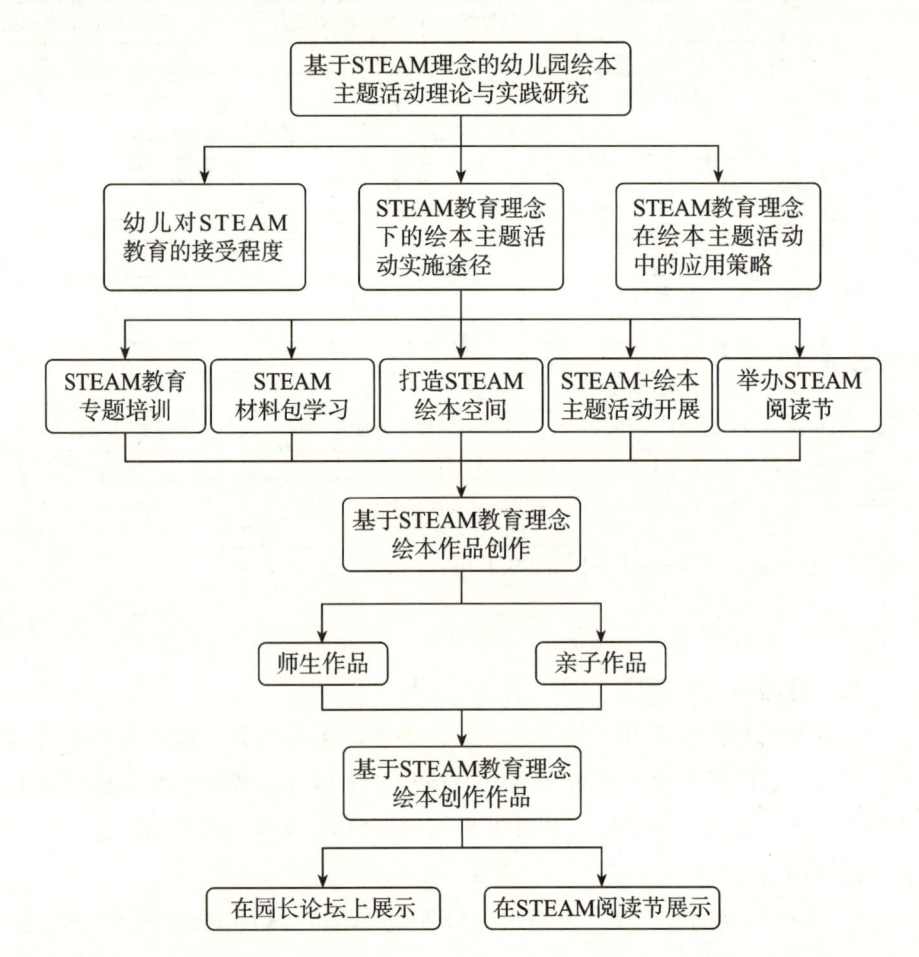

```
                    基于STEAM理念的幼儿园绘本
                    主题活动理论与实践研究
                              │
        ┌─────────────────────┼─────────────────────┐
        │                     │                     │
  幼儿对STEAM          STEAM教育理念          STEAM教育理念
  教育的接受程度        下的绘本主题活         在绘本主题活动
                      动实施途径              中的应用策略
        │                     │                     │
  ┌─────┼─────┬─────────┬─────────┬─────────┐
  │           │         │         │         │
STEAM教育   STEAM    打造STEAM  STEAM+绘本  举办STEAM
专题培训   材料包学习  绘本空间   主题活动开展  阅读节
                              │
                    基于STEAM教育理念
                    绘本作品创作
                              │
                    ┌─────────┴─────────┐
                  师生作品             亲子作品
                              │
                    基于STEAM教育理念
                    绘本创作作品
                              │
                    ┌─────────┴─────────┐
              在园长论坛上展示      在STEAM阅读节展示
```

活动组织实施途径、开发 STEAM 理念下的绘本主题活动、研究 STEAM 教育理念在绘本主题活动中的应用策略。

4. 课程内容的开发包括 STEAM＋绘本主题活动课程教案、课程体系、课程教学视频等内容。

四、课题研究成果提炼

课题最终的研究成果要系统而丰富，可分为两种：一种是直接的研究成果，要与课题名称匹配、吻合，包括作品集、课程案例集、课题总结报告等；另一种是非直接的研究成果，包括论文、专著等。总而言之，研究成果是基于研究内容的产物。

例如，STEAM＋绘本主题活动课题的直接研究成果包括了 STEAM 教育与绘本主题活动融合作品、STEAM 教育与绘本主题活动融合课程资源及体系、最后结题报告等；非直接研究成果包括了以 STEAM＋绘本主题活动为主题的论文等。

五、课题专家引领

课题研究经验较少、STEAM 师资力量不足的幼儿园可通过邀请行业专家指导，以保障课题的顺利开展。

专家指导一般会通过组织教师开展专题研讨会来提高整个幼儿园老师的科研水平。专题研讨会一般分为专业理论培训、教师分组研讨、专家点评等三部分。

专业理论培训：在这个环节，专家会从研究内容、STEAM 理论基础以及案例分析等方面向老师讲解 STEAM 的定义内涵、在幼儿园开展 STEAM 教育的方法技巧以及开展 STEAM 课题的方法途径等。通过培训，进一步加强老师对 STEAM 教育的认知。

教师分组研讨：专业理论培训结束后，便由老师分组进入研讨环节，每 5 位或 6 位老师为一组。老师们围绕研究课题确定一个研讨主题，运用提出问题、解决思路、创作方案、作品创作的方式进行相关作品的创作，并将其创作思路通过思维导图表现。

专家点评：分组研讨结束后，每个小组派一名代表和大家分享自己的作品和创意，每个小组代表分享后，由专家对作品进行点评和指导。通过自己研讨、创作，再加上专家的点评，可以进一步强化老师的 STEAM 素养，更好地掌握课题开展的方法和技巧。

下编 案例编

为帮助更多幼儿园了解开展 STEAM 课程的方法和思路，明晰一节完整 STEAM 课程的流程，我们研发了 30 个适合在幼儿园开展的 STEAM 课程案例。所有课程均利用生活环保、简易的低结构材料，具有取材方便、操作简单、科技性强等特点，适合幼儿园孩子学习和教师教学。

本书精选的课程案例以科技创客课程为主。课程基于 STEAM 创客理念，采用 PBL 问题式学习方式，基于跨学科知识来解决实际问题，课程案例主要有两种类型，第一种是以科学小实验来解决问题，第二种是以创作科技作品来解决问题。

需要强调的是，第一种课程案例初看类似传统科学小实验，有些老师可能不清楚它是如何体现 STEAM 课程理念。传统科学小实验课程强调的是观察实验现象及探索科学原理，本书中的科学实验课程重点通过科学原理来解决生活中的实际问题，科学原理是孩子用来解决实际问题的手段，而不是课程的主要学习目标。如在《水中探宝》一课中，如果是科学小实验课程，其课程目标是通过观察在水中滴入洗洁精后，胡椒粉在水里向四周散开的现象，学习水的表面张力的科学原理。但在本课程中，我们的教学目标是鼓励孩子利用洗洁精降低水的表面张力科学原理，解决"怎样才能在不沾到胡椒粉的情况下成功拿回宝物"的问题，所以水的表面张力原理只是孩子解决问题的方法，而不是学习的主要目标，这便是二者的不同侧重之处。

第二种课程案例是强调鼓励孩子通过创作科技小作品来解决生活中的实际问题。如《制作污水净化器》中，教师提出问题："有什么办法可以使被污染过的水变干净？"根据这一问题，孩子们便开始寻找材料，利用科学知识创作一个污水过滤器来过滤污水，解决问题。

总之，不管是第一种没有作品的课程，还是第二种有作品的课程，它们都是通过跨学科的方式来解决生活中的问题。在这个过程中，孩子的问题解决能力、创新思维、科技素养和动手能力都能得到很好提高。

第八章　幼儿园 STEAM 创客课程案例

▶小班

衣夹投射器

活动目标

1. 尝试用衣夹自主创作投射器；
2. 了解投射器是利用弹力的科学原理；
3. 探索生活中弹力原理的应用；
4. 掌握科学和艺术融合的跨学科知识。

活动准备

海绵胶、雪糕棒、衣夹、塑料瓶盖、纸团、毛球、水彩笔。

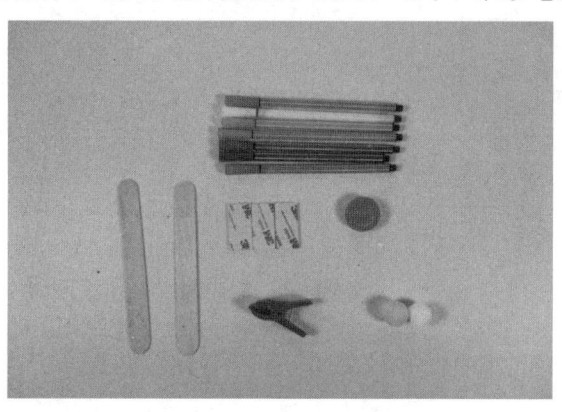

活动过程

一、导入

1. 教师展示小球，通过提问引导孩子进行思考。

师：小朋友，这里有一个小球，我们现在要将它投射到远处。在不能直接用手投射的情况下，请你们思考一下，有什么办法可以将它投射到远处？

小结：可以创作一个投射器来投射小球。

2. 教师通过提问引发孩子思考。

师：刚刚有小朋友提出可以创作一个投射器来投射小球。你们都有见过哪些类型的投射器呢？

3. 教师展示不同投射器的照片，引导孩子观察思考。

师：这里有很多不同的投射器，我们观察看看它们都有哪些特点。然后再思考一下我们的投射器应该怎么创作吧！

二、操作

1. 教师展示衣夹，引起孩子的思考。

师：小朋友，你们知道这是什么东西？你们家里有吗？它有什么用？

小结：这是一个衣夹，通常我们晾衣服时会用它来夹衣服，以防衣服掉落。

师：老师用这个衣夹变成好玩的投射器。我们来看一下还需要些什么材料。

小结：海绵胶、雪糕棒2根、衣夹、塑料瓶盖。

2. 教师引导小朋友思考讨论如何用现有的材料制作投射器。

3. 引导孩子制作投射器。

师：小朋友，我们一起看看制作投射器需要哪些步骤吧。在制作过程中，小朋友们也可以思考一下如何装饰投射器。

操作步骤：

（1）把两根雪糕棒用海绵胶如图分别粘贴在衣夹上；

（2）把塑料瓶盖粘贴在雪糕棒上；

（3）在雪糕棒上用水彩笔装饰。

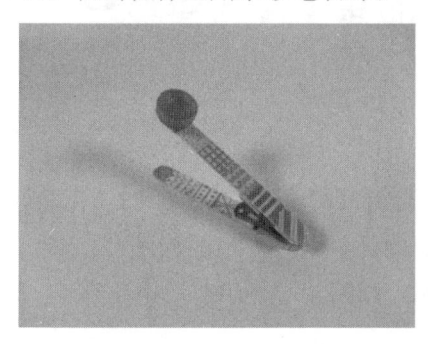

三、实践

1. 教师请小朋友进行投射游戏，比一比谁把毛球投得更远。

149

2. 请小朋友比较毛球、纸团和乒乓球，哪个会飞得更远。

四、原理

引导孩子们了解衣夹投射器的原理。

师：小朋友，你们知道衣夹投射器是应用什么科学原理吗？

原理：衣夹投射器是利用弹性的原理。

衣夹的弹力可以当作投射器的动力，使毛球飞出。

五、延伸

1. 引导孩子们了解弹性原理在生活中的应用。

师：小朋友，在我们生活中有哪些弹性原理应用的例子呢？

小结：弹弓、弓箭等。

2. 鼓励孩子尝试用生活中的其他材料，去创作属于自己的投射器，培养他们的创新思维和动手创作能力。

DIY 摇摇乐

活动目标

1. 尝试用不同材料自主创作摇摇乐；
2. 了解摇摇乐是通过振动产生声音的科学原理；
3. 探索生活中振动产生声音原理的应用；
4. 掌握科学、数学和艺术融合的跨学科知识。

活动准备

各种不同大小的塑料瓶、勺子、各种豆子（如花生、绿豆、黄豆、红豆）、水粉工具。

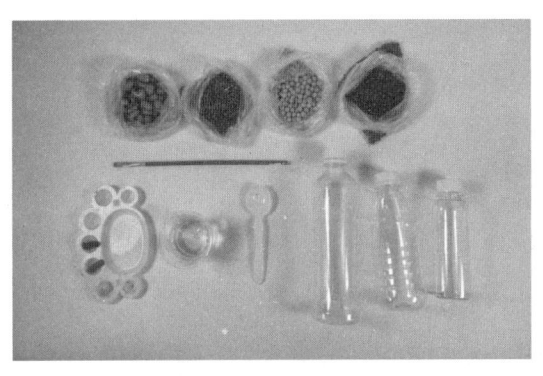

活动过程

一、导入

1. 教师设计场景，通过提问引起孩子的兴趣。

师：音乐会马上就要开始，可是有位小朋友忘记准备乐器了。他现在非常着急，小朋友，你们有什么办法可以帮帮他吗？

小结：创作一个摇摇乐。

师：有的小朋友说可以DIY一个摇摇乐来帮助他，这是一个很好的办法。那你们知道摇摇乐要怎么制作吗？

2. 教师展示摇摇乐引导孩子进行思考。

师：你们知道摇摇乐里面装着什么？他们是怎样发出声音的？

小结：摇铃里面有小铁珠，沙锤里装有沙子，所以摇动起来会发出声音。

师：我们知道了摇摇乐的基本原理，那就赶快动手看看怎么创作一个摇摇乐吧！

二、操作

1. 展示摇摇乐，引导孩子们观察所需材料。

师：今天我们来创作一个会发出声音的摇摇乐，你们想一想可以用什么材料来制作？放什么东西可以发出声音？可以用什么来装这些东西？

小结：不同大小的塑料瓶、红豆、绿豆、花生、水粉颜料、水粉笔。

2. 引导孩子制作摇摇乐。

孩子们自由探索选择容器，每个瓶子装入一种豆子。

操作步骤：

（1）选择一个塑料瓶，打开瓶盖；

（2）用勺子把豆子装进瓶子里（注意：一个瓶子装一种豆子）；

（3）盖紧塑料瓶盖；

（4）用水粉颜料在瓶子上装饰。

三、实践

1. 教师请小朋友比较自己和同伴所做的摇摇乐的声音。（引导孩子对大小、数量的启蒙认知）

师：为什么会发出不同的声音？（不同大小的瓶子里装入不同的豆子，发出的声音不一样）

师：同样大小的瓶子里装不同的豆子会发出一样的声音吗？（装入的豆子不一样，发出的声音也不一样）

师：同样大小的瓶子装入同样的豆子，为什么发出的声音也不一样？（引导孩子观察瓶子里装入的豆子数量不一样，发出的声音也不一样）

2. 请小朋友边听音乐边摇动自己制作的摇摇乐。

四、原理

引导孩子们了解摇摇乐发声的原理。

师：小朋友，你们知道摇动摇摇乐能发出声音是什么原理吗？

原理：摇动摇摇乐能发出声音是由于物体振动产生了声音。

摇动摇摇乐时，里面的豆子与塑料瓶产生振动，发出沙沙沙的声音。

五、延伸

1. 引导孩子们探索振动产生声音的科学原理在生活中的应用。

师：小朋友，振动产生声音原理在我们生活中应用广泛，哪位小朋友来说一说生活中都有哪些例子呢？

小结：各种乐器，如鼓、铜锣等。

2. 鼓励孩子尝试用生活中的其他材料，去创作属于自己的乐器，培养他们的创新思维和动手创作能力。

泡泡画

活动目标

1. 自主创作泡泡画；
2. 了解泡泡的形成是水的表面张力的科学原理；
3. 探索生活中水的表面张力现象；
4. 掌握科学和艺术融合的跨学科知识。

活动准备

白纸、水粉颜料、吸管、塑料杯、洗洁精、白糖、清水。

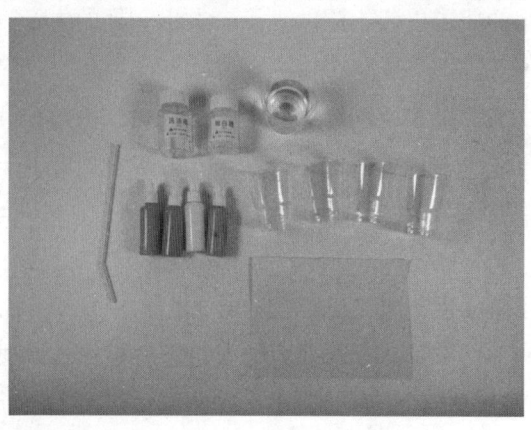

活动过程

一、导入

1. 教师展示吹泡泡图片，通过提问引起孩子们的兴趣。

师：小朋友，你们喜欢吹泡泡吗？你们在阳光下吹过泡泡吗？阳光下的泡泡是怎样的？

师：小朋友都喜欢玩吹泡泡的游戏，那你们知道泡泡水是怎样制作的吗？

小结：大部分的小朋友都知道泡泡水可以用洗洁精加上水制作出来，但是想要吹出大大的泡泡还需要加入白糖，这样吹出来的泡泡才会又大又多。

2. 教师引出泡泡画活动主题。

师：我们平常吹的泡泡在阳光的照耀下会变得五颜六色，非常好看，但是在阴天时吹的泡泡就没有那么绚丽多彩了。怎样才能让泡泡在阴天时也能像在阳光下保持着鲜艳的颜色呢？小朋友，请你们来想想办法。

小结：可以用泡泡创作成泡泡画。

二、操作

1. 教师展示泡泡画，引导孩子观察思考制作泡泡画。

师：泡泡真的好漂亮，老师把它留在画纸中，但吹出来的泡泡是没有颜色的，为什么画纸中的泡泡有颜色呢？我们来想一想是如何制作的。

2. 教师展示泡泡画材料，让孩子观察。

师：刚刚小朋友都想出了各种制作泡泡画的方法，我们先来看看需要什么材料。

小结：白纸、水粉颜料、吸管、塑料杯、洗洁精、白糖、清水。

师：你们观察这里没有吹泡泡器，我们能用什么吹泡泡呢？（吸管）

3. 引导孩子创作泡泡，教师在旁引导。

师：刚刚小朋友都想到用吸管来吹泡泡，那小朋友们来看看老师是怎样制作泡泡的。

操作步骤：

（1）洗洁精＋白糖＋清水调制泡泡水；

（2）把泡泡水平均倒入每个塑料杯里；

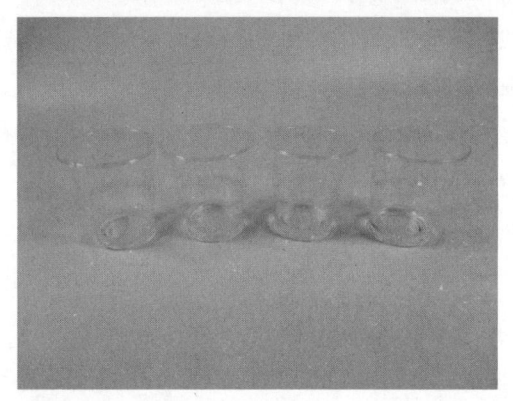

（3）在每个塑料杯里各加入一种颜料并调制均匀；

156

(4) 把吸管插入泡泡水里吹气，让泡泡溢出塑料瓶；

(5) 将白纸轻轻盖在装满泡泡的塑料杯上；

(6) 把白纸拿下来，泡泡就印在纸上；

(7) 重复步骤（4）（5）（6），印出不同颜色的泡泡（注意：每次换颜色需要把吸管放到清水里洗一洗）。

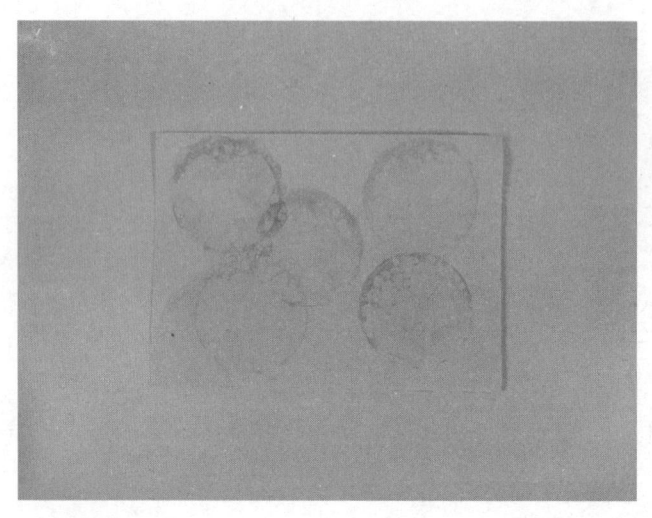

三、实践

1. 让孩子在泡泡上用水粉笔滴入不同的颜料，然后把白纸放在泡泡上面，再拿起，观察泡泡是否留在了纸上。

2. 把孩子带到户外玩吹泡泡游戏。

四、原理

教师引导孩子了解泡泡形成的原理。

师：小朋友，你们知道泡泡是怎样形成的吗？

原理：水的表面张力形成泡泡。

水的表面张力使得水分子相互吸引，水分子粘在一起就像一张网一样，吹入空气就形成泡泡。而白糖可以使泡泡增加黏性，使泡泡那层薄薄的液体膜不容易破碎，并且紧紧地裹住里面的空气。

五、延伸

1. 引导孩子了解生活中水的表面张力现象。

师：小朋友，在我们生活中有很多水的表面张力现象，小朋友可以说一说生活中都有哪些例子呢？

小结：水的表面张力形成水珠。

2. 鼓励孩子尝试用其他办法，去创作泡泡画，培养他们的创新思维和动手创作能力。

回形针收纳器

活动目标

1. 尝试创作回形针收纳器；
2. 了解回形针收纳器是利用磁铁吸附铁制品的科学原理；
3. 探索生活中磁铁吸附铁制品的应用；
4. 掌握科学和艺术融合的跨学科知识。

活动准备

磁铁、各色黏土、回形针。

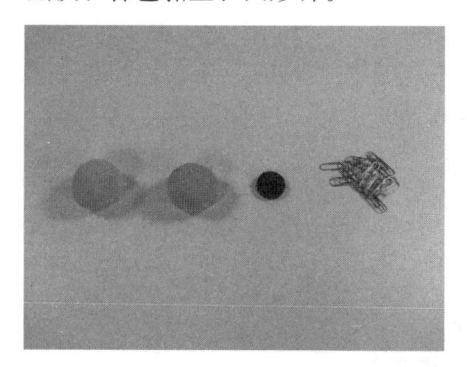

活动过程

一、导入

1. 教师出示回形针，通过提问引起孩子们的兴趣。

师：你们看老师手上拿着什么？（回形针）

2. 教师提出问题，让孩子想办法解决问题。

师：老师现在遇到了一个麻烦的问题：不小心将回形针掉的满地都是，小朋友请思考有什么办法可以最快地将它们全部收集起来？

小结：创作一个回形针收纳器。

二、操作

1. 教师出示磁铁,让孩子观察思考。

师:小朋友刚刚想到很多好办法,老师这里有一块磁铁,它也能帮我们把回形针整理好,你们知道怎么用吗?

小结:磁铁可以吸住回形针,这样回形针就集中在一起了。

师:可是黑黑的一块磁铁放在这里不美观,小朋友怎么把它变成好看的回形针收纳器呢?我们来看看还有什么材料。

小结:各色黏土。

2. 请小朋友自由创作回形针收纳器,教师在旁观察和引导。

师:小朋友现在可以用黏土来装饰磁铁,把它变成漂亮的回形针收纳器。

操作步骤:

(1) 把磁铁包在黏土里;

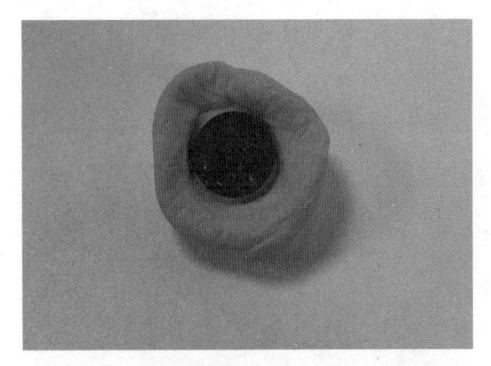

(2) 将黏土装饰成自己喜欢的造型。

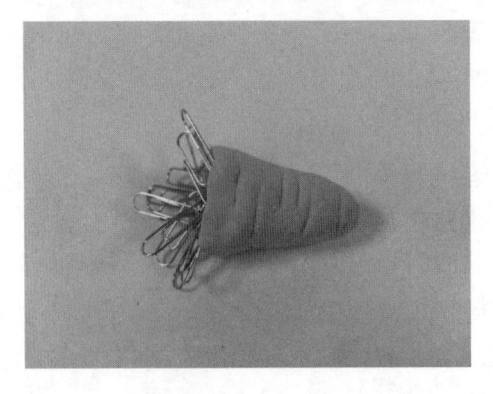

三、实践

1. 教师请小朋友把回形针装到收纳器里,倒转过来看看回形针能否吸住不掉下。

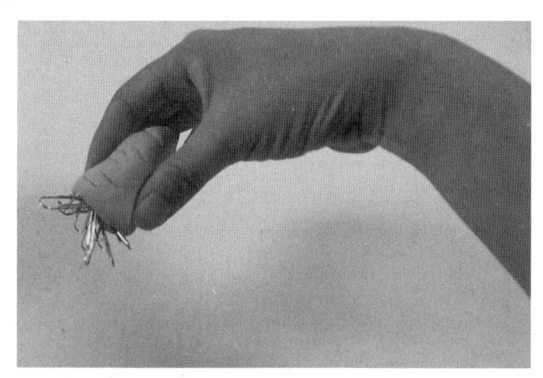

2. 教师引导孩子想一想这个收纳器还能吸住什么东西不掉下。

四、原理

引导孩子了解回形针收纳器应用的原理。

师:小朋友,你们知道为什么收纳器能吸住回形针吗?

原理:收纳器能吸住回形针是利用磁铁吸附铁制品的原理。

因为磁铁有吸附铁制品的特性,且回形针是铁做的,所以用黏土包住的磁铁,就能吸住回形针。

五、延伸

1. 引导孩子探索生活中磁铁吸附铁制品的原理应用。

师:小朋友,在我们生活中有哪些磁铁吸铁制品原理应用?

小结:冰箱贴、磁铁玩具等。

2. 鼓励孩子尝试用生活中的其他材料,创作不同造型的回形针收纳器,培养他们的创新思维和动手创作能力。

DIY 响板

活动目标

    1. 尝试用废旧物品自主创作响板；
    2. 了解响板是通过振动产生声音的科学原理；
    3. 探索生活中振动产生声音原理的应用；
    4. 掌握科学和艺术融合的跨学科知识。

活动准备

    两个塑料瓶盖、长方形厚纸皮、双面胶、水粉颜料或黏土。

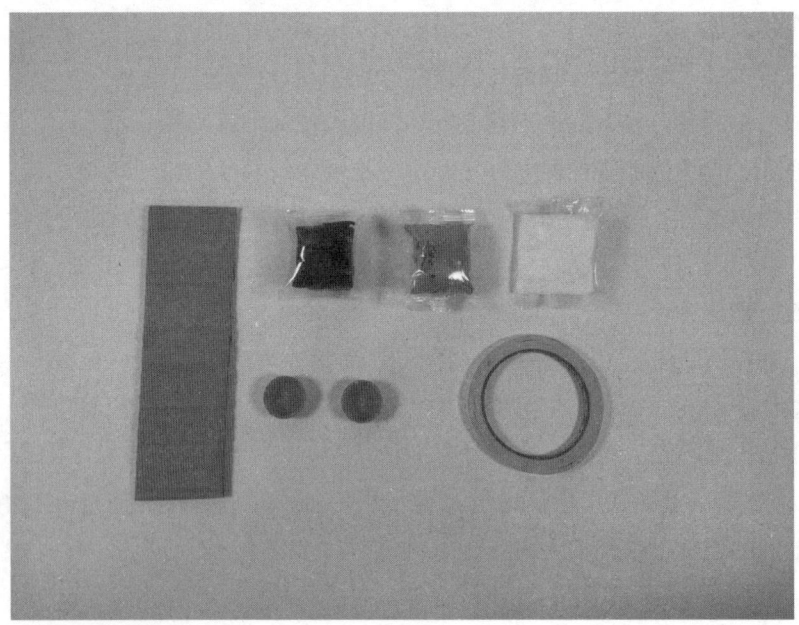

活动过程

    一、导入

    1. 教师出示两块硬纸板，引发孩子的兴趣。

师：小朋友，你们知道这是什么吗？

小结：硬纸板。

2. 教师将两块硬纸板碰在一起，引导孩子进行思考。

师：小朋友，老师现在将这两块纸板碰在一起，请你们观察它们会不会发出声音。

师：有的小朋友说没有听到声音，有的小朋友说只听到了很小很小的声音。那么请你们开动脑筋想一想，有什么办法可以使这两块硬纸板在碰撞时发出响亮的声音呢？

小结：可以将硬纸板创作成一个响板。

二、操作

1. 展示响板，引导孩子们观察所需材料。

师：我们来看一看制作响板需要用什么材料？

小结：两个塑料瓶盖、长方形厚纸皮、泡沫胶、水粉颜料或黏土。

2. 引导孩子制作响板。

操作步骤：

（1）把长方形厚纸皮对折，做成像大嘴巴的造型；

（2）把塑料瓶盖分别贴在厚纸皮内侧两端；

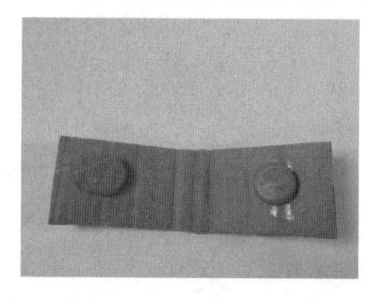

（3）用各色黏土或水粉颜料在厚纸皮上面装饰。

三、实践

1. 教师请小朋友一边数数一边叩击自己制作的响板。
2. 请小朋友一边听音乐一边叩击自己制作的响板。

四、原理

引导孩子们了解响板发声的原理。

师：小朋友，你们知道叩击响板能发出声音是什么原理吗？

原理：叩击响板能发出声音是由于物体的振动产生声音的原理。

当叩击响板时，两个塑料瓶盖相互撞击产生振动，发出"嗒、嗒、嗒"的声音。

五、延伸

1. 引导孩子们了解振动产生声音的科学原理在生活中的应用。

师：小朋友，振动产生声音原理在我们生活中应用广泛，哪位小朋友可以说一说生活中都有哪些例子呢？

小结：铜锣、快板等。

2. 鼓励孩子尝试用生活中的其他材料，去创作不同造型的响板，培养他们的创新思维和动手创作能力。

湿不了的纸巾

活动目标

1. 通过实验找到纸巾放入水里而不湿的方法；

2. 了解纸巾不会湿是因为有空气的存在；

3. 探索生活中有哪些现象说明空气的存在；

4. 掌握科学和数学融合的跨学科知识。

活动准备

纸巾、水盆、不同高度的一次性塑料杯、布袋、塑料封口袋、纸袋、一次性碗等。

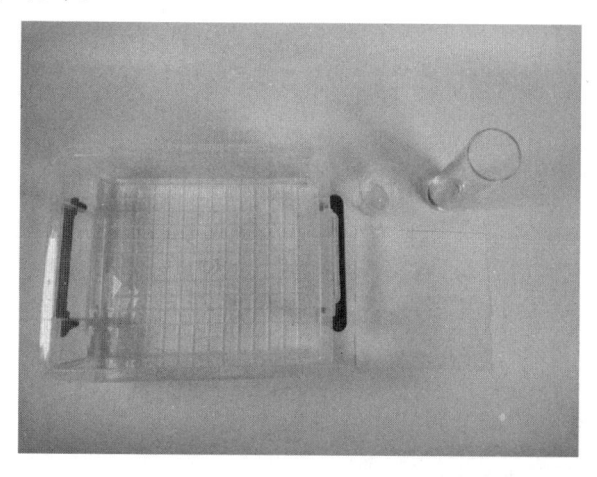

活动过程

一、导入

1. 教师出示材料，引导孩子结合经验，大胆推测，激发孩子探索的欲望。

师：老师有一个小挑战给小朋友，这里有一张纸巾宝宝，它想到水里看看，但又不想弄湿自己，这里有很多的工具和材料（布袋、塑料封口袋、纸袋），你们想想有什么方法帮它呢？

2. 孩子分组操作，探索如何用工具使纸巾放入水里而不弄湿的方法。

师：小朋友们都说了很多的方法，我们现在来试一试吧！

3. 让孩子分享自己的实验结果，教师点评及总结。

师：你们的方法成功了吗？是用什么材料做成功的？

小结：实验成功的小朋友们是把纸巾包在塑料袋里，塑料袋能够封紧，没有缝隙，水不能进去。没有成功的小朋友是因为使用布袋和纸袋等材料有缝隙会进水。

二、操作

1. 教师提高难度，引导孩子用一次性塑料杯让纸巾入水不会湿。

师：刚刚小朋友用了各种材料做实验，有的成功，有的失败了，大家都知道了原因。现在挑战要升级了，请小朋友只使用一次性塑料杯，能不能使纸巾入水不会湿呢？

2. 让孩子分享自己的实验结果，教师点评及总结。

师：你们的实验成功了吗？

3. 教师清晰演示全过程，边演示边小结实验要求。

操作步骤：

（1）首先将纸巾对折或揉成团；

（2）将折好的纸巾塞到一次性塑料杯中（注意纸巾要卡在杯子的底部）；

(3) 将装有纸巾的杯子垂直倒扣在水盆中，不能斜，要快、稳、直；

(4) 将杯子垂直拿出；

(5) 拿出杯子里的纸巾，纸巾并没有湿；

(6) 用不同高度的杯子和不同大小的纸巾进行实验。

三、实践

1. 教师引导孩子进行纸巾入水不会湿的实验。

师：我们现在拿起塑料杯试一试老师的方法能不能成功。

2. 将杯子倒扣入水里，然后在水里倾斜杯子，观察会有什么效果。

3. 老师引导孩子用不同高度的杯子和不同大小的纸巾进行实验。

小结：杯子高度越高，纸巾所占体积越小，杯里空气就越多，纸巾就越不容易湿。通过实验让孩子了解高低大小等数学基本概念。

四、原理

教师引导孩子了解湿不了的纸巾实验原理。

师：小朋友，一开始我们把纸严严实实包起来才不会湿，而这次杯子口这么大，纸也不会湿，这是为什么呢？

原理：纸巾湿不了是因为杯子里有空气存在。

原来我们周围都有空气，杯子里也有空气，当我们把杯子倒扣进水里，杯子里有空气出不来，水进不到杯子里，所以杯子里的纸巾就不会被水弄湿了。

五、延伸

引导孩子了解我们生活中有哪些现象说明空气的存在。

师：小朋友，你们知道生活中有哪些现象说明空气的存在？

小结：我们生活中有很多现象都能说明空气的存在：扇扇子感到有凉风，空瓶子投入水中产生气泡等。

DIY 香皂纸

活动目标

1. 自主创作香皂纸，养成良好的卫生习惯；
2. 了解香皂纸是利用溶解的科学原理；
3. 探索生活中溶解原理的现象；

4. 掌握科学和艺术相互融合的跨学科知识。

活动准备

纸巾、剪刀、洗手液、小碟子、清水、滴管。

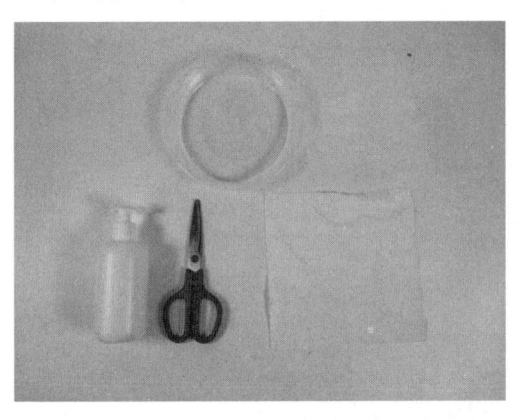

活动过程

一、导入

1. 教师出示细菌、病毒的图片，提问引起孩子的兴趣。

师：小朋友，你们知道这是什么吗？（细菌、病毒）

师：你们知道在生活中哪些地方会接触到细菌、病毒吗？（公共场所的电梯、门把、扶手等）

师：如果接触到这些地方我们要怎样做？（洗手）

2. 教师出示肥皂和洗手液图片，引导孩子思考。

师：洗手时除了要用清水，还需要用到什么才能让小手更干净？

小结：用肥皂或洗手液，因为肥皂和洗手液能有效地杀灭细菌和病毒，把小手洗干净。

3. 教师提出问题，引导孩子思考解决方案。

师：小朋友，我们在外面时经常需要洗手。可是随身带着肥皂或洗手液又非常不方便。小朋友请思考一下有什么办法可以解决这个问题呢？

小结：可以制作香皂纸来解决洗手问题。

二、操作

1. 教师引导孩子观察制作香皂纸的材料。

师：我们来看看制作香皂纸需要什么材料？

小结：纸巾、剪刀、洗手液。

2. 孩子制作香皂纸，教师在旁引导。

操作步骤：

（1）用剪刀把纸巾剪成小块；

（2）用清水按 1∶1 的比例稀释洗手液；

（3）把剪成小块的纸巾放在碟子上，加入稀释后的洗手液，晾干。

三、实践

1. 教师请小朋友用自己制作的香皂纸洗手。

2. 让小朋友把香皂纸带回家，在户外活动时带上香皂纸，和家人一起使用。

四、原理

引导孩子了解香皂纸的原理。

师：小朋友，你们知道香皂纸是利用什么原理制作的吗？

原理：香皂纸是利用溶解的原理。

由于纸巾沾满了洗手液，当香皂纸遇水后，就溶解了，变黏滑，搓动时有泡沫，就能把手洗干净了。

五、延伸

1. 引导孩子们了解在生活中利用溶解原理的现象。

师：小朋友，在我们生活中有很多利用溶解原理的现象，哪位小朋友可以说一说生活中都有哪些例子呢？

小结：糖溶解、盐溶解、冰块溶解等。

2. 鼓励孩子尝试用生活中的其他材料代替纸巾，去创作香皂纸，培养他们的创新思维和动手创作能力。

水中探宝

活动目标

1. 探索各种水中探宝但不会弄脏小手的方法；
2. 通过实验了解水的表面张力的科学原理；
3. 探索生活中水的表面张力的应用；
4. 掌握科学和数学融合的跨学科知识。

活动准备

水盆、清水、胡椒粉、小玩具、一次性手套、勺子、筷子、镊子、洗洁精、食用油、醋、洗手液。

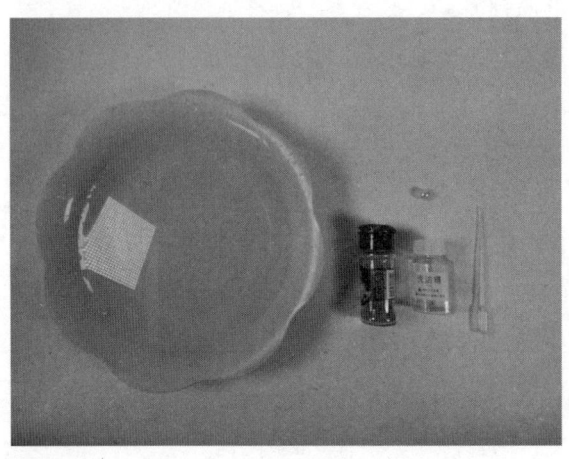

活动过程

一、导入

1. 教师出示材料，引导孩子结合经验，大胆猜测，激发孩子探索的欲望。

师：小朋友，你们喜欢玩寻宝游戏吗？

师：老师在这盆水里面藏了宝物，但水上铺满了脏脏的细菌（胡椒粉），小朋友，请你们思考，如何在不弄脏小手的情况下，可以成功把宝物拿出来。

2. 孩子分组操作，探索如何使在不弄脏小手的情况下，把宝物取出来的方法。

师：老师这里有很多工具，快来试试看吧。

3. 让孩子分享自己的实验结果，教师点评及总结。

师：你们的方法成功了吗？是用什么工具？

小结：小朋友都借助了工具，如一次性手套、勺子、筷子、镊子，成功地把水里的宝物取出来，并且没有弄脏小手。

二、操作

1. 教师提高难度，引导孩子尝试不用工具取出宝物。

师：刚刚小朋友用了各种工具成功地把水里的宝物取出来，并且没有弄脏自己的小手。这一次难度要升级了，老师这里有洗洁精、食用油、醋、洗手液，小朋友可以试一下如何用这些材料，在不使用工具的情况下，只用小手取出宝物，但又不会弄脏小手？

2. 让孩子分享自己的实验结果并讨论思考，教师总结。

师：你们的实验成功了吗？滴入这些液体，水面会有什么变化？

小结：在水里滴入洗洁精或洗手液，水面的胡椒粉会迅速往外散开，这样能够成功取出宝物且不弄脏小手；运用食用油或醋，胡椒粉不会散开，所以小手会弄脏，实验就失败了。

3. 教师清晰演示全过程，一边演示一边小结实验要求。

操作步骤：

（1）在水盆里装上水，然后把宝物放进去；

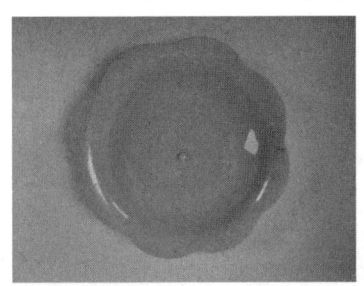

（2）在水面上撒上胡椒粉；

（3）在水里滴几滴洗洁精或洗手液；

（4）水面的胡椒粉会迅速往外散开；

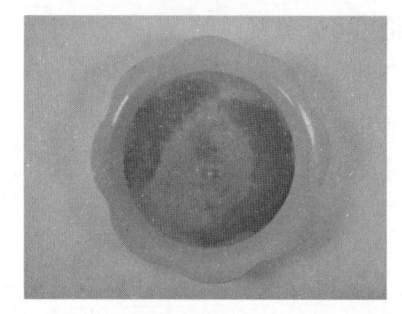

（5）用手取出宝物，小手不会弄脏。

三、实践

1. 教师引导孩子进行水中探宝的实验。

师：我们现在再试一试老师的方法，看看能不能成功取出宝物，且不弄脏手。

2. 在手指上涂上洗洁精或洗手液再去取宝物，观察会有什么效果，能否成功？

3. 教师引导孩子观察记录，在滴入不同数量的洗洁精时，水中的胡椒粉有没有发生什么不同的变化，探索洗洁精数量多少对结果的影响。

四、原理

教师引导孩子回顾操作过程，了解水中探宝的原理。

师：小朋友，胡椒粉浮在水面上，为什么当滴入洗洁精或洗衣液后，再去取宝物就不会弄脏手？

原理：水中探宝且不会弄脏手是由于水的表面有张力。

液体表面各部分间相互吸引的力称为表面张力，这个力表现为阻止液体表面积的增大。洗洁精和洗手液中含有表面活性剂成分，可以降低水的表面张力，所以水中滴入洗洁精或洗手液后胡椒粉会散开。

五、延伸

引导孩子探索生活中水的表面张力现象。

师：小朋友，在我们生活中有很多水的表面张力现象，哪位小朋友可以说一说生活中都有哪些例子呢？

小结：水蜘蛛在水面上跑、水珠的形成都是由于水表面有张力。

跳舞的小蛇

活动目标

1. 自主创作跳舞的小蛇；
2. 了解跳舞的小蛇是利用摩擦生电的科学原理；

3. 探索生活中摩擦生电的现象；

4. 掌握科学和艺术融合的跨学科知识。

活动准备

纸巾、水彩笔、气球

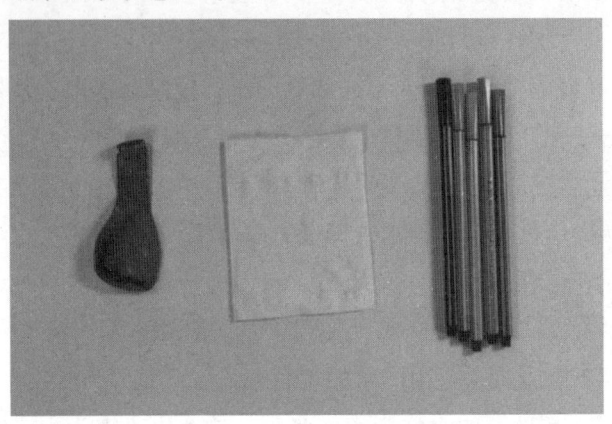

活动过程

一、导入

1. 教师展示吹蛇视频，引起孩子的兴趣。

师：小朋友，你们害怕蛇吗？有没有见过会跳舞的蛇？

2. 教师出示纸巾小蛇，让孩子探索使小蛇跳舞的方法。

师：刚刚的吹蛇视频是不是很神奇？老师这里有一条用纸巾做的小蛇，它也想像刚刚的小蛇一样翩翩起舞，小朋友请想一想，有什么办法可以帮帮它？

3. 请孩子分享方法并尝试。

师：有哪位小朋友想到方法，可以出来尝试一下？

二、操作

1. 教师展示气球，引导孩子思考。

师：刚刚小朋友尝试了各种让小蛇跳舞的方法，老师手上有一个气球，这是让小蛇跳舞的秘密武器，有谁知道是怎样用气球使小蛇跳舞的？

2. 教师示范用气球使小蛇跳舞的方法。

师：小朋友来看看老师是怎样做的。

小结：将气球放在身体或头上摩擦，再马上靠近小蛇，小蛇就跳起舞了。

3. 教师展示材料，让孩子观察。

师：小朋友也来制作这个小蛇跳舞吧！我们看看有什么材料？

小结：纸巾、水彩笔、气球、剪刀。

4. 引导孩子制作小蛇跳舞，教师在旁指导。

师：小朋友，想一想在纸巾上画画需要注意什么？

小结：要轻轻地绘画，不要把纸巾弄破。

师：小朋友可以在纸巾上绘出小蛇。

操作步骤：

（1）把纸巾撕成长条；

（2）在纸巾条上用水彩笔轻轻地点出装饰图案（注意不要把纸巾弄破）；

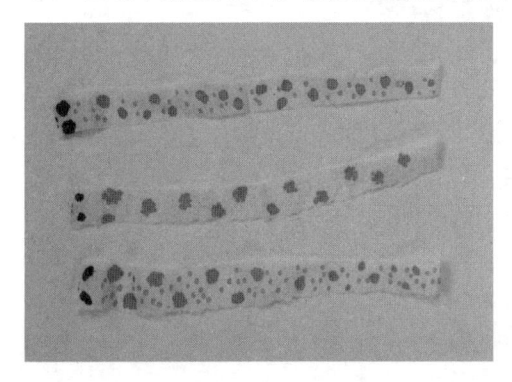

（3）给气球打气，将打气口绑紧；

（4）将气球放在头发或毛衣上反复摩擦；

（5）把摩擦过的气球靠近小蛇。

三、实践

教师请小朋友将气球放在身体或头发摩擦，再靠近小蛇，观察小蛇是否会跳舞。

四、原理

引导孩子了解小蛇跳舞的原理。

师：小朋友，你们知道为什么用在身体或头发摩擦过的气球靠近小蛇，它就会跳舞？

原理：小蛇跳舞是利用摩擦生电的科学原理。

气球在身体或头上摩擦使气球带电，带电体具有吸引轻小物体的性质，所以能吸引纸巾做的小蛇，使小蛇动起来，就像跳舞。

五、延伸

1. 引导孩子们了解生活中摩擦生电的科学现象。

师：小朋友，在我们生活中有很多摩擦生电的科学现象，可以说一说有哪些例子吗？

小结：冬天的时候用塑料梳子梳头，头发会随着梳子飘起来；脱毛衣时，看到火花，这是化纤衣物与人体摩擦后带上静电的原因。

2. 鼓励孩子尝试用生活中的其他材料替换气球让小蛇跳舞，培养他们的创新思维和动手创作能力。

转身小人

活动目标

1. 自主创作转身小人；
2. 了解转身小人是光的折射的科学原理；
3. 探索生活中光的折射原理的应用；
4. 掌握科学和艺术融合的跨学科知识。

活动准备

白纸、水彩笔、玻璃杯、清水、油性笔。

活动过程

一、导入

教师展示各种动作的小人卡片，通过提问引起孩子们的兴趣。

师：小朋友，你们看这里有摆着各种动作的小人，你们能学一学它们的动作吗？

师：卡片上的小人想要换一个方向。小朋友，请你想想办法，怎样才能让卡片上的小人自动转身呢？

二、操作

1. 教师出示玻璃杯和清水，引导孩子思考探索。

师：老师手上有什么？这两样东西很神奇，可以让小人自动转身，你们想试一试吗？

2. 孩子分组尝试探索及分享结果。

3. 引导孩子创作转身小人。

师：刚刚小朋友都尝试了使小人转身的方法，现在我们来创作不同动作的转身小人，看看需要哪些步骤，在观看的过程中，小朋友可以思考一下还可以画什么动作。

操作步骤：

（1）用油性笔画出不同动作的小人并涂色；

（2）把小人放到玻璃杯后面；

（3）在玻璃杯里倒入清水。

三、实践

1. 教师引导孩子进行会转身的小人实验，观察变化。

师：我们现在把画好的转身小人放到玻璃杯的后面，观察玻璃杯没有加水和玻璃杯加入清水后，小人的变化。

2. 教师引导孩子创作不同的图案，观察变化。

四、原理

教师引导孩子了解转身小人的原理。

师：小朋友，你们知道为什么把小人放到装满水的玻璃杯后面就会转身吗？

原理：转身小人是由于光的折射原理。

玻璃杯装满水后就像一个凸透镜，光线经过水瓶（凸透镜）发生折射，光线的方向会发生改变，形成的像是相反、倒立的。所以，我们看到小人转身了。

五、延伸

1. 引导孩子了解我们生活中光的折射原理的应用。

师：小朋友你们知道生活中有哪些光的折射原理应用吗？

小结：我们生活中的眼镜、放大镜、投影仪、照相机都是利用光的折射原理。

2. 鼓励孩子尝试用其他材料代替玻璃杯进行小人转身实验，培养他们的创新思维和动手创作能力。

▶中班

小手要干净

活动目标

1. 通过探索了解画面在水中消失的方法，知道要勤洗手，养成良好的卫生习惯；
2. 通过实验了解光的折射科学原理；
3. 探索生活中光的折射现象；
4. 掌握科学和艺术融合的跨学科知识。

活动准备

白纸、水彩笔、透明密封袋、油性笔、一盆水。

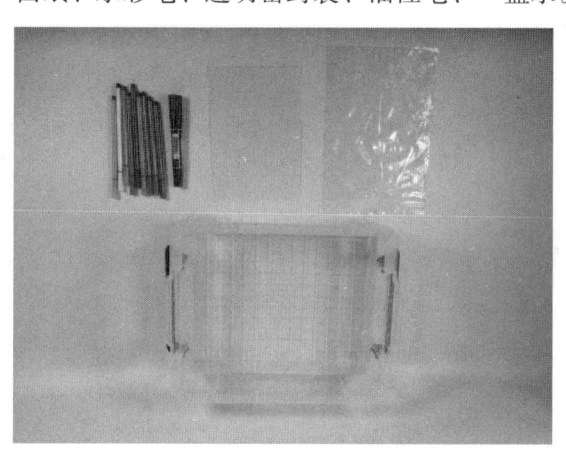

活动过程

一、导入

1. 教师展示图片，提问引起小朋友的兴趣。

师：小朋友们，你们知道什么时候要洗手吗？

小结：餐前、便后、玩完玩具、手脏时等。

师：为什么我们要勤洗手呢？

小结：我们的小手能够做很多事情，也会摸到很多不同地方，这样我们的小手很容易就会粘上细菌和病毒。

2. 教师展示小手要干净的材料，引导孩子进行思考。

师：这里有一只被弄得很脏的小手。小朋友，请你们开动脑筋想一想，有什么办法可以使得这只小手瞬间变干净。

二、操作

1. 教师出示小手要干净的材料，引导小朋友观察并说一说所需的材料。

师：小朋友们，我们一起来看一看都有哪些材料吧。

小结：白纸、水彩笔、透明密封袋、油性笔、水盆、清水。

2. 引导小朋友制作小手洗干净。

师：我们看看制作小手洗干净有哪些步骤。

操作步骤：

（1）在白纸上用水彩笔画出各种病毒和细菌；

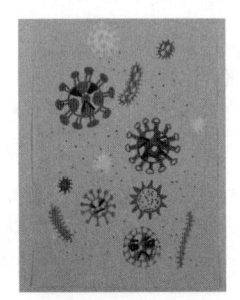

（2）把画好各种病毒的白纸放进透明密封袋里，并把袋口封紧；

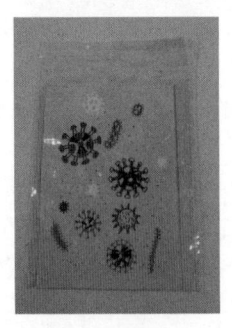

（3）在透明封袋上用油性笔画出手印。

三、实践

教师准备一桶水，让小朋友把完成的作品放到水里，观察画面变化。

师：小朋友，试一试怎样把完成的作品放到水里，病毒和细菌才会消失？

小结：只有把塑料袋垂直放水里，病毒和细菌才会消失。

四、原理

教师引导孩子回顾操作过程，了解小手洗干净的原理。

师：当小手洗干净的作品放在水里会有什么变化？

原理：病毒消失是利用光的折射原理。

透明密封袋放到水里，由于光线透过水的折射，使病毒看不见。

五、延伸

1. 引导孩子了解生活中光的折射现象。

师：小朋友，在我们生活中有很多光的折射现象，哪位小朋友可以说一说生活中都有哪些这样的现象呢?

小结:我们生活中有很多时候都会看到光的折射现象,例如,把筷子插入装有水的杯子中,从视觉上可以看到筷子是被折断的,不是在一条直线上;水池的水看上去要比实际的浅。

2. 鼓励孩子尝试用纸创作其他图案,放在透明封袋里,观察图案是否会消失,培养他们的创新思维和动手创作能力。

自制日晷

活动目标

1. 自主创作日晷;
2. 了解日晷能表示时间是利用光与影的科学原理;
3. 探索生活中光与影的原理的应用;
4. 掌握科学、数学和艺术融合的跨学科知识。

活动准备

纸碟、油性笔、一次性筷子、电筒、水彩笔、尺子、透明胶、剪刀。

活动过程

一、导入

1. 教师播放时钟"滴答滴答"的声音,引起孩子的兴趣。

师：小朋友，听一听这是什么声音？

小结：时钟。

师：时钟有什么用？

师：现在我们有各种知道时间的方法，但在古时候是没有时钟的。小朋友，请你们想一想，有什么办法可以帮助古时候的人们知道时间？

小结：古时候的人们用日晷可以知道时间。

2. 教师展示日晷的图片，引导孩子观察。

师：有小朋友提出可以创作一个日晷来帮助他们知道时间。那你们知道古时候的人是怎么用日晷看时间的吗？

小结：日晷是中国最古老的的计时工具之一，它是通过观测太阳照过来的影子位置来确定每天的时间。古人会用石头雕刻一个圆形的带刻度的圆盘，上面跟现代的时钟一样划分不同的时辰，上面的棍子叫做日晷针，就像时针一样，太阳照射中间的棍子就有影子。这样根据影子的位置，就可以知道时间了。

二、操作

1. 教师展示材料，让孩子思考观察。

师：如果我们要制作日晷，需要用到什么材料？

小结：纸碟、记号笔、一次性筷子。

2. 让孩子讨论如何制作日晷，教师在旁引导。

师：小朋友想一想如何使用现有的材料制作日晷？

师：我们在纸碟上要画什么才能知道时间？

小结：可以像时钟那样用数字代表时间，但日晷是按照 24 小时计算的。

3. 引导孩子制作日晷。

师：刚刚小朋友都讨论了制作日晷的方法，现在我们来动手制作吧。

操作步骤：

（1）找出圆心，把纸碟平均分成 4 份，分别标上 24 时、6 时、12 时、18 时；

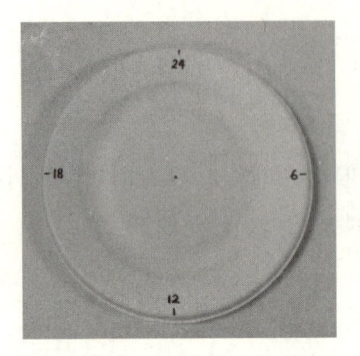

（2）在24时与6时之间平均分出3时，6时与12时之间平均分出9时，12时与18时之间平均分出15时，18时与24时之间平均分出21时；

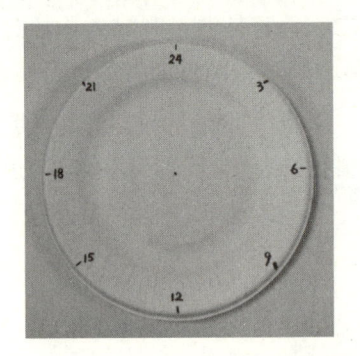

（3）在24时与3时之间平均分出1时和2时，在3时与6时之间平均分出4时和5时，在6时与9时之间平均分出7时和8时，在9时与12时之间平均分出10时和11时，在12时与15时之间平均分出13时和14时，在15时与18时之间平均分出16时和17时，在18时与21时之间平均分出19时和20时，在21时与24时之间平均分出22时和23时；

（4）用水彩笔装饰纸碟；

（5）在纸碟中心点戳孔插入一次性筷子作为日晷针，用透明胶固定。

三、实践

1. 教师用手电筒来模拟太阳升起、落下，让孩子观察日晷的变化。

2. 把日晷放在太阳下，观察在不同的时间（上午、中午和下午的某一个时间段）日晷针影子的长短变化，把观测的内容记录下来。

四、原理

引导孩子们了解日晷指示时间的原理。

师：小朋友，你们知道为什么日晷能知道时间吗？

原理：日晷能知道时间是利用光与影的原理。

由于我们看到太阳在一天中不同的时间里，位置发生着变化，所以太阳照射的投影也随之变化，因此木棒的影子反映了时间的变化。

五、延伸

1. 引导孩子们了解光与影的原理在生活中的应用。

师：小朋友，你们知道在生活中有哪些光与影原理的应用吗？

小结：皮影戏、手影游戏。

2. 鼓励孩子尝试用生活中的其他材料，去创作日晷，培养他们的创新思维和动手创作能力。

气球不倒翁

活动目标

1. 自主创作气球不倒翁；
2. 了解气球不倒翁重心越低越稳定的科学原理；
3. 探索生活中重心越低越稳定原理的应用；
4. 掌握科学和艺术相互融合的跨学科知识。

活动准备

气球、双面胶、螺母、彩色纸、剪刀、马克笔。

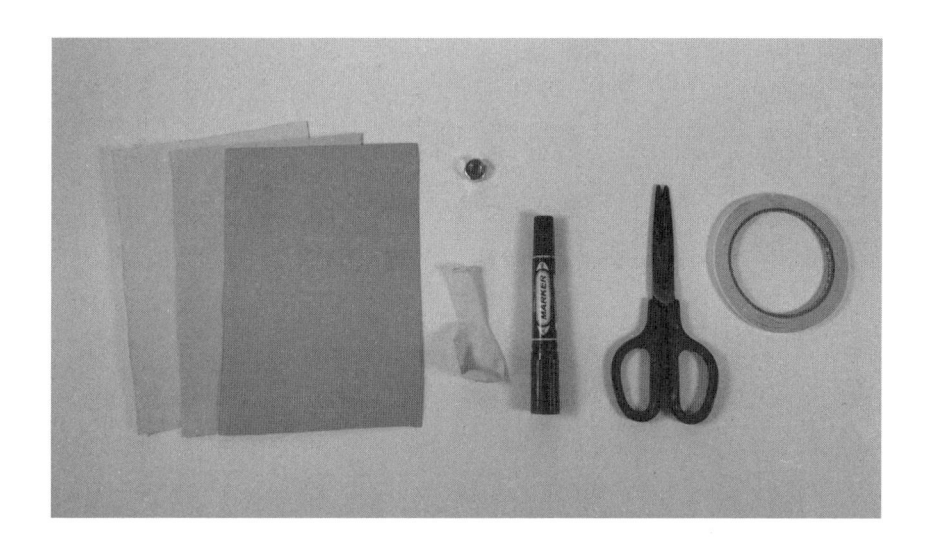

活动过程

一、导入

1. 教师出示气球，通过提问引起孩子们的兴趣。

师：小朋友，你们喜欢气球吗？它是怎样的？

2. 教师展示不倒翁，引导孩子思考。

师：老师这里也有一个气球，它不想要飞上天空，也不想躺地上飘来飘去，它想要像这个不倒翁一样，可以立起来而不倒。我们来想一想有什么办法？

3. 让孩子试验自己的方法，教师在旁观察。

师：小朋友刚刚想了很多的办法，我们来试验一下可不可以成功。

二、操作

1. 教师出示气球不倒翁的材料，引导孩子观察材料。

师：刚刚小朋友试验各种方法使气球立起来，老师也有一个方法，做了一个气球不倒翁，我们一起来看看需要什么材料。

小结：气球、双面胶、螺母、水彩笔、白纸、剪刀。

2. 让孩子们创作，教师在旁引导。

师：我们一起看看老师是怎样把气球立起来的。在观察的过程中，小朋友想想如何装饰这个气球不倒翁。

操作步骤：

（1）先把气球翻过来，用双面胶把螺母粘贴在气球底部的中心点；

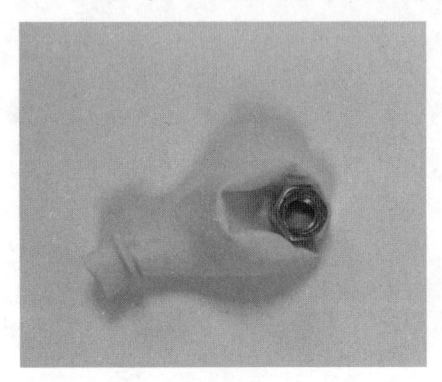

（2）然后把气球翻回来；

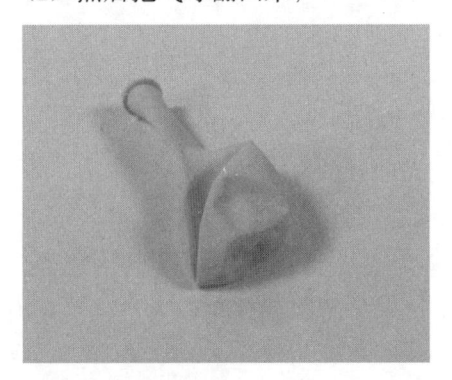

（3）给气球打气；

（4）用彩色纸在气球上进行装饰。

三、实践

1. 让孩子推动气球不倒翁，观察它推倒后会不会立起来。
2. 观察气球不倒翁抛高后再掉在地上，是否还能立起来。

四、原理

引导孩子了解气球不倒翁的原理。

师：小朋友，你们知道为什么气球不倒翁一直不倒吗？

原理：气球不倒翁是利用重心越低越稳定的原理。

由于粘贴螺母在气球里面，使气球有了一个重心，重心越低越稳定，所以气球就不会倒了。

五、延伸

引导孩子们了解在生活中重心越低越稳定原理的应用。

师：在我们生活中有很多重心越低越稳定原理的应用，说一说有哪些？

小结：例如酒瓶、花瓶、台灯等物体重心越低，摆放起来越稳定。还有人在溜冰时，往往会弯腰、屈腿来降低重心，防止滑倒。

古筝

活动目标

1. 自主创作一个古筝；
2. 了解纸盒古筝能发出声音是利用振动产生声音的科学原理；
3. 探索生活中振动产生声音的应用；
4. 掌握科学、工程和艺术融合的跨学科知识。

活动准备

长方形纸盒、纸皮、橡皮筋、棉线、剪刀、水粉工具、铅笔、白乳胶。

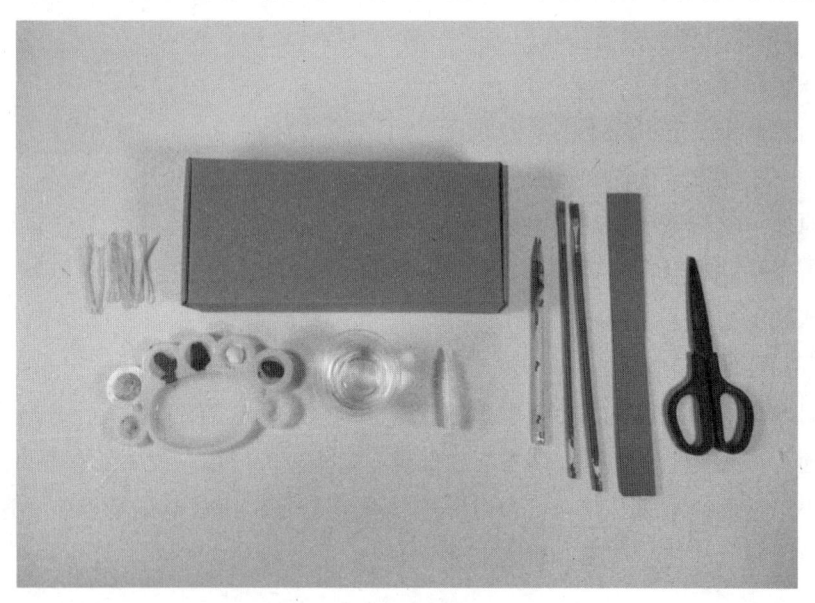

活动过程

一、导入

1. 教师展示各种乐器图片，引起孩子的兴趣。

师：你们认识这些乐器吗？有什么乐器？（钢琴、小提琴、二胡、琵琶等）

师：乐器有什么用？

小结：乐器是可以发出声音，供演奏音乐时使用的器具。

2、教师展示纸盒，引导孩子观察思考。

师：这里有一个纸盒，它也想像乐器一样发出美妙动听的声音。小朋友，请你们想一想，有什么办法可以帮帮它。

小结：将纸盒创作成一个古筝。

师：小朋友刚刚都提出了很多办法。有小朋友提出可以将纸盒创作成古筝。你们都认识古筝吗？

小结：古筝是中华民族传统乐器，它是中国独特的、重要的民族乐器之一。

师：它是什么形状的？上面一条条的线是用来做什么的？

小结：古筝的形制为长方形木质音箱，上装的线叫做弦，属于弹拨乐器。目前最常用的规格为二十一弦。

二、操作

1. 教师出示纸盒，引导孩子思考讨论如何制作古筝。

师：你们看老师手上拿的是什么？（长方形纸盒）

师：这个纸盒和古筝的形状相似，如何用它来制作古筝？

师：我们可以用什么来代替古筝上面的弦呢？

师：刚刚小朋友都想用线代替琴弦，我们来看看老师这里还有些什么材料？

师：这根橡皮筋是用来做什么的呢？如果用它来当琴弦可以吗？

小结：纸盒、橡皮筋、棉线、剪刀、卡纸、水彩笔、白乳胶、纸皮。

2. 引导孩子制作古筝。

师：请小朋友选择棉线或橡皮筋制作古筝吧！

操作步骤：

(1) 在长方形纸盒上用水粉装饰并涂上颜色；

(2) 如图裁剪纸皮，并剪出 8 处小口（注意：①需要在成人陪同下使用剪刀；②不要把纸皮剪穿）；

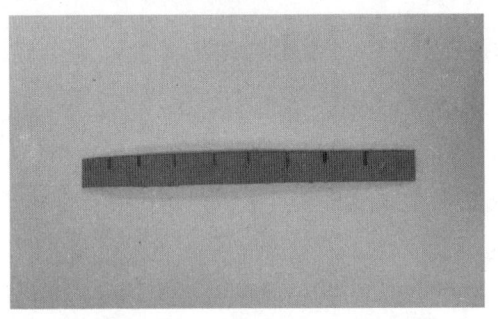

(3) 把剪好的纸皮如图粘贴在古筝上（注意：剪开的小口朝上）；

（4）如图把橡皮筋一根一根按顺序套入古筝并卡在剪好的小口上。

三、实践

1. 让孩子弹拨古筝，倾听发出的声音。

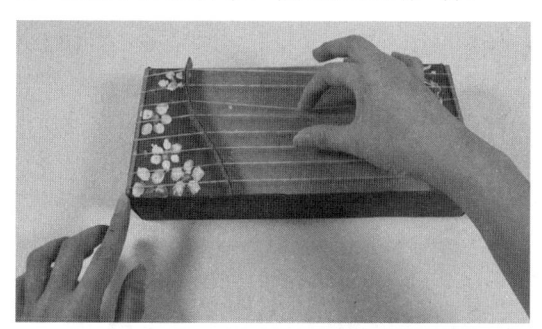

2. 对比讨论：使用棉线和橡皮筋当琴弦的区别在哪里？哪种材料更适合做琴弦？

四、原理

引导孩子了解古筝能发出声音的原理。

师：小朋友，你们知道为什么古筝能发出声音吗？

原理：古筝能发出声音是利用振动产生声音的原理。

用手指弹拨琴弦可引发琴弦的振动产生声音。

五、延伸

1. 引导孩子了解在生活中利用振动产生声音原理的应用。

师：小朋友们，你们知道有哪些利用振动产生声音原理的应用，可以说一说吗？

小结：乐器是振动产生声音。

2. 鼓励孩子尝试用生活中的其他材料，去创作其他造型的乐器，培养他们的创新思维和动手创作能力。

星空小夜灯

活动目标

1. 自主创作星空小夜灯；
2. 了解星空小夜灯是利用光与影的科学原理；
3. 探索生活中光与影原理的应用；
4. 掌握科学、技术和艺术融合的跨学科知识。

活动准备

透明塑料罐、透明塑料片、油性笔、水彩笔、灯泡、电池盒、电池。

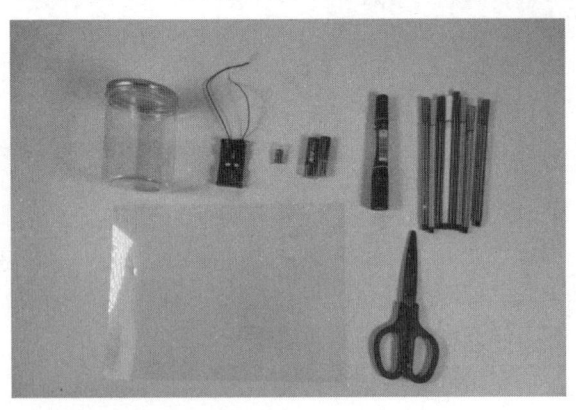

活动过程

一、导入

1. 教师展示星空图片，引起孩子的兴趣。

师：小朋友，晚上的天空与白天有什么不一样？有些什么在天上？

师：看到这样的星空你们想到什么？

2. 教师通过提问引发孩子思考。

师：你们有见过哪些有关星空的物品呢？

师：请你们开动脑筋想一想，有什么办法将美丽的星空带到我们的身边，这样不管是白天还是夜晚都可以欣赏到美丽的星空。

小结：创作一个星空小夜灯。

二、操作

1. 教师展示材料，引导孩子思考讨论如何用现有材料制作星空小夜灯。

师：如果我们也来做一个星空小夜灯，我们可以用什么做呢？现在小朋友来看看老师带来什么材料。

小结：透明塑料罐、透明塑料片、油性笔、水彩笔、双面胶、透明胶、灯泡、电池盒。

师：我们用这些材料可以怎样制作星空小夜灯呢？这里面的星空是什么样的？什么颜色？可以用什么来制作星空片呢？

师：可以用什么来代替这个透明的灯罩呢？

2. 教师引导孩子制作星空小夜灯。

师：刚刚小朋友都讨论了如何制作星空小夜灯，我们动手开始制作吧。

制作步骤：

（1）按塑料罐大小裁剪塑料片；

（2）在透明塑料片上画上星空，用颜料涂上黑色的夜空；

（3）连接电池盒和灯泡并装上电池；

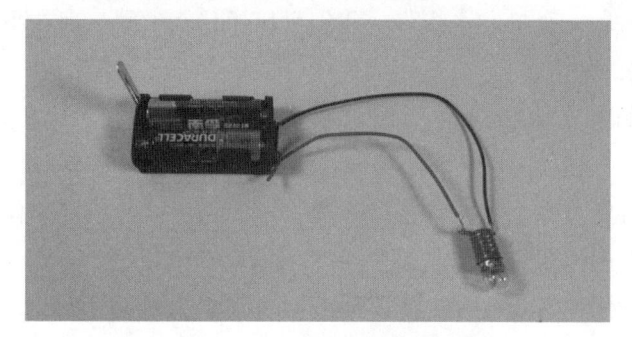

（4）把画好的星空图片放入塑料罐里；

（5）把电池盒和灯泡放入塑料罐里，再盖紧塑料罐。

三、实践

1. 在比较黑暗的房间里打开星空灯，让孩子观察星空效果。

2. 试一试把星空图案换成其他图案的效果。

四、原理

引导孩子们了解星空小夜灯的原理。

师：小朋友，你们知道为什么在黑暗的房间里打开星空小夜灯有这么漂亮的效果吗？

原理：星空小夜灯是利用了光与影的原理。

在黑暗的房间里，将星空灯打开之后，所有的光透过星空片射到墙壁或者天花板上留下影子，形成美丽的星空效果。

五、延伸

1. 引导孩子们了解光与影的原理在生活中的应用。

师：小朋友们，你们知道在生活中有哪些光与影原理的应用吗？

小结：皮影戏、舞台的灯光效果等。

2. 鼓励孩子尝试创作不同图案的小夜灯，培养他们的创新思维和动手创作能力。

青蛙游得快

活动目标

  1. 探索各种让小青蛙游起来的方法；

  2. 通过实验了解水的表面张力的科学原理；

  3. 探索生活中水的表面张力的应用；

  4. 掌握科学和艺术融合的跨学科知识。

活动准备

  厚白纸、油性笔、洗洁精、一盆清水、剪刀、滴管、水彩笔。

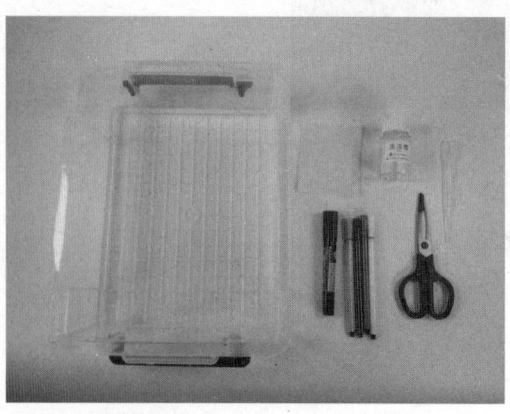

活动过程

一、导入

1. 教师讲谜语，激发孩子的好奇心。

师：猜一猜这是什么动物？"白肚皮绿衣裳，陆上捉害虫，整天呱呱呱，天生游泳家。"（青蛙）

2. 展示图片，引导孩子观察青蛙的外形特征。

师：小青蛙长什么样子？

师：它最喜欢在水里做什么呢？

师：它是怎样游泳的？我们来学一学它的动作。

小结：小青蛙有两只大大的眼睛，绿绿的身体，白白的肚皮，有四条腿，后腿比前腿要粗壮。游泳的时候，前腿会张开一直往后划，后腿也会张开重复蹬水。

3. 教师通过提问引发孩子思考。

师：这里有一张绿色的卡纸，它也想变成青蛙，可以在水里游来游去，有什么办法可以帮它呢？

二、操作

1. 教师出示青蛙游得快的材料，引导孩子观察材料。

师：小青蛙游泳这么厉害，我们今天也来创作一只会游泳的青蛙吧。我们来看看有什么材料。

小结：绿色卡纸、油性笔、剪刀。

2. 孩子自由画游泳时的青蛙，教师在旁观察和引导。

3. 让孩子自由探索如何让小青蛙在水里游起来，教师在旁观察。

师：小朋友都画好了自己的小青蛙，我们把它放水里，想一想在小手不碰到青蛙的情况下，怎么做可以让它游起来。

4. 让孩子分享自己的实验结果并讨论思考，教师总结。

师：小朋友，刚刚都尝试了用自己的方法让青蛙游起来，有的用口吹，有的摇晃水盆，都能成功地让青蛙游起来。

5. 教师一边演示一边小结实验要求,让孩子观察。

师:刚刚小朋友都想出了很多好办法,老师也有一个方法,我们来看看吧。

操作步骤:

(1)用油性笔在白纸上画出游泳时的青蛙;

(2)用彩色笔给青蛙涂上颜色;

(3)用剪刀剪出青蛙造型;

（4）把青蛙放到水面上；

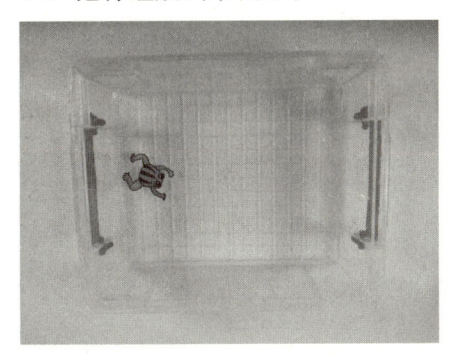

（5）用滴管在青蛙后面滴入洗洁精，青蛙就会自己游走。

三、实践

1. 让孩子用老师的方法尝试，观察是否会成功。

师：我们现在试一试老师的方法，看看青蛙能不能游起来。

2. 让孩子想一想还有什么可以代替洗洁精也能让青蛙游起来。

四、原理

教师引导孩子回顾操作过程，了解青蛙游得快的原理。

师：小朋友，你们知道为什么洗洁精能让青蛙游起来吗？

原理：洗洁精能让青蛙游起来是由于水的表面张力的原理。

洗洁精中含有表面活性剂成分，易溶于水，可以降低水的表面张力，所以洗洁精加入水后快速扩散，青蛙就有了前进的动力。

五、延伸

1. 引导孩子了解生活中水的表面张力现象。

师：小朋友，在我们生活中有很多水的表面张力现象，哪位小朋友可以说一说生活中有哪些例子呢？

小结：小虫子像蜘蛛一样可以在水面上行走跳跃。

2. 鼓励孩子尝试创作不同昆虫的图案进行实验，培养他们的创新思维和动手创作能力。

节日小礼炮

活动目标

1. 自主创造节日小礼炮；
2. 了解节日小礼炮能射出彩纸是因为弹性势能转为动能的科学原理；
3. 探索生活中弹性势能转为动能的应用；
4. 掌握科学、技术和艺术融合的跨学科知识。

活动准备

纸巾筒、水彩笔、透明胶、双面胶、气球、剪刀、彩纸。

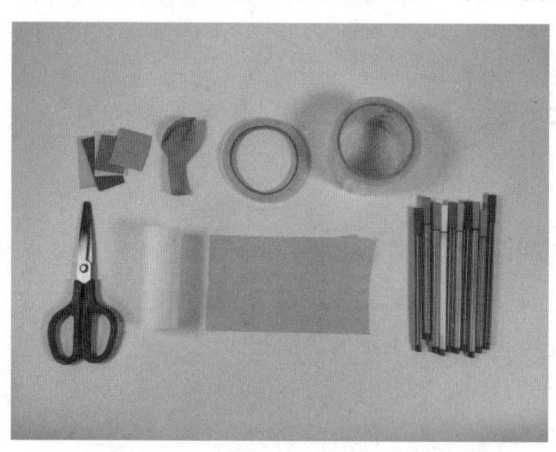

活动过程

一、导入

教师展示图片，通过提问激发幼儿的兴趣。

师：小朋友，你们知道这是什么吗？什么时候会用到它呢？

小结：这是烟花，在过年的时候，人们常常都会放烟花。

师：但是现在过年很多地方都不允许放烟花了，请你们开动脑筋想一想，有没有什么办法可以在不放烟花的情况下也能增添过年的热闹气氛呢？

小结：创作一个节日小礼炮。

二、操作

1. 教师出示小礼炮的材料，引导孩子观察思考。

师：你们看老师手里是什么？（纸巾筒）我们可以用它来当小礼炮的哪里？

师：小朋友想一想为什么礼炮可以发射出碎彩纸？如何让碎彩纸从里面喷出来？

小结：碎彩纸之所以能发射出去是因为有动力把它推出去。

师：想一想生活中有什么可以当成动力，把东西发射出去？

师：刚才小朋友都想了很多东西可以当成动力把东西发射出去，老师这里有一个气球，它也能变成动力把东西发射出去，你们知道为什么吗？

小结：气球具有弹性，就像橡皮筋、弹簧一样。

师：看看制作节日小礼炮除了纸筒和气球以外还需要哪些材料。

小结：画笔、透明胶、剪刀、彩纸。

2. 引导幼儿制作节日小礼炮。

师：我们一起来看看制作节日小礼炮有哪些步骤，在看的过程中，小朋友可以想想怎么装饰你的小礼炮？

（1）把彩色纸卷在纸巾筒外面；

(2) 用水彩笔装饰纸筒；

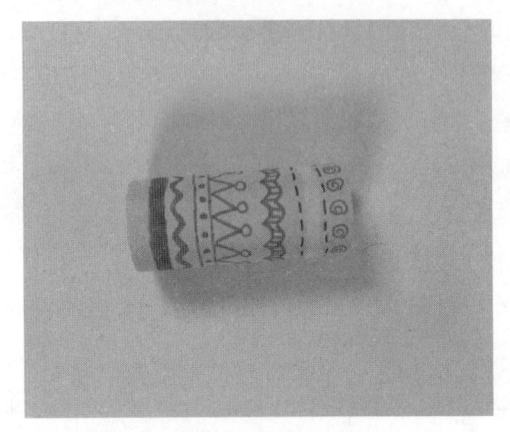

(3) 用剪刀把气球的尾部剪掉；

(4) 把气球套在纸筒一端；

（5）把彩纸剪成纸碎或纸条，放进纸筒里。

三、实践

1. 拉动气球发射节日小礼炮。

2. 发射比赛：把纸条换成纸团进行发射比赛，比一比谁的纸团射得远。

四、原理

引导幼儿了解节日小礼炮的原理。

师：小朋友，你们知道为什么节日小礼炮能发射出碎纸吗？

原理：节日小礼炮能发射是因为弹性势能转为动能的科学原理。

因为气球具有弹性，当我们拉扯气球再松开手后，气球的弹力就会转为动力把纸碎推出去。

五、延伸

1. 引导幼儿了解生活中弹性势能转为动能原理的应用。

师：小朋友们，在我们生活中还有哪些地方是弹性势能转为动能呢？哪位小朋友能来说说？

小结：弓箭、蹦床等。

2. 鼓励孩子尝试用生活中的其他材料创作节日小礼炮，培养他们的创新思维和动手创作能力。

可爱的蚕宝宝

活动目标

1. 尝试用不同材料自主创作可爱的蚕宝宝；
2. 了解蚕宝宝遇水会动是利用水的表面张力的科学原理；
3. 探索生活中水的表面张力的应用；
4. 掌握科学和艺术融合的跨学科知识。

活动准备

纸巾、一次性筷子、白乳胶、黑色油性笔、滴管、清水、绿色卡纸、剪刀。

活动过程

一、导入

教师出示图片，通过猜谜语引起孩子们的兴趣。

师：一条小白虫，身子细又长，爱吃桑叶不吃菜，吐出丝来造间房，长大以后变了样。

小结：蚕宝宝。

师：蚕宝宝是长什么样子的？它最爱吃什么？

小结：蚕宝宝身体白白细又长，身体有环节，有许多小脚，最爱吃桑叶。

师：这里有一张纸巾，它也要变成像蚕宝宝一样蠕动起来。请你们想一想，有没有什么办法可以帮帮它？

二、操作

1. 教师出示制作蚕宝宝的材料，引导孩子观察材料。

师：老师手上拿的是什么？

小结：纸巾。

师：纸巾和蚕宝宝都是白白的，所以我们今天用纸巾来创作可爱的蚕宝宝，你们想一想可以怎样做？（把纸巾搓成长条做成蚕宝宝；把纸巾撕开揉成一个个小纸团，然后再粘贴成蚕宝宝等）

师：老师这里有个用纸巾制作会动的蚕宝宝的方法。我们看看需要哪些材料吧。

小结：纸巾、一次性筷子、白乳胶、黑色油性笔、滴管、清水、绿色卡纸。

2. 引导孩子制作可爱的蚕宝宝。

师：我们现在来看看制作可爱的蚕宝宝需要哪些步骤。

操作步骤：

（1）用一根一次性筷子把一层薄薄的纸巾卷起来，纸巾末端用白乳胶粘好；

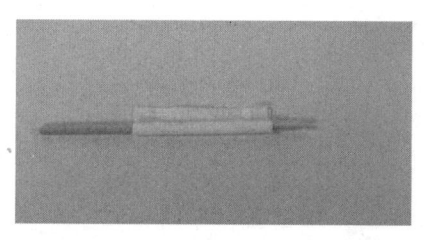

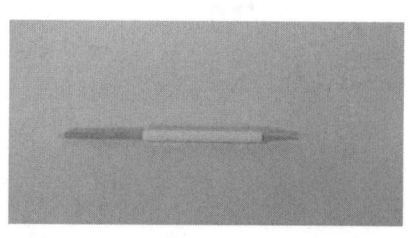

（2）双手食指与拇指用力将纸巾两端向中心挤压，使它皱曲；

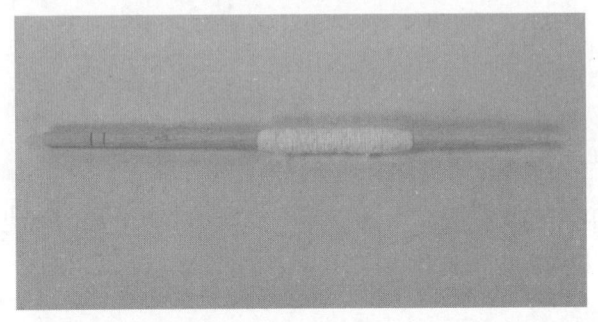

（3）将一次性筷子从中抽出，白色纸巾形成立体且有皱纹的蚕宝宝了；

（4）用黑色油性笔画出蚕宝宝的眼睛和小脚；

（5）在绿色卡纸上画出叶子并剪出来；

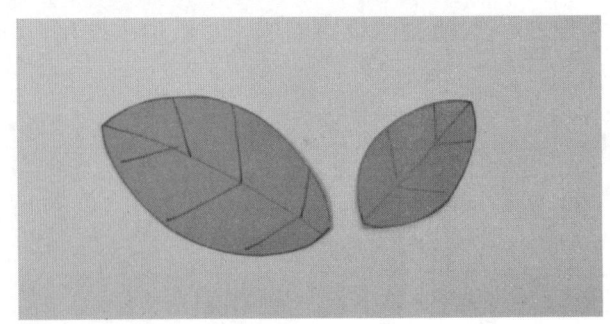

(6) 把做好的蚕宝宝放在叶子上。

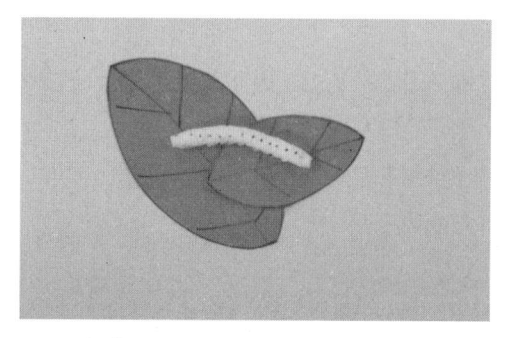

三、实践

教师准备好清水，让孩子进行实验。

师：小朋友，我们轻轻地在蚕宝宝身上滴几滴水，看看蚕宝宝会有什么变化？

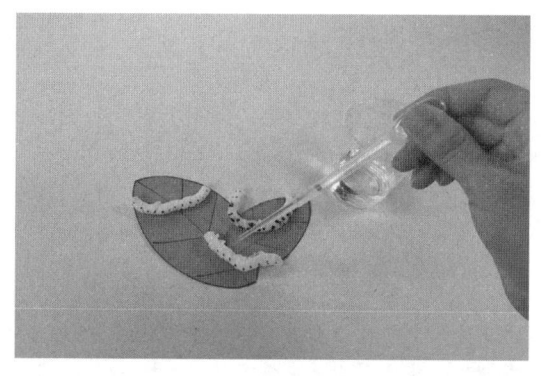

四、原理

引导孩子了解蚕宝宝遇水会蠕动的原理。

师：小朋友，你们知道为什么滴几滴水在蚕宝宝身上，它就会动起来？

原理：蚕宝宝遇水会蠕动是利用水的表面张力的科学原理。

由于纸巾中含有大量微小的植物纤维，在毛细作用下，纸巾会吸收水分。由于水有表面张力，当水滴在紧缩的蚕宝宝身上，水的张力慢慢地就把蚕宝宝撑大了，它就会动起来。

五、延伸

1. 引导孩子们了解生活中水的表面张力的应用。

师：小朋友，在我们生活中有很多水的表面张力的应用，小朋友可以说一说生活中有哪些例子？

小结：如面膜、压缩纸巾、压缩衣服等物品，遇水后会变大，这就是水的表面张力现象。

2. 鼓励孩子尝试用生活中的其他材料替换纸巾，看能否做出会动的蚕宝宝，培养他们的创新思维和动手创作能力。

悬浮的小球

活动目标

1. 自主创作悬浮的小球；
2. 了解悬浮小球利用伯努利的科学原理；
3. 探索生活中伯努利原理的应用；
4. 掌握科学和艺术融合的跨学科知识。

活动准备

卡纸、剪刀、透明胶、吸管、漏斗、圆规、泡沫球。

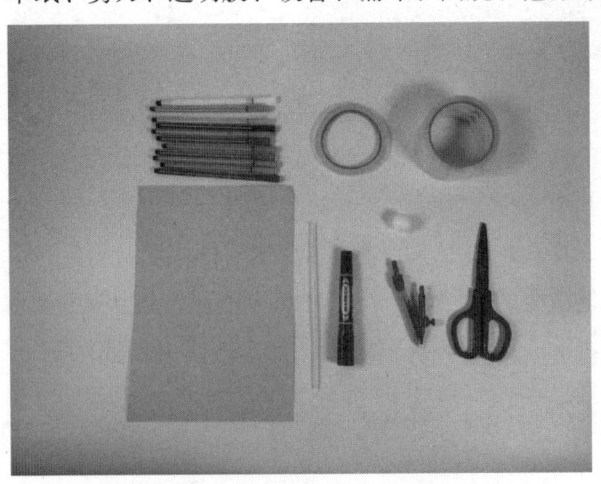

活动过程

一、导入

1. 教师提出问题，激发孩子探索的兴趣。

师：这里有一个纸球、一根吸管和一张纸，如果把纸球放在吸管上吹气，它会怎样？

师：刚刚小朋友尝试了，小球很快就会掉下来，你们能用什么方法让小球浮在半空中不掉地吗？

小结：用纸做成一个漏斗，然后将小球放在上面吹就可以不掉落了。

2. 教师展示漏斗，让孩子观察。

师：有小朋友提出，用纸做成漏斗就可以使小球浮在半空中不掉地。我们现在来试一试，看看这个漏斗能不能使这个小球浮在半空中。

教师把吸管插入漏斗的小口上，然后把小球放到漏斗的大口里，在吸管的另一边吹气。（小球浮在半空中）

师：是不是很神奇，小朋友想试一下吗？但是老师只有一个漏斗，没有办法同时让小朋友一起尝试，怎么办才好呢？

二、操作

1. 教师展示材料，引导孩子进行思考。

师：刚刚有小朋友说做一个漏斗，那我们来看看这里有什么材料可以制作一个漏斗？

小结：卡纸、铅笔、剪刀、透明胶。

师：我们来观察一下漏斗的形状是怎样的。

小结：像圆锥体，上面大，下面小。

2. 孩子探讨用卡纸制作圆锥体，教师在旁引导。

师：小朋友，用卡纸如何制作成漏斗的形状？

3. 孩子制作悬浮的小球，教师在旁引导。

师：刚刚有的小朋友成功做出漏斗的形状，我们一起来观察是怎么做的，在观察的过程中想一想可以怎样装饰这个吹球装置。

操作步骤：

（1）用圆规画一个圆，并剪下来；

（2）在圆边向圆心剪出一个缺口；

（3）用水彩笔装饰圆形；

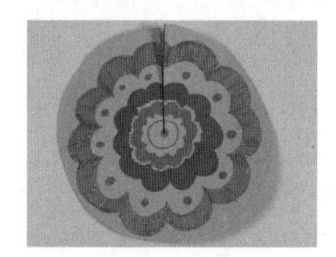

（4）在缺口位置往内卷1/4，用双面胶粘贴成漏斗形状；

（5）在尖尖的底部剪一个小孔，插入吸管用透明胶固定。

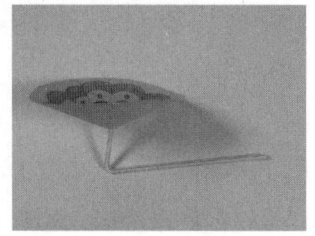

三、实践

1. 让孩子把球放入吹球装置，向吸管吹气，观察小球是否悬浮起来。

2. 分组进行，请孩子从起点出发，一边吹气一边向前进，直至终点，看谁走得又快又不会掉落球。

四、原理

了解小球悬浮的原理。

师：小朋友，你们知道小球一直浮在空中的原因吗？

原理：小球一直浮在空中是利用伯努利原理。

伯努利原理是指流体（气体和液体）流速快时，压强变小；相反，流速慢时，压强则变大。小球能一直浮在空中，是因为一直向吸管吹气，漏斗的底座形成气流，导致靠近小球的空气流速变大，压力变小，而周围的空气流速不变，压力较大。所以，当泡沫球一跳出气流，周围的空气就会把它推回漏斗，它就不会掉下去。

例如等地铁的时候都要求人站在黄线以外，是因为当地铁高速行驶时，人与地铁之间的气流速度越快，压力就越小，而这时人背后的压力是正常的，因此形成强大的压力差，容易将人推向地铁。

五、延伸

1. 引导孩子了解伯努利原理在生活中的应用。

师：小球能在半空中浮起来是因为伯努利原理，在生活中，小朋友知道有什么地方应用了伯努利原理吗？

小结：飞机、喷雾器、球类比赛中的旋转球等都是运用了伯努利原理。

2. 鼓励孩子尝试用生活中的其他材料，去创作悬浮的小球装置，培养他们的创新思维和动手创作能力。

炫染花

活动目标

    1. 自主创作美丽的炫染花；

    2. 了解炫染花利用毛细现象的科学原理；

    3. 探索生活中毛细现象的应用；

    4. 掌握科学和艺术融合的跨学科知识。

活动准备

    纸巾、水彩笔、剪刀。

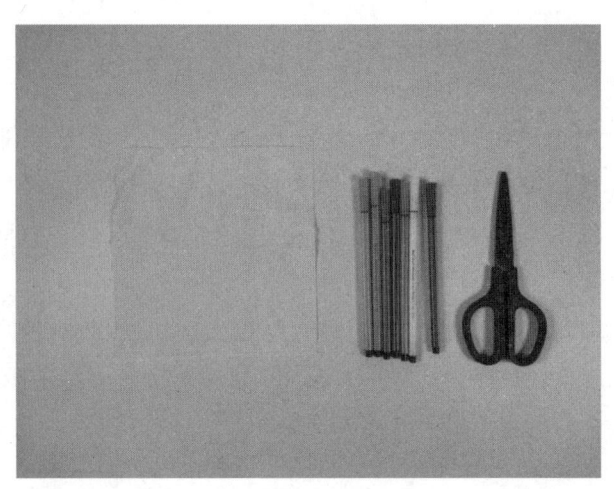

活动过程

    一、导入

    1. 教师出示花的图片，通过提问引起孩子们的兴趣。

    师：小朋友，你们喜欢花吗？喜欢什么花？什么颜色的？

    师：你们看老师手里拿着是什么？（纸巾）老师能把这张纸巾变成一朵美

丽的花，我们一起来看看吧！

2. 教师展示炫染花，引导孩子进行思考。

师：这朵炫染花漂亮吗？它是怎样的？（从颜色、花纹等方面引导孩子）

小结：炫染花有多种颜色，花纹一层一层的，每片花瓣的颜色和花纹都是一样的。

师：炫染花的花纹如果一层一层地画就会非常麻烦，而且也很难做到每片花瓣都一样。小朋友，请你们开动脑筋想一想，有没有什么方法可以快速地让炫染花做到每片花瓣的颜色和花纹都一样呢？

二、操作

1. 教师出示炫染花的材料，引导孩子观察思考。

师：今天我们来做一朵美丽的炫染花吧！想一想怎样才能让每片花瓣的颜色和花纹都是一样的？

师：小朋友都想出了各种好办法，老师也有一个方法，你们来看看会不会更好，我们把纸巾折起来，然后再画，打开后每片花瓣就会出现相同的图案。

师：小朋友想一想可以怎样叠这张纸巾？（让孩子自由叠纸巾）

师：我们看一下除了折好的纸巾还需要哪些材料？

小结：水彩笔、剪刀。

2. 请孩子自由尝试，教师在旁引导。

师：小朋友，在你们叠好的纸巾上用水彩笔进行涂画，看看颜色能否成功地画到下面的几层纸巾上。

3. 请小朋友分享并讨论思考，教师点评及总结。

师：你们成功了吗？成功的小朋友是怎样叠纸巾的？画颜色时需要怎样做？

小结：成功的小朋友是因为他们叠的纸巾比较整齐而且不能太厚，在画图案时，水彩笔停留在纸巾的时间需要久一些，才能让颜色一层层渗透下去。

4. 请小朋友自由创作，教师在旁观察和引导。

操作步骤：

（1）拿薄薄的一张纸巾，对折3次（注意不要叠得太厚）；

（2）再用水彩笔从纸巾的尖端开始点画自己喜欢的图案（注意水彩笔停留在纸巾的时间需要久一些，才能让颜色一层层渗透下去）；

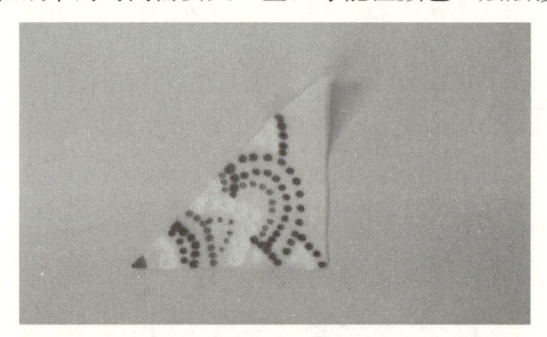

（3）用剪刀剪出花边；

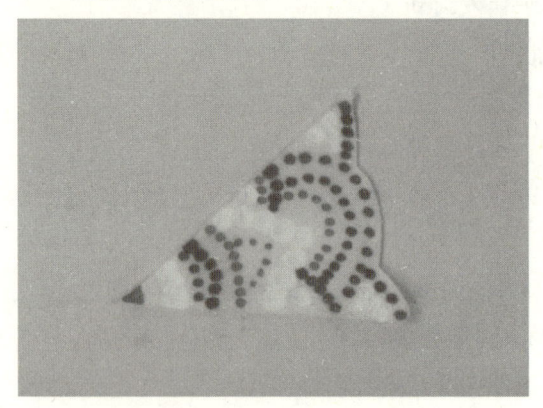

（4）轻轻地打开纸巾。

三、实践

教师请小朋友创作不同颜色和不同形状的炫染花。

四、原理

引导孩子了解创作炫染花的原理。

师：小朋友，你们知道为什么只要在一页纸巾上画出图案，就能做出漂亮的炫染花？

原理：炫染花是利用纸巾毛细现象的原理。

由于纸巾内部有许多细小的"管道"，颜色能够一层层地渗透到下面的纸巾，做出炫染花的效果。

五、延伸

1. 引导孩子们了解生活中毛细现象的应用。

师：小朋友们，在我们生活中有很多毛细现象，哪位小朋友可以说一说呢？

小结：毛巾吸汗、棉花吸水等。

2. 鼓励孩子尝试用生活中的其他材料代替纸巾创作炫染花，培养他们的创新思维和动手创作能力。

▶大班

爱心转转卡

活动目标

1. 自主创作爱心转转卡送给妈妈；
2. 了解爱心转转卡是利用视觉暂留的科学原理；
3. 探索生活中视觉暂留原理的应用；
4. 掌握科学、技术和艺术融合的跨学科知识。

活动准备

白纸、油性笔、水彩笔、吸管、双面胶、剪刀。

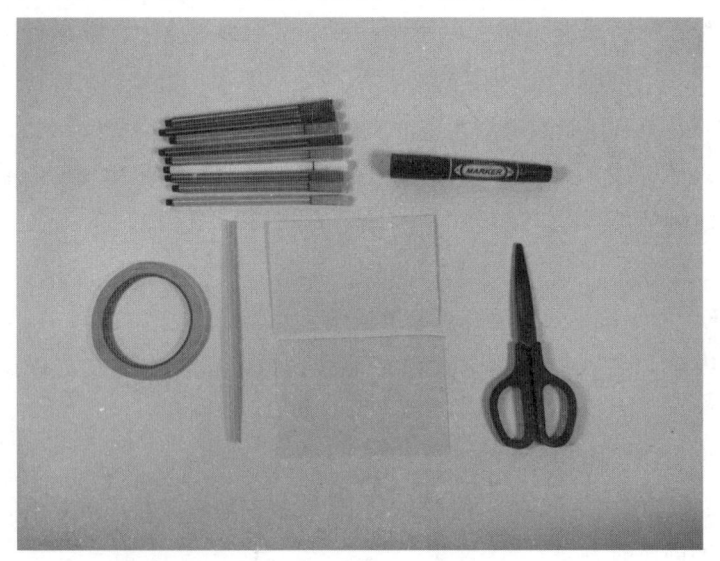

活动过程

一、导入

1. 教师提问引入主题，激发孩子的兴趣。

师：小朋友，你们知道五月的第二个星期天是什么日子吗？

小结：是母亲节，是妈妈的节日。妈妈为了养育我们付出了很多，非常辛苦，所以，在母亲节就要到来的时候，我们要好好地感谢妈妈。

师：妈妈很爱我们，我们来为她做些什么？让她知道我们也爱她。

2. 教师通过提问引发孩子思考。

师：有小朋友提出做爱心贺卡，有小朋友提出送鲜花。小朋友，请你们思考一下，有没有什么办法可以将爱心贺卡和鲜花结合在一起，使得贺卡在转动时，看起来就像妈妈真的收到一束花一样。

二、操作

1. 教师引导孩子思考讨论如何制作卡片。

师：当转动卡片时，小人就动起来，真神奇！如果我们也来制作一张会动的卡片，要如何做呢？我们来观察一下这张卡片和我们平时看到的卡片有什么不一样？

师：两面的图案有什么不一样？

2. 教师展示材料，让孩子观察。

师：刚刚我们讨论了制作卡片的方法，来看看需要用到什么材料？

小结：白纸、油性笔、水彩笔、吸管、双面胶、剪刀。

3. 孩子自由制作爱心转转卡，教师在旁引导。

师：现在我们想想，可以在卡片上画什么来表达对妈妈的爱，还能让它动起来？

操作步骤：

（1）将两张白纸重叠后对折；

（2）把两张白纸裁剪成大小相同的心形；

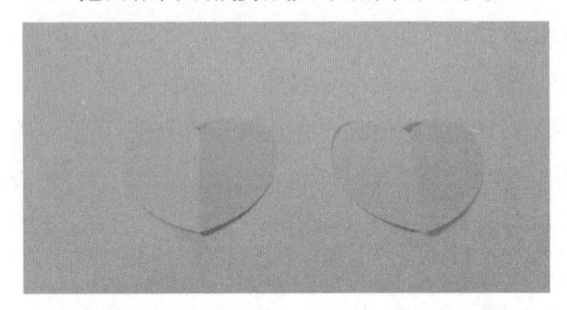

（3）在两个心形里分别画出相关但不同的图案（注意：两个心形里的画面要能重叠成一幅画）；

（4）在两个心形背面，如图贴上双面胶；

（5）在其中一个心形的背面中间贴上吸管；

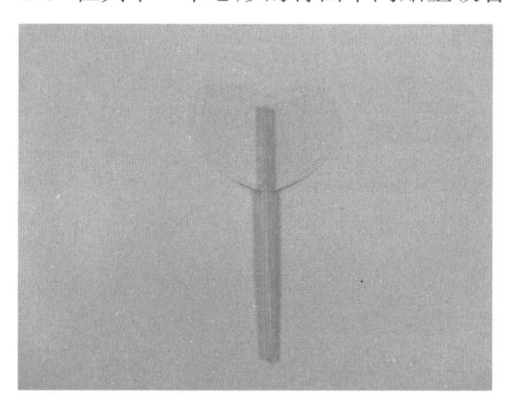

（6）把双面胶撕开，把两个心形中间夹着吸管背对背贴在一起。

三、实践

1. 请小朋友转动自己制作的卡片，观察画面变化。

2. 请小朋友把卡片送给妈妈，表达对妈妈的爱。

225

四、原理

引导孩子了解爱心转转卡的原理。

师：小朋友，你们知道爱心转转卡是利用什么原理制作的？

原理：爱心转转卡是利用视觉暂留原理。

当转动卡片时，前面看到的画面还停留在脑海里，这时又看到了新画面，两个画面就重叠在一起，形成视觉暂留效果。

五、延伸

1. 引导孩子们了解在生活中利用视觉暂留原理的应用。

师：小朋友，可以说一说生活中有哪些视觉暂留原理应用的例子吗？

小结：动画片、走马灯等。

2. 鼓励孩子尝试用生活中的其他材料，去创作转转卡，培养他们的创新思维和动手创作能力。

古代弓箭

活动目标

1. 自主创作古代弓箭；
2. 了解古代弓箭是利用弹性势能转化为动能的科学原理；
3. 探索生活中弹性势能转化为动能的原理的应用；
4. 掌握科学、技术和艺术融合的跨学科知识。

活动准备

回形针、橡皮筋、棉线、牛皮纸、双面胶、透明胶、剪刀、水彩笔。

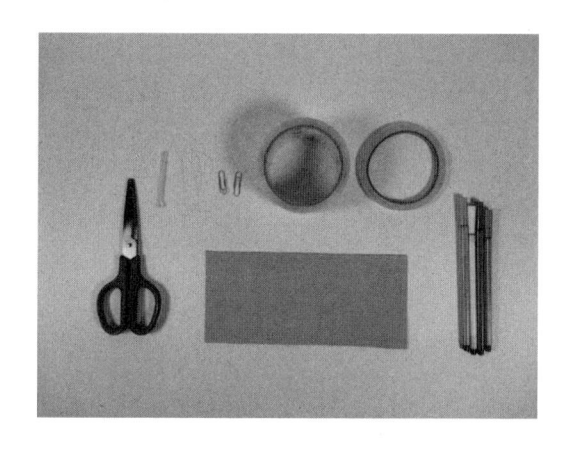

活动过程

一、导入

1. 教师出示一个怪兽标靶，通过提问引发孩子思考。

师：小朋友，这里有一个怪兽标靶。请你们思考一下在不用手的情况下，有没有什么办法可以击倒它？

小结：创作一个弓箭来射倒它。

师：刚刚小朋友提出了很多办法。有的小朋友提出可以创作一个弓箭来射倒它，这是一个不错的办法。

2. 教师展示弓箭的图片，引导孩子观察。

师：在古代，弓箭是重要的军事武器，人们利用弓箭来击退敌人。我们来看看弓箭是怎样的？由什么部分组成？

小结：弓是由弯弯的弓臂和弓弦组成的，箭是尖尖的，包括箭头、箭杆和箭羽。

二、操作

1. 教师引导孩子讨论如何制作弓箭。

师：如果我们要制作一把弓箭，可以用什么材料来制作弓臂和弓弦呢？用什么来做箭呢？能像真的箭一样又尖又硬吗？（告诉孩子注意安全，把箭换成不会伤到人的物品）

2. 教师展示材料，让孩子观察。

师：刚刚小朋友都想到了用很多材料来制作弓箭，老师也带来一些材料，我们来看看有什么？

小结：回形针、橡皮筋、棉线、牛皮纸、双面胶、透明胶、剪刀、水彩笔。

3. 教师引导孩子制作弓箭。

师：刚刚有的小朋友说用线来制作弓弦，有的说用橡皮筋来制作，现在小朋友可以选择自己想用的材料制作弓箭。

操作步骤：

（1）把两个回形针掰直成两条铁丝；

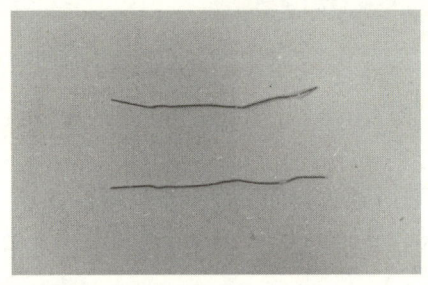

（2）把两条铁丝用透明胶接在一起；

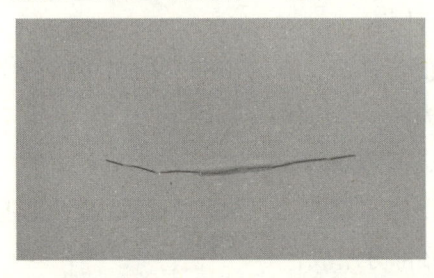

（3）按铁丝长度裁剪牛皮纸，把铁丝包在牛皮纸里面，卷成纸棒，用双面胶封口；

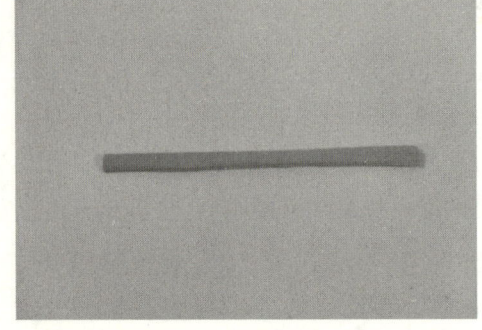

（4）将纸棒掰弯成弓臂的造型；

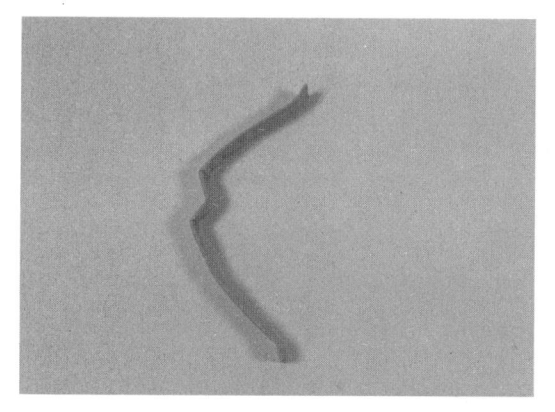

（5）剪开橡皮筋一边（或选择棉线），绑在弓臂上当弓弦；

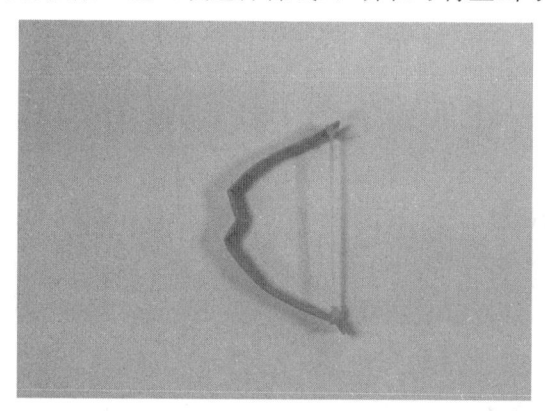

（6）将剩余的牛皮纸卷成纸棒，在纸棒两端分别剪出箭头和箭羽，把中间部分往内折出箭杆；

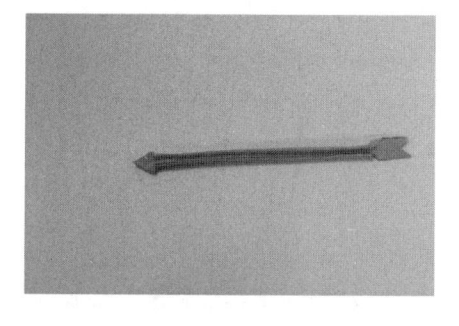

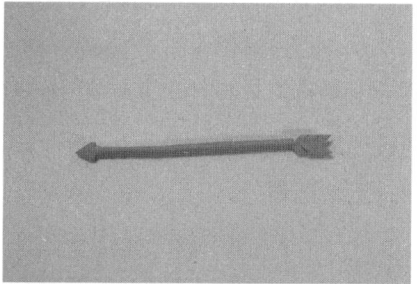

229

（7）用水彩笔装饰弓箭。

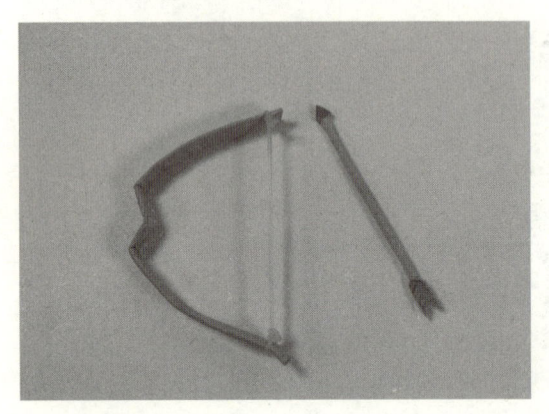

三、实践

1. 让孩子进行射箭比赛。

2. 讨论：比一比、说一说哪种材料更适合做弓弦。

四、原理

引导孩子了解弓箭的原理。

师：小朋友，你们知道为什么弓箭能把箭射出去吗？

原理：弓箭是弹性势能转为动能的原理。

由于弓箭有弹性，人们用力拉弦使其变形，松手时，弓箭迅速恢复原状，同时把搭在弦上的箭弹射出去。

五、延伸

1. 引导孩子了解在生活中弹性势能转为动能原理的应用。

师：小朋友们，你们知道生活中有哪些利用弹性势能转为动能原理的应用，可以说一说有哪些例子吗？

小结：跳蹦床、撑杆跳等。

2. 鼓励孩子尝试用生活中的其他材料，去创作弓箭，培养他们的创新思维和动手创作能力。

皮影戏

活动目标

1. 自主创作皮影戏，了解古代的戏剧；
2. 了解皮影戏是利用光与影的科学原理；
3. 探索生活中的光与影应用；
4. 掌握科学和艺术融合的跨学科知识。

活动准备

白卡纸、水彩笔、订书机、双面胶、剪刀、雪糕棒、油性笔、电筒、大白纸。

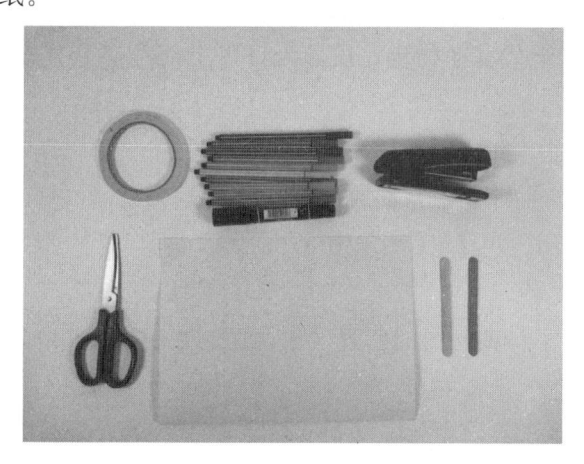

活动过程

一、导入

1. 教师出示图片，通过提问引发孩子们的兴趣。

师：小朋友，你们知道这是什么动画片吗？你们喜不喜欢看呀？

师：看来大家都很喜欢看《西游记》呢，但是电视或平板看多了对我们的眼睛有害。小朋友，请你们想一想，有没有什么办法可以不用电视或平板也可以看《西游记》故事呢？

小结：可以观看皮影戏表演的《西游记》故事。

2. 教师介绍皮影戏引发孩子思考。

师：有小朋友提出，我们可以观看皮影戏表演的《西游记》故事。那你们知道皮影戏是怎样的吗？

小结：皮影戏是十分受欢迎的民间娱乐活动。它是我国历史悠久的一种民间艺术，并远播海外，成为世界性的艺术。在表演时会有人藏在白色幕布的后面，一边操纵皮影一边讲述故事，由于光被不透明的幕布遮挡，就会在白色幕布上形成影子，这叫皮影戏，也叫影子戏。

二、操作

1. 教师出示制作皮影的材料，结合自身经验探索如何制作皮影。

师：如果我们也来做一个皮影，可以用什么来代替动物的皮呢？

师：皮影为什么会动呢？

小结：我们可以用白卡纸代替动物皮，皮影人物每个部分都是分开的，有关节的连接点，用杆子来操控。

师：制作皮影除了要用白卡纸，看看还需要哪些材料？

小结：白卡纸、水彩笔、订书机、双面胶、剪刀、雪糕棒、油性笔。

师：我们来想一想如何用这些材料制作皮影。

2. 引导孩子自由制作皮影。

师：刚刚小朋友都讨论了各种材料的用处，那现在就来制作属于自己的皮影吧。

制作步骤：

（1）在白卡纸上画出皮影的各个部位并涂上颜色（注意：关节位置需要分开绘画）；

（2）剪出皮影的各个部位；

（3）在皮影分开的每个部分用订书机如图所示连接起来（注意：不要把连接的两个部分重叠钉起来）；

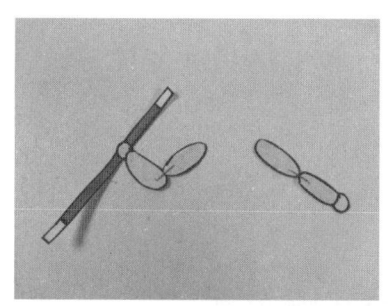

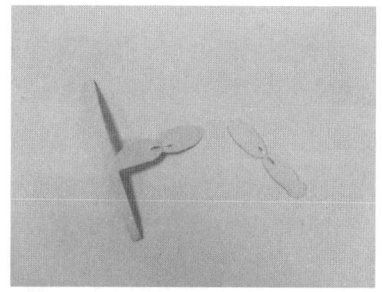

(4) 把雪糕棒分别粘贴在双手背面。

三、实践

1. 教师准备好电筒和大白纸当白幕，让孩子拿着自己的皮影表演。
2. 进行光影游戏。

四、原理

教师引导孩子了解皮影戏的原理。

师：小朋友们知道为什么白幕上能看到皮影吗？

原理：白幕上能看到皮影是利用光与影的原理。

由于光线被不透明的皮影遮挡，在白色屏幕上形成了影子。

五、延伸

1. 引导孩子们了解光与影在生活中的应用。

师：小朋友你们知道生活中有哪些光与影的应用？

小结：生活中光与影的应用如摄影等。

2. 鼓励孩子尝试用生活中的其他材料，去创作皮影戏，培养他们的创新思维和动手创作能力。

自制仿生手

活动目标

1. 自主创作一只仿生手；
2. 了解仿生手是模仿人体关节活动的科学原理；

3. 探索生活中模仿人体关节的应用；
4. 掌握科学、艺术和技术融合的跨学科知识。

活动准备

水彩笔、卡纸、细吸管、粗吸管、双面胶、棉线、剪刀、铅笔、剪刀、尺子。

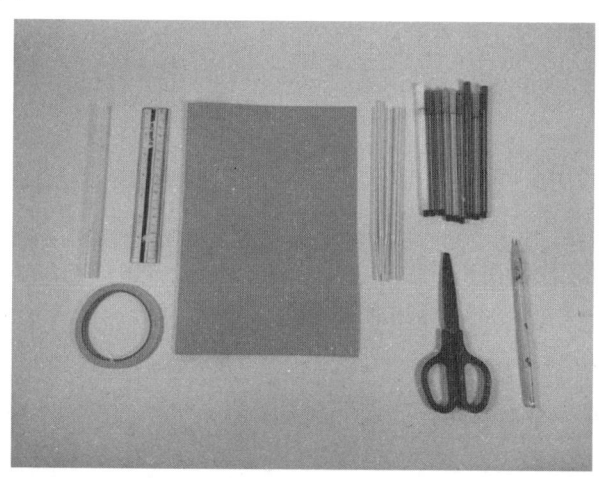

活动过程

一、导入

1. 教师展示一杯用玻璃杯装着的热水，通过提问激发孩子兴趣。

师：小朋友，这里有一杯刚刚烧好的开水，我们可以直接用手去拿吗？

师：刚刚烧好的开水非常烫，我们不能直接用手去拿，否则很容易烫伤手。

2. 教师通过提问引出仿生手活动主题。

师：那么在面对热水、玻璃碎片等不能直接用手拿的物品时，有没有什么办法可以替代我们的手去拿呢？

小结：可以创作一个仿生手来帮忙。

师：刚刚小朋友都提出了很多办法。有的小朋友提出可以创作一个仿生手来帮忙。仿生手动起来就像真手一样，最早在 1963 年开发。在 2013 年 2

月,瑞士发明了全球首个有触感的仿生手。

师:如果要创作一只仿生手,我们应该怎样做呢?想一想手指为什么会动?

小结:我们的手指由一节一节的骨头组成,骨头与骨头之间形成关节,所以就能动了。

二、操作

1. 教师出示吸管,引导孩子们观察所需材料。

师:小朋友你们看老师手里是什么?(吸管)你们知道可以用来做什么吗?

小结:吸管除了可以用来喝水,它还可以模仿我们的手指活动来做成仿生手。

2. 让孩子自由讨论,教师在旁引导。

师:小朋友想一想吸管可以作为仿生手的哪部分呢?

3. 引导孩子制作仿生手。

师:制作仿生手还需要什么材料,我们一起看看吧。

小结:卡纸、透明胶、棉线、剪刀。

操作步骤:

(1)在卡纸上用铅笔和尺子画出仿生手臂(注意:要画出每根手指的关节);

(2) 用彩色笔描画出仿生手臂并剪出来；

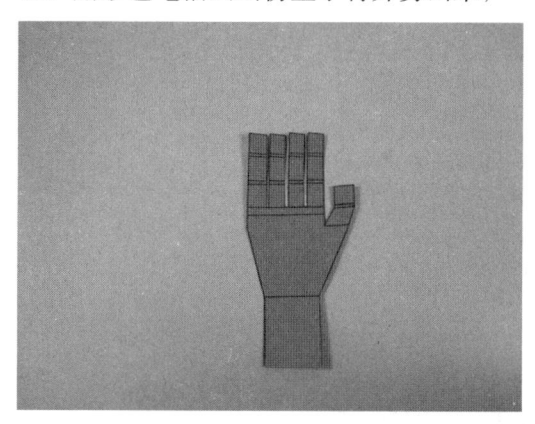

(3) 把手臂翻面，在手掌和手指的每个骨头位置粘贴双面胶；

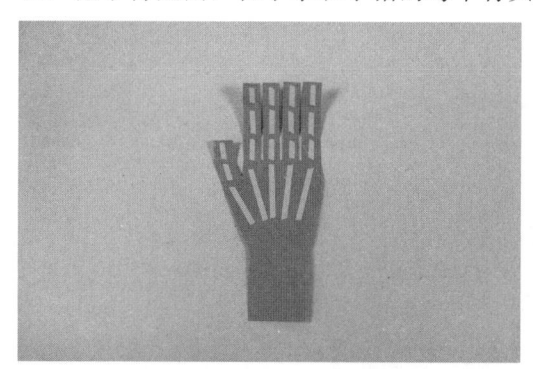

(4) 裁剪吸管，按照双面胶的位置粘贴吸管作为手部的骨头；

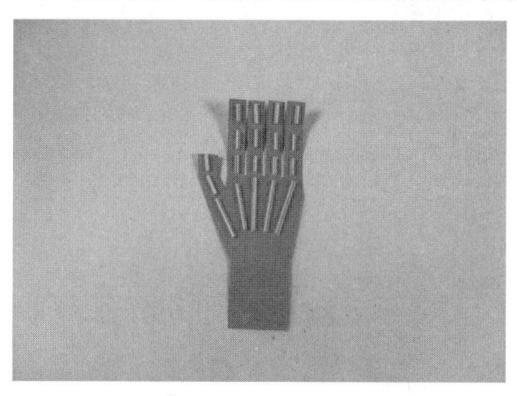

（5）用5条棉线分别穿过5根手指上的吸管，用双面胶固定好每根手指顶部的棉线；

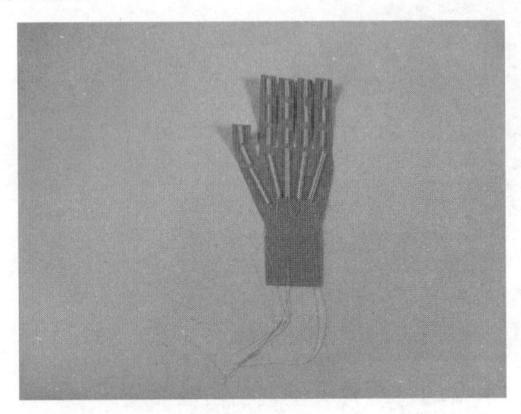

（6）把5条棉线绑在一起；

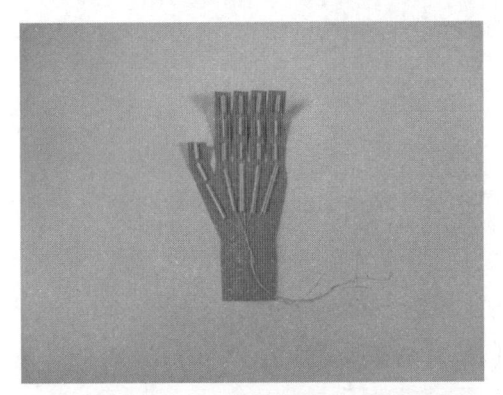

（7）把粗吸管粘贴在手臂位置，并把棉线穿过吸管。

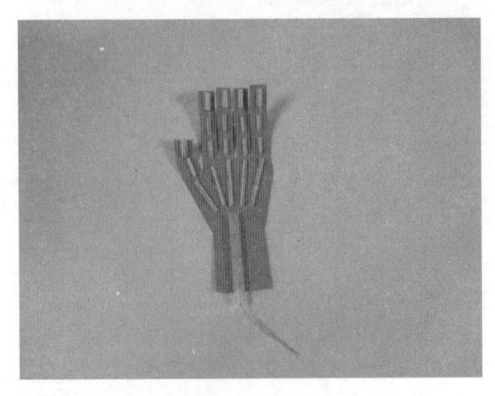

三、实践

1. 让孩子尝试用仿生手拿起各种物品。

2. 多人比赛：看看在规定的时间内谁用仿生手拿的纸团最多。

四、原理

引导孩子们了解仿生手的工作原理。

师：小朋友，你们知道仿生手为什么能动，能拿起东西吗？

原理：仿生手是模仿人体关节活动的科学原理。

一节节的吸管就像我们的手指骨头，用棉线把它们连接在一起，就像关节一样，所以就能模仿人手拿东西。

五、延伸

1. 引导孩子们了解模仿人体关节活动原理在生活中的应用。

师：小朋友们，你们知道在生活中哪些模仿人体关节活动原理的应用吗？

小结：假肢技术、机械手臂。

2. 鼓励孩子尝试用生活中的其他材料，去创作仿生手，培养他们的创新思维和动手创作能力。

画画机器人

活动目标

1. 自主创作一个画画机器人；

2. 了解画画机器人是利用振动产生摩擦的科学原理；
3. 探索生活中振动产生摩擦原理的应用；
4. 掌握科学、工程和艺术融合的跨学科知识。

活动准备

纸杯、橡皮筋、吸管、夹子、双面胶、乒乓球、扭扭棒、雪糕棒、眼睛、铁丝、螺丝刀、卡纸、彩纸、剪刀。

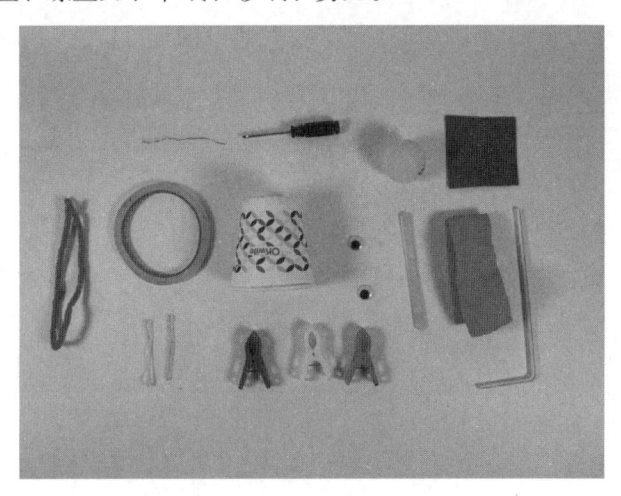

活动过程

一、导入

教师展示图片，通过提问激发孩子的创作兴趣。

师：小朋友，你们喜欢机器人吗？有见过吗？

小结：机器人是自动执行工作的机器装置，包括一切模拟人类行为或思想与模拟其他生物的机械（如机器狗，机器猫）。

师：你们知道这些机器人有什么作用吗？

小结：随着现代科技的飞速发展，机器人已经可以协助或者取代人类工作，如演奏机器人、扫地机器人、导购机器人、端盘机器人等。

师：小朋友，现在的机器人功能非常多，会唱歌、跳舞、讲故事、踢球等。小朋友，请你们想一想，有没有什么办法可以让机器人也像我们人类一样会画画？

小结：创作一个画画机器人。

师：如果我们要创作一个会画画的机器人，它需要具备什么条件呢？大家讨论一下吧。

二、操作

1. 教师展示材料，引导孩子进行思考。

师：刚刚小朋友们都表现得非常积极，今天老师带来了一些材料，我们就用这些材料创作一个会画画的机器人，来看看有什么材料。

小结：纸杯、橡皮筋、吸管、夹子、双面胶、乒乓球、橡皮筋、雪糕棒、眼睛、嘴巴、头发、铁丝。

师：你们看到老师手上拿着的这个是什么？（纸杯）那你们知道纸杯一般可以用来做什么？

师：很多小朋友都说了纸杯是拿来喝水的，但是老师要跟你们说，这个纸杯不仅可以拿来喝水，它还可以化身为一个会自动画画的机器人。现在请你们思考一下，如果要让这个纸杯会自动画画，它还缺少什么东西？我们还需要准备什么材料呢？

师：有很多小朋友提到了它没有手或脚，没有办法画画，那我们再想一下，可以用这里的哪个材料来充当机器人的手或脚呢？

小结：小朋友们表现得都非常棒，开动小脑袋想了很多答案。但今天老师选用的是我们平时非常常见的夹子来当纸杯的脚。

2. 引导孩子们制作画画机器人。

师：除了用杯子和夹子，我们一起来看看制作一个画画机器人需要经过哪些步骤吧。在制作的过程中，小朋友们也可以思考一下为什么画画机器人会自动画画。

操作步骤：

（1）彩纸剪成头发状，粘贴在杯子上；

（2）用螺丝刀在杯底的中间钻一个孔；

（3）把两条橡皮筋如图扣在一起；

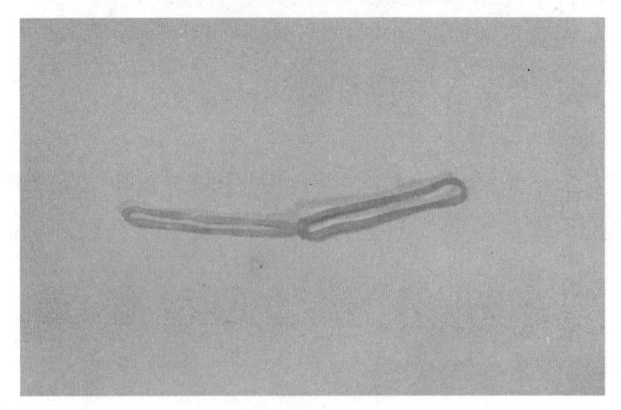

（4）将乒乓球的上下各穿一个洞，并用铁丝将橡皮筋穿过乒乓球的两个小孔；

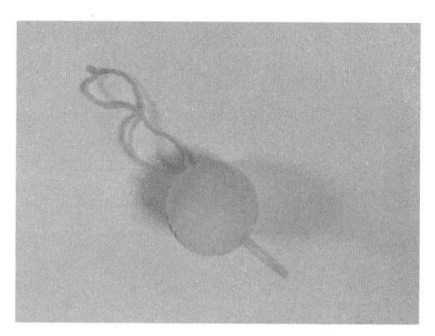

（5）将吸管穿过乒乓球上方的橡皮筋；

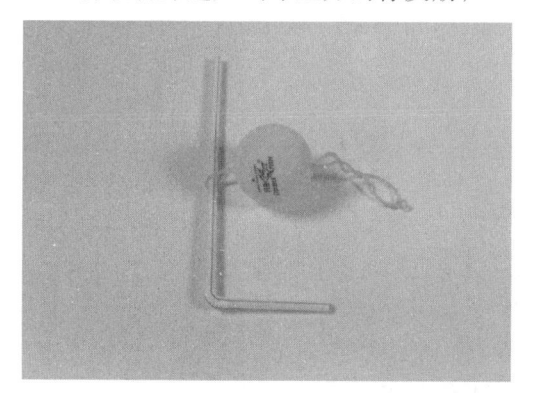

（6）用铁丝将橡皮筋的另一头穿过杯底的小洞，再用雪糕棒穿过皮筋，架在杯口中间；

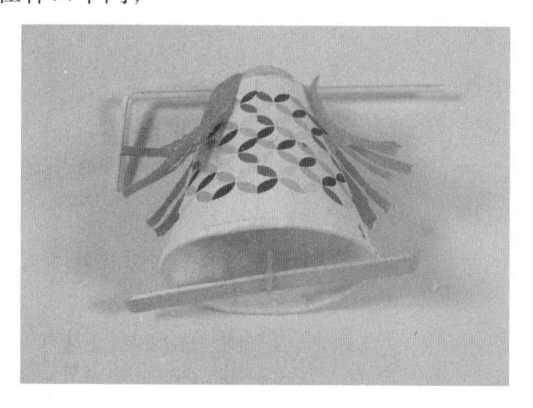

幼儿园 STEAM 教育的本土化实践

（7）在杯口处夹上三个夹子；

（8）将眼睛和嘴巴粘贴在杯子的正面；

（9）最后在夹子的底部缠上扭扭棒。

三、实践

教师准备几张大报纸发给每个孩子，让画画机器人在白纸上画画。

师：小朋友，我们先给夹子上的扭扭棒蘸上颜料，然后不断地转动乒乓球上的吸管，转完之后把它放在白纸上就可以开始画画了。

四、原理

引导孩子们了解画画机器人的工作原理。

师：小朋友，你们知道刚刚的画画机器人是怎么做到自动画画的吗？

原理：画画机器人是利用振动产生摩擦的原理。

吸管转动时就会带动橡皮筋不断地转动缠绕数圈，放开手的时候，橡皮筋的弹力就会使得机器人不停地转动，从而使带有颜料的夹子在纸面上留下振动的痕迹。

五、延伸

1. 引导孩子们了解振动产生摩擦的科学原理在生活中的应用。

师：小朋友们，振动产生摩擦原理在我们生活中应用广泛，哪位小朋友可以说一说生活中有哪些例子呢？

小结：电动牙刷。

2. 鼓励孩子尝试用生活中的其他材料替换夹子，去创作画画机器人，培养他们的创新思维和动手创作能力。

幻彩水母

活动目标

1. 自主创作美丽的幻彩水母；
2. 了解幻彩水母是利用水的浮力的科学原理；
3. 探索生活中水的浮力应用；
4. 掌握科学和艺术融合的跨学科知识。

活动准备

透明塑料袋、塑料瓶、剪刀、棉线、清水。

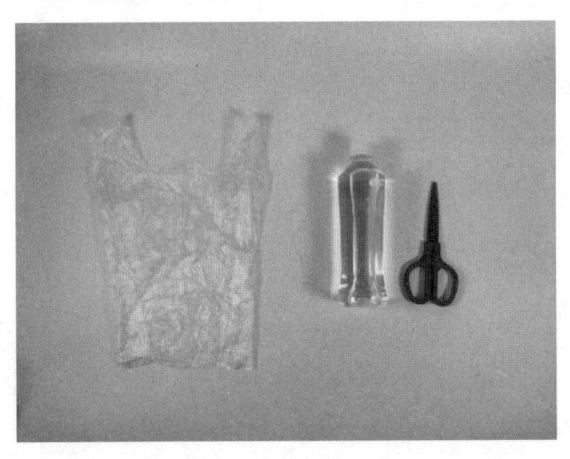

活动过程

一、导入

1. 教师出示水母图片，通过提问引起孩子们的兴趣。

师：你们知道这是什么吗？它生活在哪里？

师：水母是怎样的？它的身体像什么？它的触须是怎样的？

小结：水母有一个像蘑菇头的身体，有许多长长的触须。

2. 教师通过提问，引导孩子进行思考。

师：但是水母一般要在海里才能看到。在不能去海里的情况下，怎样才能随时随地都能看到水母，有什么办法可以做到呢？

二、操作

1. 教师出示幻彩水母的材料，引导孩子观察思考。

师：我们也来制作美丽的水母吧！我们来看看除了用保鲜袋，还需要用到什么材料？

小结：塑料瓶、剪刀、棉线、清水。

2. 引导孩子制作幻彩水母。

操作步骤：

（1）把保鲜袋裁剪成正方形；

（2）用下图的方法在正方形保鲜袋中间倒入清水；

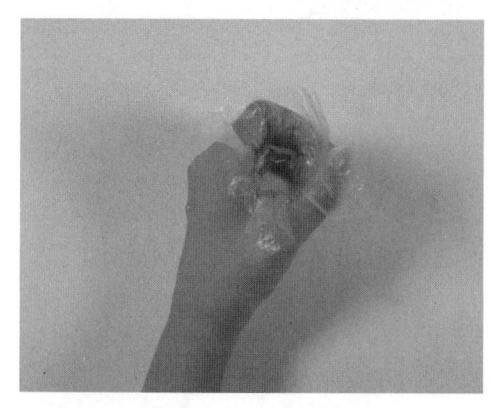

(3) 把开口拧紧，用棉线绑成水袋；

(4) 用剪刀剪出水母的一条条触须；

(5) 把水母放进装满水的塑料瓶里。

三、实践

1. 请小朋友观察水母。

师：请小朋友把水母放入塑料瓶里，看看如何让水母游起来。

小结：当水母在顶部时，把瓶子倒过来，水母就会游起来。

2. 在电筒（手机电筒）上放上透光的彩纸，照在水母上，进行观察。

3. 用不同颜色的画笔在保鲜袋上涂画上美丽的图案，再重复上面的操作，看看会发生什么变化。

四、原理

引导孩子了解幻彩水母的原理。

师：小朋友，你们知道为什么幻彩水母会上下游来游去吗？

原理：幻彩水母会上下游来游去是利用水的浮力原理。

由于水的浮力大于保鲜袋的重力，所以幻彩水母就会上下游来游去。

五、延伸

1. 引导孩子们了解生活中水的浮力应用。

师：小朋友们，在我们生活中有很多水的浮力应用，请小朋友说一说有哪些例子？

小结：小船浮在水面上，水面能漂浮物体等。

2. 鼓励孩子尝试用生活中的其他材料，去创作幻彩水母，培养他们的创新思维和动手创作能力。

全息投影仪

活动目标

1. 自主创作全息投影仪；

2. 了解全息投影仪是利用光的折射的科学原理；

3. 探索生活中全息投影仪的应用；

4. 掌握科学、数学和技术融合的跨学科知识。

活动准备

笔、尺子、剪刀、透明塑料膜、透明胶、白纸、手机视频。

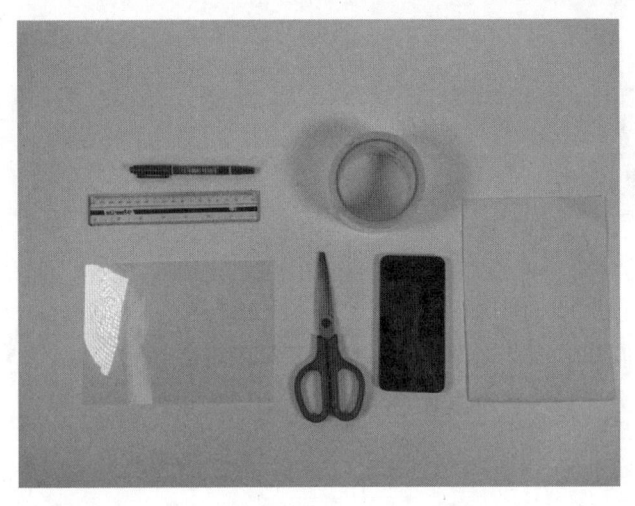

活动过程

一、导入

1. 教师播放视频，引发孩子的兴趣。

师：小朋友，你们看到了什么？

师：小朋友，我们刚刚看到的视频都是平面的。请你们开动脑筋想一想，有没有办法可以使刚刚播放的视频变成立体的？

小结：创作一个全息投影仪。

师：有小朋友提出可以创作一个全息投影仪，这是个非常好的主意。那你们知道什么是全息投影技术吗？

小结：全息投影技术属于3D技术的一种，这种技术多用于博物馆展示收藏品。

2. 教师展示全息投影仪图片，引导孩子观察。

师：这就是全息投影仪，小朋友观察一下，这个全息投影仪是怎样的？它的外形像什么？是什么颜色的？

二、操作

1. 教师引导孩子思考如何制作全息投影仪。

师：刚刚小朋友都观察了全息投影仪，如果让我们来做一个全息投影仪，我们首先要用什么材料来制作呢？有什么东西是透明的，可以拼成全息投影仪？

2. 教师展示材料，让孩子观察。

师：刚刚小朋友都想到了用各种透明的材料来制作，老师也带来了透明塑料膜来制作全息投影仪，但只有这个是不够的，再来看看还需要哪些材料。

小结：笔、尺子、剪刀、手机、透明胶、白纸。

操作步骤：

（1）在白纸上画出一个上底为 1 cm、下底为 6 cm、高为 3 cm 的等腰梯形；

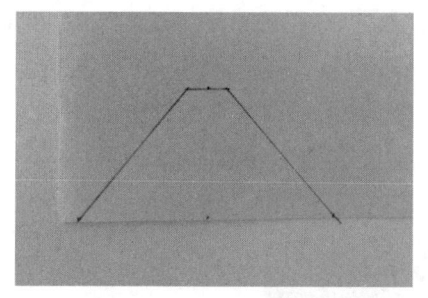

（2）在白纸上剪出这个等腰梯形；

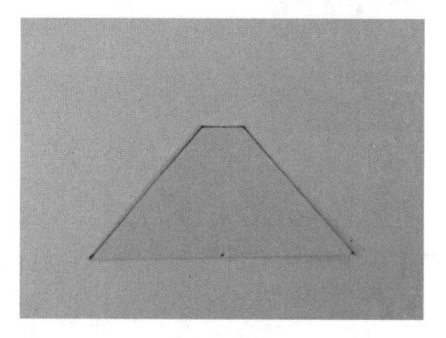

（3）以这个等腰梯形为模板在透明塑料板上剪出四个等腰梯形；

（4）用透明胶带把四个透明等腰梯形粘在一起。

三、实践

老师准备好相应的视频，让孩子观察全息投影仪里面的动画视频。

（注：全息技术需要用到手机或者 iPad，教师需提前准备好，或者教师示范后，安排孩子回家与家长再自主操作一遍）

四、原理

教师引导孩子了解全息技术的原理。

师：通过刚才的试验，你们知道为什么全息技术里面的投影好像真的一样了吗？

原理：全息投影仪利用光的折射原理。

透明材料制成的全息投影仪放在四个不同角度拍摄的、二维物体的视频，折射成像并汇集到一起后形成具有感观维度的立体影像。

五、延伸

引导孩子了解全息投影仪在生活中的应用。

师：小朋友你们有没有在什么地方看见过全息投影仪在生活中的应用？

小结：在舞台上、汽车展览等地方都能看到全息投影仪的应用。

万花筒

活动目标

1. 自主创作一个万花筒；
2. 了解万花筒是利用光的反射的科学原理；
3. 探索生活中光的反射原理应用；
4. 掌握科学和艺术融合的跨学科知识。

活动准备

彩纸、透明塑料片、透明胶、双面胶、剪刀、卡纸、水彩笔、油性笔。

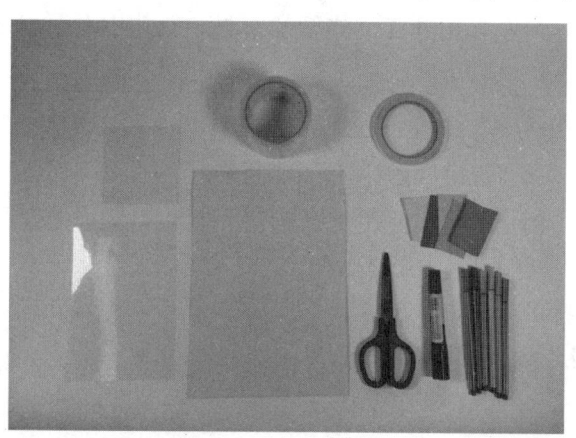

活动过程

一、导入

1. 教师展示碎纸片，引发幼儿的兴趣。

师：小朋友，这里有一些碎纸片，你们想一想，可以用来做什么呢？

小结：可以用来做粘贴画或模拟落叶、飘雪等。

2. 教师通过提问引发孩子观察思考。

师：大家刚刚提出了很多想法。有没有办法可以使得这些碎纸片变出很多不同的图案呢？

小结：可以创作一个万花筒，使碎纸片可以变出不同的图案。

3. 教师引导孩子观察，思考探索讨论材料。

师：有小朋友提出，可以创作一个万花筒使碎纸片变出不同的图案。那你们知道为什么万花筒会变出不同的图案吗？我们一起来探索一下它的秘密吧。

师：万花筒里有什么材料？

师：彩色的小纸碎放在哪里？

师：里面的镜子是怎样的，起到了什么作用？

师：为什么有一端是透明胶片，一端是纸片上有个小孔？

小结：万花筒里有彩纸碎、三棱镜、塑料片等，将彩纸碎放于圆筒的一端，圆筒中间放置三棱镜，另一端用开孔的厚纸片密封，由孔中看去就可以看到美丽多变的图案。

二、操作

1. 教师出示制作万花筒所需材料，引导孩子进行观察。

师：今天我们也来自己制作一个有趣的万花筒吧，制作万花筒需要什么材料呢？

小结：彩纸、透明塑料片、透明胶、剪刀、卡纸。

2. 教师引导孩子结合自身的经验，思考讨论如何用现有的材料制作万花筒。

师：这张卡纸可以当万花筒的哪个部位？没有镜子怎么办？透明塑料片可以用来做什么？彩纸碎怎样做？

3. 引导孩子制作万花筒。

师：刚刚小朋友都讨论了各种材料的用处，那我们现在就来制作属于自己的万花筒吧。

制作步骤：

（1）把彩纸剪碎备用；

（2）把透明塑料片分三份折好，粘贴成三棱镜的样子；

（3）在卡纸上装饰出自己喜欢的图案；

(4）将卡纸卷成纸筒，能刚好在里面放进塑料三棱镜；

(5）在剩余的塑料片上画出两个与纸筒相同大小的小圆并剪出；

(6）在两片塑料小圆片中间放入彩纸碎，用透明胶封紧在纸筒一端；

(7）在剩余的卡纸上画出与纸筒相同大小的小圆片，剪出并在中间剪个小孔；

(8) 把带孔的纸片用透明胶封紧在纸筒另一端；

三、实践

1. 教师引导幼儿展示作品成果，观看万花筒。

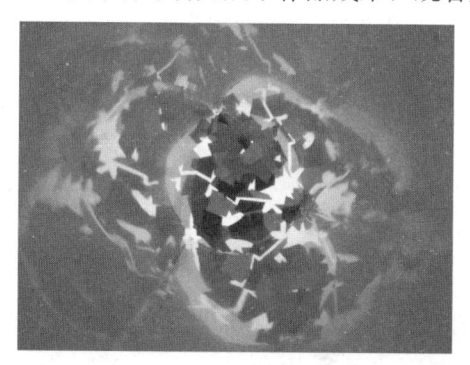

2. 教师把三棱镜变成四棱镜，能做出万花筒吗？

四、原理

教师引导孩子了解万花筒的原理。

师：小朋友们知道为什么万花筒能变出不同形状和颜色的图案吗？

原理：万花筒能变出不同形状和颜色的图案是应用了光的反射原理。

在万花筒里，三棱镜形成一个光线闭合的空间，这样物体影像就从一面镜子反射到另外的镜子上，形成了多变的图案。

五、延伸

1. 引导孩子们了解光的反射在生活中的现象。

师：小朋友你们知道生活中有哪些现象说明光的反射原理吗？

小结：我们生活中有很多现象都能说明光的反射原理：平时照镜子、看到水中的倒影等。

2. 教师把三棱镜变成四棱镜，能做出万花筒吗？

鼓励孩子尝试把三棱镜变成四棱镜，去探究万花筒能否成功，培养他们的创新思维和动手创作能力。

海洋动物魔术画

活动目标

1. 自主创作海洋动物魔术画；
2. 了解海洋动物魔术画是利用毛细现象的科学原理；
3. 探索生活中的毛细现象的应用；
4. 掌握科学和艺术融合的跨学科知识。

活动准备

纸巾、油性笔、水彩笔、一盆清水。

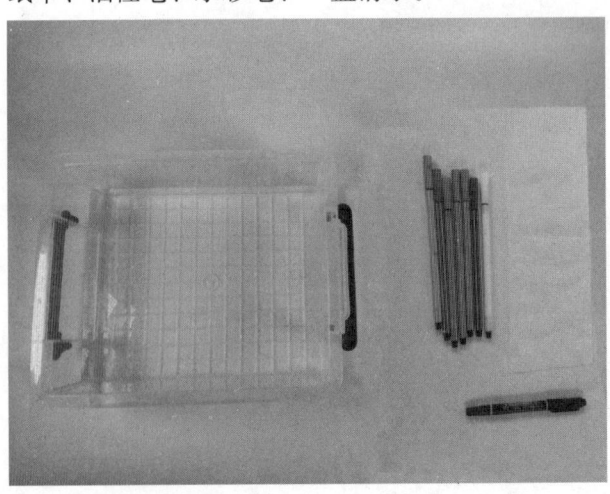

活动过程

一、导入

1. 教师出示涂好颜色的纸巾海洋画，通过提问引发孩子们的兴趣。

师：小朋友，你们看看这是什么？

小结：纸巾海洋画。

2. 教师出示另一张空白纸巾。

师：老师这里还有一张空白的纸巾。小朋友，请你们开动脑筋想一想，有没有办法可以使得这张白色的纸巾快速地变得和刚刚那张纸巾海洋画一模一样？

二、操作

1. 教师出示海洋动物魔术画的材料，引导孩子观察材料。

师：我们需要一些什么工具？需要用几张纸巾来完成这个魔术呢？我们来看看制作海洋动物魔术画需要哪些材料吧。

小结：两张纸巾、油性笔、水彩笔、水盆、清水。

2. 引导孩子制作纸巾魔术画。

师：我们现在来看看海洋动物魔术画需要哪些步骤，在观看的过程中，小朋友可以思考一下海洋里有什么动物，我们可以在纸巾上画什么海洋动物。

操作步骤：

(1) 在第一张纸巾上用水彩笔轻轻地画出喜欢的图案并涂上颜色；

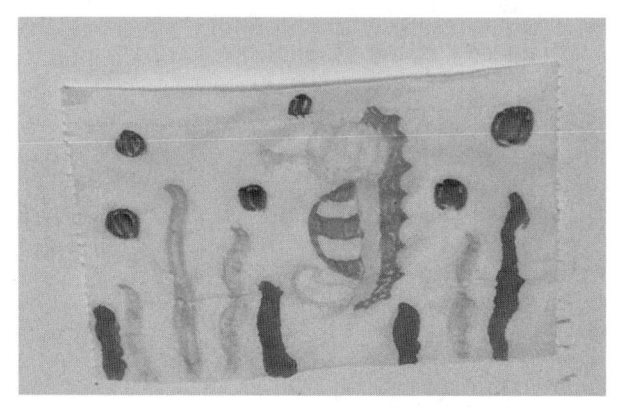

(2) 将第二张纸巾覆盖在第一张纸巾上面，用油性笔勾勒出画面轮廓（注意：不要把纸巾弄破）；

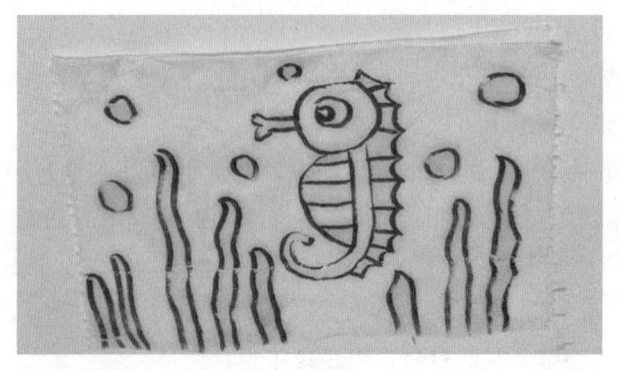

（3）把两张纸巾轻轻放在水面；

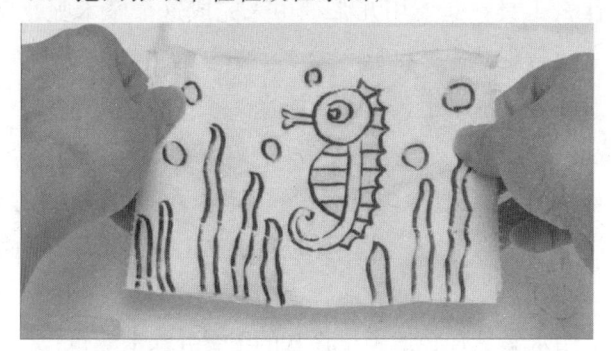

（4）画面出现颜色。

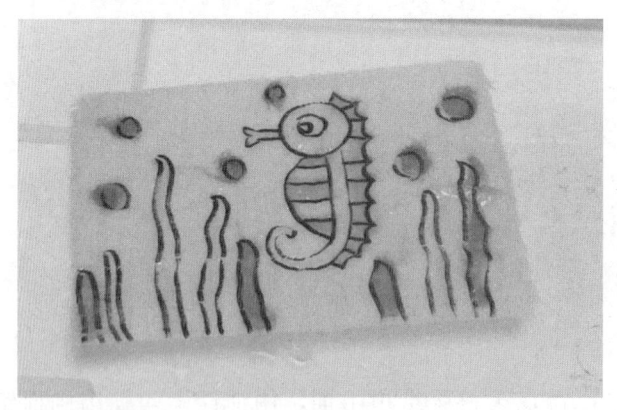

三、实践

教师准备好几盆清水，让孩子进行纸巾魔术。

师：小朋友，我们把画好的纸巾放到水里看看吧。

四、原理

引导孩子了解海洋动物魔术画的原理。

师：小朋友，你们知道为什么把纸巾放水里，颜色就会出现呢？

原理：海洋动物魔术画是利用纸巾毛细现象的原理。

由于纸巾内部有许多细小的"管道"，能够把水吸上来，所以水就将下层有颜色的画面输送到没有颜色的画面上，这种现象称为毛细现象。

五、延伸

1. 引导孩子们了解生活中的毛细现象应用。

师：小朋友，在我们生活中有很多的毛细现象，哪位小朋友可以说一说呢？

小结：植物的茎能把土壤里的水分吸上来、毛巾吸水等。

2. 鼓励孩子尝试用生活中的其他材料替换纸巾，去创作魔术画，观察能否成功，培养他们的创新思维和动手创作能力。

制作污水净化器

活动目标

1. 自主创作污水净化器；
2. 了解污水净化器是利用过滤的科学原理；
3. 探索生活中过滤原理的应用；
4. 掌握科学和艺术融合的跨学科知识。

活动准备

大塑料杯、小塑料杯、海绵、面巾纸、细沙子、小石头、污水、剪刀、美工刀。

活动过程

一、导入

1. 教师出示河水污染图片，通过提问引起孩子们的兴趣。

师：小朋友，你们看这条河流怎么了？

师：水污染会带给我们什么影响呢？污染的水还能喝吗？

小结：没有干净的水源，人类、动物、植物都会生病，我们的生活离不开水，水污染会给人们的生活带来很多的不便。

师：那我们要如何保护好水资源呢？

2. 教师出示污水，引导孩子们思考。

师：这里有一杯污水，小朋友，请你们想一想，有没有什么办法可以使得这杯污水变干净？

小结：创作一个污水过滤器。

二、操作

1. 教师出示污水净化器材料，引导孩子观察。

师：我们今天也来做一个简单的污水净化器，看看这里准备了些什么材料。

小结：大塑料杯、小塑料杯、海绵、面巾纸、细沙子、小石头、污水、剪刀、美工刀。

2. 孩子分组尝试探索，教师在旁观察。

师：现在请小朋友自己选择材料，看看哪种材料能净化污水？

3. 孩子分享讨论实验结果，教师总结。

师：请小朋友分享一下你们组讨论的结果，水变干净了吗？

小结：每一组的污水都变得比之前干净了，因为有的小组利用了几种材料组合在一起，有的小组就利用了其中一种材料，所以有些水会清一些，有些还是比较脏。

4. 教师清晰演示全过程，边演示边小结实验要求。

师：老师这里有一个方法，看一看会不会把水变得更干净。

操作步骤：

（1）用美工刀在小塑料杯底中心位置戳一个小口（注意：使用美工刀时注意安全，需要在成人陪同下使用）；

（2）把小塑料杯叠在大塑料杯上面；

(3) 把纸巾折叠好放入小塑料杯里；

(4) 把海绵裁剪成小块，放在纸巾上（注意：使用剪刀时需要成人陪同，可以放 4—6 层海绵，层数越多过滤效果越好）；

(5) 把细沙倒在海绵上面；

(6) 把小石头放在最上层。

三、实践

1. 请小朋友将污水倒进污水净化器里，观察过滤后的效果。（注意：过滤后的水不能饮用）

2. 将茶水倒进污水净化器里，观察效果。

3. 请你们观察一下，不同大小的杯子，不同数量的细沙子、小石头等对污水的净化程度有没有影响。

四、原理

引导孩子了解污水净化器的原理。

师：小朋友，你们知道为什么污水倒进去，水就会变干净吗？

原理：污水净化器是利用过滤的原理。

最上面的第一层小石头是分离较大块的杂质，第二层纱布是隔离较细小的尘土，最后一层棉花吸附灰尘，最后流出来的水相对清澈。

五、延伸

1. 引导孩子们了解在生活中过滤原理的应用。

师：小朋友们，在我们生活中有很多过滤原理的应用，你们知道有哪些吗？

小结：水龙头的过滤器、空气净化器、口罩等。

2. 鼓励孩子尝试用生活中的其他材料创作过滤器，培养他们的创新思维和动手创作能力。